KB090210

유류품
이야기

유류품 이야기

초판 1쇄 발행   2022년 12월 30일

지은이 로버트 젠슨 / **옮긴이** 김성훈

펴낸이 조기흠
편집이사 이홍 / **책임편집** 전세정 / **기획편집** 박의성, 정선영
마케팅 정재훈, 박태규, 김선영, 홍태형, 임은희, 김예인 / **디자인** 박정현 / **제작** 박성우, 김정우

펴낸곳 한빛비즈(주) / **주소** 서울시 서대문구 연희로2길 62 4층
전화 02-325-5506 / **팩스** 02-326-1566
등록 2008년 1월 14일 제25100-2017-000062호

ISBN 979-11-5784-639-9 03300

이 책에 대한 의견이나 오탈자 및 잘못된 내용에 대한 수정 정보는 한빛비즈의 홈페이지나
이메일(hanbitbiz@hanbit.co.kr)로 알려주십시오. 잘못된 책은 구입하신 서점에서 교환해드립니다.
책값은 뒤표지에 표시되어 있습니다.

⌂ hanbitbiz.com ▮ facebook.com/hanbitbiz ▮ post.naver.com/hanbit_biz
▶ youtube.com/한빛비즈 ◉ instagram.com/hanbitbiz

지금 하지 않으면 할 수 없는 일이 있습니다.
책으로 펴내고 싶은 아이디어나 원고를 메일(hanbitbiz@hanbit.co.kr)로 보내주세요.
한빛비즈는 여러분의 소중한 경험과 지식을 기다리고 있습니다.

유류품
이야기

Personal Effects

—— 로버트 젠슨 지음 · 김성훈 옮김 ——

ℍℬ 한빛비즈
Hanbit Biz, Inc.

고인들을 기리며

사랑하는 이를 잃고 나면
그 사람에 대해 몰랐던 것들이
결국 그에 대해 아는 전부가 된다.

- T. S. 엘리엇

프롤로그

○

신발은 항상 나온다. 지진, 홍수, 사고, 화재, 폭발 등 사건의 종류와 상관없이 신발은 어디에서나 보인다. 가끔은 발, 혹은 발의 일부가 그 안에 들어 있기도 한다. 죽은 자는 옷뿐만 아니라 자신의 팔다리와도 분리되는 경우가 많기 때문이다.

보물도 항상 있다. 스위스항공 111편 항공기 사건의 경우 보험회사는 말 그대로 보물을 찾아 대서양 해저를 수색했다. 4.5킬로그램이 넘는 다이아몬드, 루비, 다른 보석들이 피카소 작품 원본과 50킬로그램의 지폐와 함께 화물칸에 들어 있었기 때문이다. 하지만 내가 찾는 보물은 그보다 훨씬 소중한, 누군가의 개인적인 보물이다. 결혼반지, 가보로 물려받은 손목시계, 안경, 여권과 사진, 일기장, 책, 장난감, 좋아하는 옷 등 누군가가 존재하거나, 적어도 존재했으며 누군가로부터 사랑도 받았음을 말해주는 생생한 증거다. 이것들은 그들이 살았던 삶을 떠올리게 해주는 흔적이며 우리가 아는 사람이 어떻게 살다가 어떻게 죽었는지 마지막으로 엿볼 수 있게 하는 창문이다.

제일 중요한 것은 항상 그들이 두고 간 사람이 있다는 것이다. 집에서 기다리거나, 사랑하는 이를 맞이하려고 공항으로 찾아오는 배우자, 부모, 자녀, 친구, 다른 가족이 있다. 하지만 그들은 사랑하는 이의 모습 대신 비행기 도착 시간 안내판에서 공항 관계자를 만나러 오라는 메시지나 뉴스에서 무언가를 본 친구로부터 날아온 문자메시지를 보게 된다. 다행스럽게도 대응 시스템이 제대로 갖춰진 나라에 살고 있는 경우라면 셔틀버스를 타고 어둑한 호텔 회의실로 가게 된다. 그리고 지금껏 자기에게 일어나리라고는 한 번도 생각해보지 않았던 새로운 삶으로 안내해줄 담당자인 나를 만나게 된다. 이런 시스템이 갖춰지지 않은 곳에 산다면 사랑하는 이에게 무슨 일이 일어났는지 파악하기 위해 자신의 두 발로 직접 뛰어다녀야 한다. 때로는 폐허가 된 집이나 사무실의 잔해 혹은 공동 영안실 혹은 임시변통으로 마련된 장례식장을 직접 뒤져야 하는 경우도 있다.

그리고 남은 평생 어쩔 수 없이 하얗게 겁에 질린 채로 비행기를 타야 하는 친구나 직장 동료도 있다. 346명이 사망한 인도네시아와 에티오피아의 보잉 737맥스 여객기 추락 사고 이후로 특히 그랬다. 다른 수많은 인재와 마찬가지로 이런 사고들도 피할 수 있는 것이었다. 다만 우리는 모두 인간인지라 실수하기 마련이고, 앞으로도 계속 그럴 것이다. 737맥스 여객기 사고 이야기와 보잉사의 반응이 우리에게는 충격적으로 느껴질지 모르지만 그런 일이 일어난 것이 처음도 아니고, 마지막일 리도 만무하다.

이런 비극의 여파는 수십 년 동안 이어진다. 비탄, 정신적 외상, 정신질환, 법정 소송, 언론의 비난, 수입 감소 등등. 나는 인생의 대부분을 이런 사건에 대응하며 살았다. 세계적인 재난 관리회사의 대표로 전 세계 여러 항공사, 정부, 해운회사, 철도회사 등등과 일을 하며 죽은 사람을 다루어왔다. 말 그대로 죽은 사람을 처리해야 할 때도 많았다.

하지만 내 진짜 목표는 산 사람을 돕는 것이다. 내가 그들의 슬픔과 고통을 끝내줄 수는 없지만, 나는 그들이 회복 과정을 감당할 수 있게 돕고, 그들이 과거의 일상을 내려놓고 새롭게 찾아온 일상으로 전환하는 최고의 기회를 이끌어낼 수 있도록 돕는다.

9·11테러와 허리케인 카트리나부터 2010년 아이티 지진과 2004년 남아시아 쓰나미에 이르기까지 나는 사람의 유해를 찾아내 본국으로 송환하고, 그 사람의 소유물을 가족에게 돌려주고, 정부와 사람들이 앞으로 나아갈 수 있게 돕는 활동을 이끌어왔다. 기자가 역사의 초고를 쓰는 사람이라면, 나는 역사의 페이지 바닥에 묻혀 있는 죽은 자를 찾아내고 예우를 갖추어 각주를 더하는 사람이다. 휴스턴에 있는 내 사무실 로비에는 성조기가 걸려 있다. 한때 뉴욕시 검시관기념공원New York City Medical Examiners Memorial Park에서 휘날리던 깃발이다. 이 공원은 세계무역센터에서 수습한 사람의 유해를 실은 냉동트럭이 모여 있던 곳이다. 이 성조기는 뉴욕에 있는 유엔UN 본부 로비에 매달린 깃발과 비슷한데, 그 깃발은 폭격당한 바그다드 유엔 사무실에서 가져온 것이다. 우리는 그 사무

실에서 실종된 사람들을 찾아 가족에게 돌려보냈다. 시신과 마찬가지로 깃발도 아주 강력한 상징이다.

이런 사건들로부터 배우고 널리 공유해야 할 중요한 교훈이 있다. 내가 평생에 걸쳐 배운 한 가지 사실은 이런 위기나 재난에 충분히 대비되어 있는 사람은 아무도 없다는 것이다. 기업, 정부, 언론, 심지어 응급의료요원이나 가족마저 준비가 되어 있지 않다. 사람마다 반응도 각자 다르다. 사건이 일어나는 동안의 반응이 아니라 위험이 지나고 난 후의 반응을 말하는 것이다. 어떤 사람은 패닉에 빠진다. 어떤 사람은 입을 다물고 마치 그런 일이 없었던 것처럼 행동한다. 어떤 사람은 보고 싶어 하지만 직접 보려고 하지는 않는다. 이들은 손으로 눈을 가리고 손가락 사이로 엿본다. 무섭기는 하지만 도저히 시선을 돌릴 수는 없는 것이다. 그리고 이제 예전의 삶으로 돌아갈 수는 없음을 깨닫는다. 나도 결코 예외는 아니다.

나는 열네 살 때 자동차 사고를 당했다. 어머니가 운전을 했다. 어머니는 나와 여동생이 통학버스를 놓치는 바람에 정신이 없었다. 우리를 직접 데려다주기 위해 직장에 병가를 냈고, 그래서 행여 이 작은 마을에서 누가 당신을 보지 않을까 걱정을 했다. 그렇게 정신이 산만한 상태에서 허둥대다 브레이크 대신 가속 페달을 밟은 어머니는 오래된 철제 가로등을 그대로 들이받았다. 차는 움직이지 않았다. 차가 가로등 기둥을 감싸듯이 파고들면서 내 다리가 계기판 아래 끼여 꼼짝하지 않았다. 여기까지는 그래도 그리 나쁘지 않았다. 내가 머리와 얼굴로 앞유리를 완전히 박살낸 것이 진짜 문제였다. 그 충격으로 이마가 찢어지면서 얼굴과 두피에 작은 유리 파편이 수없이 박혔다. 요즘도 종종 그때의 유리 조각 중 일부가 밖으로 튀어나오는 바람에 병원에 가서 제거해야 하는 경우가 생긴다. 소방관이 마침내 차를 잘라 나를 꺼냈을 때 나는 힘들게나마 두 발로 일어나서 들것까지 움직일 수 있었다. 지켜보던 사람들이 고개를 돌리거나 숙이거나, 손으로 눈을 가리던 모습은 영원히 기억에 남을 것이다. 그냥 지켜보는 사람도 있었다. 만신창이가 된 내 충격적인 모습에 그들은 전혀 마음의 준비가 되어 있지 않았던 것이다. 그나마 그들은 이 사고와 무관한 사람이었기 때문에 다행히 그저 고개만 돌리면 되었다.

대량 사망 사건에 직접 영향을 받은 생존자는 고개를 돌린다고 문제가 해결되지 않는다. 외면하려고도 해보지만 결국에는 그에 따르는 결과를 감당해야 한다. 한동안(어떤 사람은 이 한동안이 다른 사람보다 길다) 이 사람들은 정상에서 벗어난 삶을 경험하게 된다. 시스템이 이들을 어떻게 돌보느냐에 따라 이 시기가 얼마나 길고 힘들게 이어질지가 달라진다. 부디 이들이 자신의 세상을 다시 회복할 수 있기를 바란다. 기존과는 다르겠지만 그래도 그것이 바로 자신의 세상이 될 것이다.

세상 어디에 있든, 내가 어떤 일을 하는지 사람들에게 이야기하면 아주 긴 대화가 이어지기 일쑤다. 셀 수 없이 했던 얘기지만 또 하게 된다. 사람들이 이 일에 대해 느끼는 매력은 절대 줄어들지 않는다. 현장을 격리하고 보호하기 위해 쳐놓은 경찰 통제선과 바리케이드 뒤에서 벌어지는 일은 신문에도 실리지 않아 볼 기회가 무척 드물다. 어찌 보면 이 바리케이드는 산 사람을 보호하기 위한 것이기도 하다. 그 뒤에 가려져 있는 것을 보는 순간 그 사람의 세상이 영원히 바뀔 수도 있기 때문이다. 하지만 이 바리케이드 뒤에서 벌어지는 일을 제대로 하기만 하면, 세상이 우리에게 내던진 최악의 상황을 헤쳐 나갈 길을 찾아내는 협동 작업의 걸작이 탄생할 수도 있다.

여기에는 관리가 불가능한 것을 관리하고, 혼돈에 질서를 부여하는 리더십이 필요하다. 책임을 맡고 있는 사람도 엄청난 압박감에 짓눌리거나 감당 못할 슬픔과 싸워야 할 때는 이성적으로 행동하지 못할 때가 있다. 그런 상황에서 내린 나쁜 결정이 광범위한 파문을 일으키거나, 지킬 수 없는 약속으로 이어지기도 한다. 나는 때때로 나쁜 결정에 대해서 "아니요"라고 말해야 한다. 한번은 사망한 해병의 시신을 톱을 사용해 반으로 잘라달라는 요청을 받은 적이 있었다. 오클라호마시티 폭탄테러 사건에서 그 해병의 시신이 잔해에 끼여 제복을 입은 모습이 부분적으로 드러나 있었기 때문이다. 나는 싫다고 했다. 그 해병과 그 사람이 바친 목숨을 전혀 존중하지 않는 판단이었기 때문이다.

힘들어도 필요한 일이기 때문에 하겠다고 말해야 하는 경우도 있었다. 전쟁에 짓밟힌 나라에서 민병대가 지키고 있는 검문소를 통과하기 위해 협상을 벌인 적도 있었고, 돌아가신 아버지의 유해를 찾기 위해 사용한 DNA 검사에서 아버지가 애초에 진짜 아버지가 아니었음을 가족에게 통보해야 하는 경우도 있었다. 이 일을 하기 전에 나는 냉전의 막

바지에 젊은 육군 장교로서 명령이 떨어지면 퍼싱 II 핵미사일을 발사하는 임무를 맡았다. 수천 명의 목숨을 앗아 갈 수 있는 미사일이었다.

대혼란을 목격하며 내가 얻은 한 가지 교훈은 우리 인간은 자신이 통제할 수 없는 것에만 초점을 맞추고 우리가 통제할 수 있는 많은 것을 간과한다는 것이다. 우리가 통제할 수 없는 것이 정말 많은데 우리는 그 사실을 잊고 산다. 하지만 가끔씩 힌트를 얻기도 한다. 그중에는 비행기가 취소되거나 행사가 비로 취소되는 등 그냥 짜증이 좀 나는 일도 있지만, 목숨을 잃을지도 모르는 위협이나 실제 목숨을 잃는 일로 다가와 우리에게 충격을 안기는 것도 있다. 예를 들면 항공기 사고, 테러, 교내 총기 사고, 혹은 농장이나 사업체를 망가뜨리는 홍수나 돌풍 같은 자연재해 등이다. 이 중에 새로운 것은 없다. 그저 우리가 이런 것을 더 잘 인식하고 있을 뿐이다. 우리 모두는 살다가 죽을 것이다. 핵심은 잘 사는 것이다. 인생에서 중요한 것은 삶이어야지, 죽음이어서는 안 된다.

나는 성인이 되고 대부분의 시간을 사람들이 상상하기 힘든 엄청난 규모의 갑작스러운 죽음을 처리하며 살아왔다. 그중에는 끔찍한 죽음도 많았다. 지난 30년 동안 일어났던 큰 재난을 아무것이나 떠올려보라. 그럼 십중팔구 내가 그 현장에 있었고 개인적으로 관련되어 있다. 그리고 이는 하루짜리가 아니라 여러 날, 여러 달, 심지어 여러 해에 걸쳐 진행된다.

이 책은 상황에 압도당하지 않는 방법, 상황에서 긍정적인 점을 보는 방법, 문제를 해결하는 방법, 사람들을 과거의 삶에서 새로 바뀔 미래의 삶으로 안내하는 방법을 말한다.

대부분의 사람에게 인생은 매일 고속도로를 따라 출퇴근하는 것처럼 연속되는 일상이다. 그런데 난데없이 바로 앞에서 고속도로가 무너지면서 한때 도로였던 것이 이제는 바닥을 알 수 없는 깊고 거대한 구멍으로 변해버린다. 내 임무는 그 구멍을 건널 다리를 짓는 계획, 도구, 자원을 확보하는 것이다. 그리고 생존자, 우리가 돕는 사람, 유족 및 친구의 임무는 그 다리를 건너 삶을 계속 이어가는 것이다. 우리가 그 다리를 얼마나 튼튼하게 짓느냐에 따라 얼마나 많은 사람이 그 다리를 건널지도 결정된다. 우리가 아무리 다리를 잘 만들어도 그 다리를 건너지 않는 사람이 있을 것이다. 그 다리를 짓는 것과 그 다리를 건너는 것이 이 책에서 다룰 내용이다.

또한 그 다리를 짓는 사람이 감당해야 할 대가에 대한 내용이기도 하다. 나와 함께 일했던 동료 중에 영국의 법의학 전문가가 한 명 있는데 그 사람은 유리잔에 얼음덩어리를 넣는 소리만 들으면, 2004년 남아시아 쓰나미 이후에 망가질 대로 망가진 태국의 해안 리조트에서 수습한 수천 구의 시신을 냉동하기 위해 트럭에서 내리던 얼음덩어리의 이미지가 떠올라 견딜 수 없다고 한다. 나는 리더로서 이 사람들을 책임져야 한다. 따라서 내 큰 임무 중 하나는 그들이 언제 자신의 한계에 도달하는지 확실히 알게 하고, 그들이 감당할 수 있는 수준 너머로 밀어붙이지 않고, 그들이 스스로 알아서 자신의 한계가 어디인지 알아차릴 수 있도록 교육하는 것이다. 이런 사건을 겪을 때마다 우리는 모두 조금씩 다른 사람이 된다. 얼마나 달라지는지 확실히 말하기는 어렵고, 사람에 따라 달라지는 정도도 큰 차이가 난다. 하지만 변한다는 사실만큼은 변함이 없다.

나도 마찬가지다. 하지만 나를 지켜봐줄 사람은 누구이고, 내게는 무슨 일이 일어날까? 솔직히 나도 모르겠다. 아무도 내게 이 일을 강요하지 않았다. 나는 내가 하는 일을 좋아하고, 또 잘한다. 나는 내가 꽤 좋은 인생관을 갖고 있다고 생각한다. 내가 어떤 일을 하는지 듣고 나서 나를 만나보면 아마 예상했던 모습은 아닐 것이다. 하지만 나는 정상이 아니다. 언젠가는 나도 이 일을 마치고 평범한 세상과 만나게 되길 바란다. 분명 나에게도 그런 평범한 세상이 존재할 것이다.

책 한 권에 담기는 참 벅찬 내용이지만, 나는 그 벅찬 것을 참 많이도 보고 살았다.

평범한 세상이 있지
어떻게든 내가 발견해야 할 세상

- 듀란듀란, '평범한 세상Ordinary World' 중

목차
○

1

존엄한 몸

○

○

앨프리드 P. 뮤러 연방정부청사의 앞쪽이 마치 장난감 인형의 집처럼 갈가리 뜯겨나가 있다. 바깥쪽에는 여기저기 나뒹구는 거대한 돌무더기가 몇 층 높이로 머리를 쳐들고 있다. 건물 뒤쪽 계단은 멀쩡히 남아 있지만 언제 무너질지 모르는 불안정한 상태다. 그나마 지하주차장을 통해 꺼져가는 자동차들의 헤드라이트가 희미하게 비추는 자욱한 먼지를 지나면 내부로 들어갈 수 있다. 그 자동차들의 주인은 두 번 다시 돌아오지 못할 사람이다. 위로 올라가니 착암기鑿巖機가 요란하게 콘크리트를 쪼개고, 금속 그라인더가 삐져나온 콘크리트 보강용 철근을 갈아내며 눈부신 아크등의 빛을 뚫고 불똥을 튀기고 있다. 이곳에는 죽음의 냄새가 묻어 있다. 하지만 못 견딜 정도는 아니다. 콘크리트는 흡열성 재료다. 열, 에너지, 액체를 흡수한다는 의미다. 시신이 콘크리트에 둘러싸이면 시신이 거의 미라처럼 바짝 말라붙는다.

오클라호마시티 폭탄테러 사건은 난데없이 발생한 대규모 참사에 대한 소중한 교훈을 일찍이 내게 가르쳐주었다. 죽음이 들이닥친 순간에 사람에게 지혜를 기대하지 말 것. 사람들이 자기가 어디로 가고 있는지, 심지어 자기가 무슨 짓을 하고 있는지 알고 있으리라 기대하지도 말 것. 권위자, 응급의료요원, 사랑하는 이 그리고 슬프지만 행정부까지도 예외는 아니다. 놀라운 리더십을 발휘한 사례가 드물게나마 없지는 않지만, 일반적으로 정치인은 사건이 미칠 정치적 악영향을 더 걱정한다. 죽음은 의미를 창조하지 않는다. 죽음은 있던 의미마저 지우려 사력을 다한다. 살아남은 우리의 임무는 죽음의 공격에 직면해서도 흔들리지 않을 유산과 제도를 세우는 것이다.

내가 전사자 예우 담당국 예하의 주요 부대인 육군 제54 병참중대의 지휘관으로 오클라호마시티에 도착했을 즈음 생존자 수색은 이미 끝나 있었다. 파괴된 청사 건물 바로 옆에 있는 파손된 교회에 임시영안실이 마련되어 있었다. 영안실로 사용하기 적당한 건물이어서가 아니라 정신없는 경찰과 소방관이 목숨을 구하지 못한 사람들의 시신을 놓아둘 장소로 처음 찾아낸 곳이었기 때문이다. 그들은 시신을 교회에 옮겨놓고 생존자를 찾기 위해 다시 서둘러 건물 안으로 들어갔다. 그래서 우리도 거기에 본부를 차렸다. 어쨌거나 교회라면 죽은 자들이 거쳐 가는 장소로는 그나마 나은 편이다. 그보다 못한 곳이 많으니까.

현장은 혼란 그 자체였다. 오클라호마시티는 가끔씩 찾아오는 토네이도에는 익숙한 곳이었다. 그러나 대대적인 테러 활동이라면? 누구도 예상하지 못했던 일이었다. 그때가 1995년이었다. 미국은 정치사상가

프랜시스 후쿠야마가 '역사의 종언end of history'● 이라 착각했던 아늑한 버블 속에서 살고 있었다. 냉전은 자유진영의 승리로 끝났고, 경제는 활황기를 맞아 호시절이었다. 평화의 시대가 찾아오면 사람들은 가끔씩 나쁜 일도 일어난다는 사실을 잊거나, 나쁜 일은 나쁜 사람 혹은 그런 일을 스스로 초래한 사람에게만 일어난다고 믿기 시작한다. 그런데 난데없이 미국이 한 번도 겪어본 적이 없었던 최악의 테러가 일어난 것이다.

수많은 죽음 앞에 서면 사람들은 정신이 나가버린다. 그런 상황에서는 이성이 제대로 작동할 수 없다. 경찰관은 참사가 닥쳤을 때 준수해야 할 규칙과 절차를 모르고, 생존자를 똑바로 쳐다볼 수 있는 사람도 거의 없다. 세상 어디든 대부분의 사람에게 이런 엄청난 규모의 참상과 직면하는 것은 평생 처음이자 마지막이다. 그 점은 다행이다.

사람들이 제일 먼저 알아야 할 것은 이런 상황에는 책임자가 없다는 점이다. 이런저런 지엽적인 문제를 책임지고 나서는 사람은 있을 수 있다. 그리고 이들이 하는 일이 나머지 모든 사람에게 영향을 미치고, 그 반대도 마찬가지다. 하지만 전체적으로 책임지고 통솔하는 사람은 없다. 그래서 혼돈이 비집고 들어와 장악할 수 있는 틈이 열린다.

뮤러 연방정부청사만의 또 다른 문제점도 있었다. 미국에서는 소수

● 후쿠야마는 1990년대 초반 동유럽과 소련 사회주의 체제의 붕괴 및 자유민주주의의 승리를 목격하며 서방의 자유민주주의를 인류 최후의 이데올로기라 단정하고, 사회제도의 발전은 이것으로 종결되었다며 역사의 종언을 선포했다. -옮긴이(이하 본문의 모든 각주는 옮긴이 주이다.)

의 예외가 있기는 하지만 사망자 처리 문제가 주의 권리에 해당한다. 그리고 주나 지역마다 사망자 관리 방식이 다르다. 어떤 곳은 주 전체에 적용되는 시스템을 갖추고 있는 반면, 어떤 곳은 지역이나 자치주에 따른 시스템을 갖추고 있다. 그런데 연방정부의 자산, 즉 연방정부 건물이나 군사시설에서 발생한 사망자 처리는 예외다. 뮤러 연방정부청사는 연방 자산이었다. 따라서 주 정부의 관할권이 아니었다.

미국에서는 범죄 수사와 사망 사건 조사를 어느 관할권에서 책임질 것인지에 관한 규칙이 잘 확립되어 있다. 문제는 실무를 처리할 자원과 인력이다. 군대검시관을 빼면 연방검시관 같은 것이 없기 때문에 사망자 수습의 실무는 지방정부나 주 정부에서 담당할 때가 많다. 보통은 이것이 문제가 되지 않는다. 하지만 정치적으로 민감한 사건이나 대량의 사망자가 발생한 사건에서는 수많은 문제를 만들어낸다. 업무가 벅찰 때는 지역 당국에 인력과 자원을 보강해주는 시스템이 존재하지만 지휘권은 지역 당국에서 그대로 유지한다. 그래서 뮤러 연방정부청사 자체의 관할권에 대해서는 문제가 없었지만, 사망자 처리와 관련된 관할권과 결정권 문제는 악몽 같았다. 분명 이곳은 연방정부의 건물이었기에 육군이 내부로 진입해서 사망자를 수습할 수 있었다. (이 일을 계기로 사람들 사이에 허리케인 카트리나나 팬데믹 같은 상황에서 육군이 이런 역할을 또 할 수 있으리라는 기대가 생겼다. 그렇지만 이는 연방정부 소유가 아닌 개인 소유의 거주지나 건물에서 육군 인력이 구조 활동에 관여할 수 없음을 대중이 이해하지 못해서 생긴 오해다.) 대량 사망 참사 이후에 시신 수습 활동보다 관할권이 첨예한 문제로 부각되는 경우가 얼마나 많은지 알면 놀랄 것이다. 그리고 그 뒤로는 자존심을 걸고 벌어지는 경찰 사이의 알력, 비탄에 잠긴 가족들의 고통, 집작스러운 언론의 스포드라이드가 함께하지만 이것들은 모두 흐릿한 관료적 형식주의에 묻혀버린다.

그래서 클린턴 행정부가 당시 유일하게 현역으로 활동하는 전사자 예우 담당국 부대였던 제54 병참중대를 호출했을 때는 이런 것들이 우리가 직면하게 될, 그리고 실제로 직면하는 문제였다. 현재는 전사자 예우 담당국 부대가 두 곳이다. 우리의 일상 임무는 복무 중에 사망한 미군의 유해를 부대로부터 인계받아 군 검시관에게 데려갔다가 다시 집으로 돌려보내는 것이었다.

정책의 원칙을 작성하고 연구하고 꽤 좋지 않은 몇몇 실수를 목격한 후 3년 차 대위로서 부대를 책임지면서, 나는 부대에서 법의학을 가르치며 내 부대가 더 주도적인 역할을 담당할 수 있도록 박차를 가하기 시작했다. 그리고 그와 동시에 정보가 흐르는 경로를 바꾸기 위해 군대 지도부와도 함께 일하면서 전장으로부터 군대 지휘부 그리고 다시 가족에게로 정보가 더 신속하게 흐르도록 해야 한다는 필요성을 설득하려 노력했다. 나는 자신의 아들과 딸에게 무슨 일어났는지 모르는 고통을 덜어줌으로써 전사자의 가족을 도울 수 있을 뿐만 아니라, 지휘 계통에서 의사결정 과정이 더 매끄럽게 진행될 수 있게 만들 수도 있다고 느꼈다. 실종된 사람에게 무슨 일이 일어났는지 알지 못하는 것은 사람이 겪을 수 있는 최악의 고통이다. 잘못된 정보를 얻는 것은 더 심하다.

예를 들어 한 작전에서 나는 지뢰로 사망한 병사의 시신을 인계받았다. 분과에서는 이 전사자의 죽음을 영웅의 죽음으로 대접할 계획을 세우고 있었다. 솔직히 영웅이 맞았다. 그는 타인에게 봉사하기 위해 가족의 품을 떠나 자발적으로 입대했고 세상에 평화를 가져온 군인이었다. 하지만 보고받은 내용과 달리 그는 표시되지 않은 지뢰를 밟아서 사망한 것이 아니었다. 병사의 시신에 난 폭발 자국을 보면 파편이 넓적다리 안쪽, 가슴, 얼굴에 퍼져서 박혀 있었다. 그가 장치 위에 쪼그리고 앉아 있었다는 의미다. 나는 다소 무심한 태도로 그의 부대에서 온 병사들에게 그에게 별명이 있는지 물어보았다. '맥가이버'라는 대답이 돌아왔다. 언제나 미스터리를 파헤치고 다니는 비밀요원…. 그 대답에 내 마음속에 의심이 자랐다.

통상적으로 미군의 시신을 항공기를 통해 집으로 데려갈 때는 시신 속에 폭발되지 않은 폭약 같은 것이 남아 있지 않은지 확인하기 위해 엑스선 검사를 해야 한다. 그렇지 않으면 비행 중 혹은 시신을 다루는 과정에서 폭발을 일으킬 수 있다. 나는 그 병사의 시신을 엑스선으로 촬영하다가 그의 허리띠에서 보이지 않았던 다용도 칼이 이마 안쪽에 박혀 있는 것을 발견했다. 그렇다면 그가 표시되어 있는 지뢰의 뇌관을 제거하려다가 실수로 폭발시켰다는 의미다.

나는 가족에게 진실을 알리고, 언론 보도에 문제가 생기는 것을 막기 위해 이 사실을 지휘관에게 보고했다. 그렇지 않으면 아프가니스탄에서 아군의 오인 사격으로 사망한 NFL 스타 팻 틸먼의 비극적 사건처럼 잘못된 정보가 흘러나가 해명하느라 진땀을 빼야 하는 경우가 생기기도 한다. 정직은 상실의 아픔을 외면하거나 그 사람이 갖고 있는 진정한 가치를 훼손(毁損)하지 않는다. 진실이 밝혀졌을 때 따라올 고통, 불신, 분노를 막아줄 뿐이다.

이것이 내가 부대에 심어주려 애쓰던 능동적인 조사자의 역할이었다. 오클라호마시티 테러 사건의 범인 티모시 맥베이가 라이더에서 렌트한 트럭 짐칸에 실은 비료로 만든 폭탄을 터트렸을 당시 나는 푸에르토리코에 있는 전사자 예우 담당국 예비군 부대에서 훈련을 받고 있었다. 마이애미국제공항에 내리는데 무선호출기가 미친 듯이 울렸다(그때만 해도 휴대폰이 나오기 전이었다). 나는 공중전화를 찾아 워싱턴으로 전화를 했다. 폭발 사고가 있었다고 했다. 내가 상황이 얼마나 심각한지 물었더니 그들은 이렇게 말했다. "베이루트급으로 안 좋아." 그 대답으로 내가 알아야 할 것은 모두 알 수 있었다. 1983년에 베이루트에 있는 미군 해병 막사에 들이닥친 트럭폭탄 사고로 총 241명의 미군, 58명의 프랑스 평화유지군, 6명의 민간인이 사망했다. 그 전에는 이런 대규모 공격 사고를 담당해본 적이 한 번도 없었지만, 나는 적어도 우리에게 필요한 것이 무엇이고, 어떤 것이 우리를 기다리고 있는지는 알고 있었다. 아니, 안다고 생각했다.

상급 장교 중에는 내가 거느린 병사들이 너무 굼떠서 시신을 자루에 담아 이름표를 붙이는 것 말고 할 줄 아는 게 뭐가 있겠느냐고 생각하는 사람이 많았다. 육군 전체에서 선발 기준이 제일 낮아서, 다른 부대에서 떨어진 사람들이 결국 돌고 돌아 여기까지 오는 경우가 많다. 그래서 전사자 예우 담당국은 부적격자 집합소 취급을 받는다. 현실은 그와 거리가 있다. 그중 일부는 특이한 이유로 부적격자가 된 사람이었다. 내 병사 중 몇몇은 정보부대의 대단히 어려운 언어 과정에서 탈락한 사람이었는데 육군에서는 보통 그 후에 이런 사람을 어디에 투입해야 할지 알지 못했다. 사망자의 주머니를 수색하는 병사 중에는 중국어나 아랍어를 말할 줄 아는 사람도 있었다. 나는 그들이 그보다 더 중요한 일을 할 수 있다고 믿었다.

우리는 연방정부청사 옆에 있는 부서진 교회 안쪽에 부검 테이블을 마련했다. 건물 입구 쪽에는 주 검시관이 인계해 가기 전까지 시신을 보관할 냉동트럭을 배치했다. 시신을 회수한 다음에 우리가 해야 할 일은 개인 소지품을 수거하는 것이었다. 이것은 잠정적인 신원확인에도 도움이 되지만 나중에 가족에게 전달하기 위해서도, 초기 보고서를 작성하기 위해서도 필요했다. 무너진 건물이 파악되고 소방관들이 시체를 발견할 시간이 가까워질 때마다 우리 팀은 들것과 발굴 장비를 챙겨서 현장으로 뛰어나갔다. 가끔 경고하는 경적 소리가 울려 퍼지기도 했다. 돌무더기가 무너지거나 잔해가 미끄러지며 쏟아져 내리는 경우다. 그런 경우에는 동작을 멈추고 그대로 있거나 몸을 숨길 곳이 보이면 그곳으로 피해야 한다. 돌무더기는 겉으로는 단단해 보이지만 마치 산의 자갈 비탈처럼 밟으면 위태롭게 무너져 내렸다. 우리가 서 있는 곳은 지면에서 1미터에서 1.5미터 정도 떠 있었고, 지면 자체도 유리 파편이나 건물의 금속 뼈대로 덮여 있었다. 우리는 잔해가 흘러내려 아래에서 작업하고 있는 사람들을 덮치는 일이 없도록 바닥에서 위쪽으로 길을 내며 작업했다. 위험하고 느리고 고된 작업이었다.

건물 붕괴의 경우 우리는 구할 수만 있으면 건물의 평면도를 확보해서 사무실이 어디에 있었는지 파악한다. 밖에서 보면 완전히 뜯겨 나가 잔해로 채워진 공간을 다른 공간과 분간하기가 어렵다. 신병모집소, 마약단속국, 사회보장국의 깔끔한 사무실이었던 공간들이 지금은 뒤엉킨 철사와 늘어진 단열재, 콘크리트, 철근 더미에 불과해서 알코올·담배·총기류 및 폭발물 단속국이나 국세청 사무실과 구분이 되지 않았다.

폭탄테러가 있고 5일 후에 우리는 실종자와 그들이 발견될 가능성이 큰 장소들을 잠정적인 목록으로 정리할 수 있었다. 그러나 그 수색 계획이 최종적인 것은 아니었다. 사무실에서 죽지 않은 사람도 있기 때문이다. 어떤 사람은 폭발에 즉사했을 것이고, 또 어떤 사람은 돌 더미에 깔려 죽었을 것이다. 목록을 작성하는 데만 해도 여러 가지 어려움이 따랐다. 당시에는 출퇴근 기록을 확실하게 알 방법이 없었다. 그래서 출근 기록이 있는 사람이 이미 무너진 건물을 빠져나와 집으로 돌아가 충격 속에 혼자 웅크리고 있었는데, 걱정이 된 가족이 그 사람을 실종자로 보고하는 경우도 있었다.

죽은 사람 중에는 하루의 직장 일과를 시작하며 막 앉았던 책상에 그대로 끼여버린 사람도 있었다. 폭탄이 터진 시간은 오전 9시 2분. 사람들이 막 일과를 시작하던 때였기 때문이다. 한쪽에는 스니커스 운동화,

한쪽에는 하이힐, 이렇게 양쪽에 다른 신발을 신고 있는 여성의 시신을 수습하기도 했다. 참 이상한 조합이었다. 이 여성은 폭탄이 터질 당시 분명 자리에 앉아서 출근용 신발을 직장용 신발로 갈아 신고 있었을 것이다. 몇 분의 차이가 이 여성의 생사를 갈라놓았을지도 모른다. 몇 분만 늦었어도 폭발의 영향에서 어느 정도 차단되어 있던 건물 뒤쪽 계단을 오르고 있었을지도 모를 일이니까 말이다.

폭탄은 여러 가지 방식으로 사람을 죽일 수 있다. 폭파 지점으로부터 가까운 곳에서는 바깥쪽을 향해 급속도로 팽창해 나오는 가스가 사람을 찢거나 파편으로 몸을 갈가리 찢어놓을 만한 힘을 갖고 있다. 폭풍파 blast wave 만으로도 내부의 주요 장기를 파열시켜 사람을 겉으로 드러난 손상도 없이 죽음으로 내몰 수 있다. 폐가 그냥 터져버리는 경우가 제일 흔하다. 하지만 오클라호마시티 폭탄테러 사건 같은 공격에서 제일 자주 일어나는 형태는 으깸손상 crush injury 이다. 이것은 벽이나 다른 구조물이 무너져 사람을 덮치면서 일어나는 손상이다. 이런 손상은 보통 눈에 잘 띄지만 때로는 이 역시 내부에서 일어나는 바람에 언뜻 봐서는 확인이 안 되는 경우가 있다. 무너진 기둥에 깔려 머리가 먼지를 뒤집어쓰고 완벽한 삼각형 모양으로 으깨진 시신을 수습한 적도 있다.

설상가상으로 다리 하나를 찾아달라는 부탁을 받기도 했다. 다행히 목숨은 구했지만 병원으로 후송해서 응급수술을 하기 위해 현장에서 바로 다리를 절단해야 했던 여성의 다리였다. 구조대가 이 여성을 살려서 건물 밖으로 데리고 나갈 방법이 그것 말고는 없었다. 놀라울 정도로 용감한 외과의사가 몇 시간에 걸쳐 긴 다리를 자르다가 톱날을 부러뜨리고, 결국에는 주머니칼 하나만 남아서 그것으로 마지막 힘줄을 잘라냈다. 우리의 임무는 최대한 많은 사람 조직을 찾아내서 회수하는 것이다. 안전한 회수가 가능하다면 최대한 많이 회수해야 한다. 제대로 매장해주기 위한 목적도 있지만 이런 파괴적인 사건 이후에는 필연적으로 뒤따를 수밖에 없는 진흙탕 법정 공방에서 생길 복잡한 문제를 피하기 위해서라도 필요하다.

사실 오클라호마시티 사건에서 발견된 잘린 다리 중 하나가 나중에 신원확인이 잘못되어 두 다리가 멀쩡한 시신과 함께 매장되기도 했다. 폭발 이후에 왼쪽 다리 없이 매장된 시신은 총 여덟 구가 있었다. 행방불명의 사람 다리가 존재한다는 사실은 아주 실질적인 결과를 낳았다. 백인 우월주의자 티모시 맥베이의 변호사는 그것을 빌미로 '진짜' 폭파범은 자기가 일으킨 폭발로 사망했을지도 모른다는 추측을 내놓아 자기 고객의 유죄에 대해 의심의 씨앗을 심었다. 그리고 이것은 죽은 사람의 가족에게도 심오한 영향을 미쳤다. 풀리지 않은 의심이 조금이라도 남아 있으면 뒤에 남은 사람에게 엄청난 문제를 만들어낸다. 사랑하는 가족의 시신 중 일부가 행방불명되었다는 생각은 가족을 고문한다.

왼쪽 다리 없이 매장된 사망자 중 한 명은 미국 공군 소속의 21세 군요원 라케샤 레비였다. 그녀는 근처의 팅커 공군기지에 근무하는 실험실 기사였고, 사회보장번호를 새로 발급받기 위해 제복을 입고 사회보장국 사무실을 찾아갔다. 라케샤를 잃는 마음의 상처를 입어야 했던 그녀의 가족은 그 후로 그녀의 시신을 다시 보아야 하는 끔찍한 일을 겪었다. 그녀의 시신은 그녀의 고향 뉴올리언스의 한 묘지에 안장되었는데, 그녀의 다리로 의심되는 다리가 발견되어 DNA 검사와 발가락 지문 검사를 위해 시신을 도로 파내야 했다.

검사해보니 실제로 그녀의 다리였다. 하지만 그럼 그 전에 그녀와 함께 매장된 다리는 누구의 것이냐는 골치 아픈 문제가 생겼다. 이것은 맥베이의 변호사의 전략에 활용될 수도 있는 문제였다. 게다가 매장되었던 다리는 방부 처리가 되어 있어서 당시의 기술로는 사실상 DNA 검사가 불가능했다. 그 다리는 결국 신원이 확인되지 않은 다른 뼈 조각, 살 조각과 함께 주 의회 의사당 기념공원에 다시 매장됐다.

라케샤는 폐허에서 수습된 마지막 군요원이었다. 내가 그녀의 시신을 조사하고 그녀의 소지품을 번호를 매긴 봉투에 담고 있는데 육군부 장관인 토고 웨스트가 현장을 방문했고 인사를 하고 싶어 한다는 얘기가 전달됐다. 그와 대화를 하다 내가 별 생각 없이 그녀에게 조의를 표하고 싶은지 물어봤다. 그가 동의해서 잠시 그가 그녀의 시신과 함께 있을 수 있게 자리를 비켜주었다. 그래놓고 속으로는 혹시 내가 그 사람을 민망한 상황에 밀어 넣어 불편하게 만든 것이 아닌가 걱정도 됐다. 직무상의 방문이었는데 비록 제복을 입고 있었지만 젊은 여성의 시신을 두 눈으로 보는 것은 충격적인 경험이 될 수 있기 때문이다. 그러나 그는 조의를 표했고, 아주 진지했다. 그날 저녁에 나는 합동참모본부 사무실로부터 전화를 받고, 그가 깊이 감동을 받았다는 얘기를 전해 들었다.

사람들한테 똑같은 질문을 받을 때가 많다. "돌무더기 속에서 시신을 수색하고, 시신에서 개인 소지품을 찾을 때 어떤 기분이 드세요?" 사실 일을 힐 때는 인생의 덧없음에 대해 철학석인 생각에 잠길 시간이 없다. 완수해야 할 구체적인 과제가 있고, 정신적으로 육체적으로 힘들거나 위험한 조건에서 작전을 수행하고 있을 때가 많아서 정신을 바짝 차리고 집중해야지 그렇지 않으면 실수를 하게 된다. 원하면 그런 생각은 나중에 해봐도 된다. 하지만 나는 여러 가지 이유로 그런 생각을 하지 않는다. 첫째, 임무를 마치면 바로 다시 또 다른 임무가 찾아오기 때문에 그런 생각에 빠질 시간이 별로 없다. 둘째, 그런 생각을 하는 것이 가치 있다는 생각이 들지 않는다. 나는 어려서부터 그렇게 하는 것이 아무 의미 없이 부정적인 감정으로 낭비될 뿐이란 것을 배웠다. 일부러 냉담하게 구는 것은 아니다. 그렇지만 그런다고 그 사람들을 되살리거나, 고통을 지우거나, 죽음에 의미를 부여할 수는 없다. 살다 보면 빌어먹을 날도 있기 마련이고, 그런 날도 훌훌 털고 일어나 앞으로 나아가야 한다. 물론 사람을 되살리고, 고통을 지우고, 죽음에 의미를 부여할 수만 있다면 얼마나 좋을까. 나도 그러고 싶다. 가끔은 나도 잠시 하던 일을 멈추고 죽은 사람이 지상에서는 찾지 못했던 평화를 천국에서 찾았기를 바라는 희망을 혼잣말로 중얼거린다. 이것은 감정이라기보다 더 높은 곳에 있는 존재를 향한 바람, 죽은 자의 영혼에 보내는 메시지에 더 가깝다. 물론 어느 날 내가 감당 못할 방식으로 두려움, 슬픔, 고통 같은 이 모든 부정적인 감정이 솟구쳐 나오지 않을까 두려워지기도 한다.

나는 《역사는 힘 있는 자가 쓰는가》를 쓴 아이리스 장의 이야기를 항상 유념하고 있다. 이 책은 제2차 세계대전에 일본이 중국에서 저지른 잔혹행위에 관한 책이다. 슬프게도 아이리스 장은 자살을 하고 말았다. 그 죽음에 그녀가 책을 쓰면서 생존자들과 대화를 나누고 역사 자료를 뒤지며 조사했던 심란한 내용이 한몫했다고 믿는 사람이 많다. 이 이야기를 처음 듣는 사람들을 위해 한마디 거들자면 그 잔혹함은 유럽에서 나치가 저질렀던 죽음의 수용소 못지않다고 할 수 있다. 그래서 나는 살아 있는 사람에게 초점을 맞추어 그들을 돕는 것을 사명으로 삼고 있다. 내가 도울 수 있는 사람은 산 사람이기 때문이다. 그리고 내가 바꿀 수 없는 것은 그냥 넘긴다.

기분이 우울하거나 힘든 하루를 보냈을 때는 자전거를 타러 가거나 물에서 노를 저으며 배를 탄다. 나는 선천적으로 활동을 좋아하는 사람이라서 힘든 일을 겪었을 때면 그런 식으로 대처하는 경향이 있다. 운동과 엔도르핀이 나에게는 행복의 묘약이다. 마음을 진정시키는 데는 이만한 방법이 없다. 하지만 이건 나만의 방식이다. 사람의 주머니를 뒤져 개인 소지품을 찾을 때 어떤 기분이 드느냐는 질문도 받는다. 간단하다. 자기 주머니를 뒤져보라. 그럼 그 기분을 알 것이다. 대부분의 사람은 비극이 언제 닥칠지 결코 알 수 없기 때문이다.

내게 항상 가장 힘든 부분은 죽은 사람과의 대면이 아니다. 그래야 마땅한데 그렇지 않은 경우가 많다. 관료주의에 물든 정부의 반응이 가장 힘들다. 이 작전을 수행하는 동안 나는 워싱턴으로부터 수많은 연락을 받은 것 같다. 앞에서도 얘기했듯 대응 관할권은 연방정부의 통제 아래 있었지만, 실무는 주 당국에 크게 의존하는 상태였다. 우리가 시신의 수습을 보조하는 동안 신원확인 관리는 주 검시관인 프레드 소년이 임무를 맡았다. 어느 날 나는 오클라호마주 방위군 부관참모가 작전과 관련해서 나와 얘기할 팀을 보낸다는 전갈을 받았다. 나보다 모두 계급이 한참 높은 준장 두 명과 몇 명의 대령이 왔다. 그들은 나를 데리고 병원 시설을 둘러보며 프랭크 키팅 주지사가 작전을 담당하는 조던 박사를 빼고 그 권한을 주 방위군으로 넘길 것을 고려하고 있다고 말했다. 그 말에 내가 물었다. "그럼 누가 그 일을 맡습니까?" 그들이 말했다. "자네가 맡을 걸세." 나는 내가 지원하는 역할을 위해 거기에 와 있는 것이고 그런 부분에 대한 논의에는 검시관이 꼭 필요하다고 설명했다. 조던이 사망진단서를 발급해야 하기 때문이다. 물론 나라면 다르게 했을 거라고 생각하는 일도 있기는 했지만 주어진 상황을 고려하면 조던 검시관은 일을 아주 잘하고 있었고, 정치에 대해 걱정할 필요가 없어야 했다. 하지만 역시나 대량 사망 사고가 다시 정치적 문제로 변질되고 말았다.

내가 아직도 내 경력 중에 가장 이상하고, 그럼에도 가장 전형적인 '정치적' 요청이라 생각하는 것을 받은 곳이 뮤러 연방정부청사 안이었다. 6층은 미국 해병대 신병모집소 사무실이 있던 자리다. 다른 모든 사무실과 마찬가지로 여기도 넓게 뜯겨 나가 따뜻한 봄 하늘에 그대로 드러나 있었다. 하지만 해병 모집 담당자의 시신 한 구가 해병 제복을 입은 채 꿈쩍도 않는 콘크리트 더미에 끼여 있었다. 그 시신을 쉽게 꺼낼 수 있는 방법이 없었다. 특히나 여러 층 아래서 사망자들의 시신을 수습하기 위해 잔해를 헤집고 작업을 하고 있는 사람들과 상황을 취재하러 온 기자들이 있는 상황에서는 더욱 그랬다. 그러나 거기 올라가 시신을 반으로 자르고 보이는 부분을 빼내 오라는 요청을 받고 나는 놀라고 말았다. 행여 가족이 그 모습을 볼 수 있으니 가족을 존중하는 차원에서 그래야 한다는 것이었다. 나는 잘라 말했다. "안 됩니다. 우리는 시신을 수습할 방법이 정말 그 방법밖에 없는 경우가 아니고는 미군이나 사람의 유해를 절단하지 않습니다. 솔직히 그런 방법밖에 없었던 경우도 기억나는 것이 없습니다." 나는 내 부대에 부여된 과제를 정중히 거절했다. 대신 우리는 팀을 보내서 인간의 존엄성을 지키며 시신을 빼낼 수 있을 때까지 시신을 덮어두게 했다.

이름을 찾아주는 것을 빼면, 존엄성이야말로 우리가 죽은 자에게 해줄 수 있는 유일한 것이기 때문이다. 나머지는 모두 이미 빼앗기고 없는 이들이다. 우리는 최대한 신속하고 안전하게 작업해서 시신을 가족의 품으로 돌려보내기 위해 노력한다. 그래야 가족들이 과거의 현실에서 새로운 현실로의 이행을 시작할 수 있다. 물론 이것은 슬픈 일이다. 하지만 슬퍼한다고 뭐 하나 바뀌는 것은 없다. 우리가 슬픈 이유는 죽을 이유가 없는 사람이 죽었기 때문이다. 그들은 잘못을 저지르지도 않았고, 좀 잘못을 저질렀더라도 죽어야 할 만큼 잘못된 일은 아니다. 그러나 이미 일어난 현실이다.

나는 사람을 시신 운반용 부대에 담아 데리고 오는 것을 싫어한다. 가운데가 축 늘어진 모습이 몇 시간 혹은 며칠 전까지만 해도 자신의 삶, 가족, 희망, 꿈을 가지고 있던 사람이 아니라 누군가 잃어버린 짐짝처럼 보이기 때문이다. 나는 가능하면 시신을 들것에 실어서 데려온다. 그리고 항상 발이 앞으로 오게 한다. 살아서 걸었던 것처럼 죽어서도 걸을 수 있게 말이다. 내 팀이 시신을 데리고 나올 때마다 모든 사람은 잔해 더미 위에서 하던 일을 멈추고 1~2분 정도 묵념을 한다.

보통 이 임무를 수행하다가 심적으로 타격을 받는 순간이 있다. 죽은 사람의 무언가가 자기 삶의 어떤 측면과 직접적으로 맞닿아 있는 순간이다. 현장을 목격하고도 아주 냉담했던 경찰이 자기 아이와 같은 연령대의 아이 시신을 보거나, 소방관이 돌아가신 자기 어머니를 닮은 노인을 보고 갑자기 무너져버리는 경우도 있다. 아이와 노인의 시신을 수습할 때가 제일 힘들다. 우리 사회가 모든 것을 걸고 지키겠다고 맹세한 존재들이기 때문이다. 우리는 아이들을 돌보며 언젠가 우리가 늙고 약해졌을 때는 이 아이들이 우리를 돌보아줄 것이라 믿는다. 그래서 아이들의 죽음은 항상 가슴에 사무치는 실패로 받아들여지기 마련이다.

연방정부 사무실이나 기관과 마찬가지로 뮤러 연방정부청사에도 부모가 일을 하러 나와 있는 동안 아이를 맡겨놓을 수 있는 탁아소가 있었다. 재판 당시 맥베이는 테러를 감행하기 전에 현장을 답사했음에도 자기는 그 건물에 탁아소가 있는지 몰랐다고 주장했다. 그의 트럭폭탄테러로 19명의 어린이가 살해당했다. 폭탄은 아이들이 놀고 있던 방과 가까운 곳에서 폭발했다.

어느 날 저녁 우리는 폭탄테러로 사망한 마지막 어린이의 시신을 수습했다. 그 여자아이의 시신은 사회보장국 사무실에서 수습됐다. 그 아이 엄마의 시신은 그날 일찍 수습한 상태였다. 우리는 보통 주 정부 당국과 공동으로 작업을 한다. 그런데 모든 사람은 자기만의 한계점이 있기 마련이고, 내 병사들처럼 주 정부 사람들도 이미 한계에 도달한 상태였다. 그래서 나는 내가 남아서 그 아이의 시신을 처리하겠다고 말했다.

날이 어두워지고 있었다. 뮤러 연방정부청사와 우리의 작업 구역을 임시 조명이 비추고 있었다. 이런 조명은 항상 노란색 불빛과 함께 웅웅거리는 발전기 소음을 낸다. 전쟁 지역이나 재난 지역에서는 빠지지 않고 들려오는 이명 같은 소리다. 그리고 멀리서 들려오는 착암기 소리, 툭하면 들리는 트럭의 경적 소리, 장비가 움직이는 소리가 배경처럼 깔려 있다. 이런 '정상적인' 소음 속에서 일을 하고 있는데 당시 내 아내였던 테레사가 버니지아의 우리 집에서 내게 전화를 했다. 아마도 딸의 침실이었나 보다. 아내가 당시 세 살쯤이었던 우리 딸이 이제 잠자리에 들면서 나하고 통화를 하고 싶어 한다고 말했다.

차마 그럴 수가 없었다. 나는 테레사에게 너무 바빠 딸과 통화를 할 수 없다고 말했다. 그러고 나서 박살 난 뮤러 연방정부청사 건물, 그 옆의 무너지다 만 교회, 그 속의 부검 테이블 위에 싸늘하게 누워 있는 그 소녀의 시신을 검사하러 돌아갔다. 내 딸과 나이 차이가 많지 않아 보였다. 지금쯤 아빠 엄마와 집에 있어야 할 아이였다. 하지만 물론 그 아이의 엄마도 이미 이 테이블에 올라왔고, 이제 검시관이 곧 이 아이의 조부모에게 아이의 시신이 수습되었다는 소식을 전할 것이다.

그 시간에 내 딸은 안전하게 보호받고 있고, 내 딸과 마찬가지로 소중한 또 다른 아이가 갑작스럽고 폭력적인 죽음에 내몰려야 할 이유 따위는 존재하지 않는다. 나는 그 무엇보다도 사람들을 두렵게 만드는 것은 바로 재난의 변덕스러움이라 생각한다. 예상치 못했던 죽음은 당신이 해야 할 일들을 미처 하지 못한 순간에 갑자기 찾아올 수 있고, 또 실제로 찾아온다. 그것이 살아남은 수많은 사람을 깊은 회한으로 고통받게 만든다. 누군가에게 말할 수 있었고, 또 말했어야 했던 그 모든 것을 말할 기회조차 이제는 영영 사라졌다는 사실이 사람들을 아프게 한다. 만약 사랑하는 누군가가 아주 늙거나 병들거나, 호스피스 시설에 들어가 있다면 못다 했던 말, 못다 했던 일을 할 시간이 있다. 하지만 누군가가 갑자기 곁을 떠나버리면 그 모든 것이 못다 한 회한으로 남게 된다. 나는 오랫동안 내 아버지와 소원한 관계였다. 거의 35년 동안 그랬다. 내 입장에서 보면 아버지는 훌륭한 사람도 좋은 부모도 아니다. 그렇지만 나는 19년 전에 아버지와 연락을 시도해보았다. 내가 전화하자 아버지는 우리가 못다 했던 일들에 대해 이야기했다. 그 말에 나는 희망을 느꼈다. 하지만 아버지는 결코 먼저 전화하지 않으셨다. 항상 내가 전화해야 했다. 전화를 한 다음에도 아버지로부터의 메시지는 없었다. 가끔 나는 머리 회전이 늦다. 시도해보기 전에 그래봐야 달라지는 것은 없으리라는 것을 알았어야 했다. 그렇지만 나는 끝없는 낙관론자이기도 하다. 시도조차 해보지 않는 것보다는 시도해보고 틀리는 것이 낫다. 나도 이제는 아버지와 두 번 다시 얘기하고 싶은 마음이 없다. 많은 사람이 여전히 내가 아버지와 대화하기를 바란다. 나는 그럴 생각이 없다. 하지만 아버지가 세상을 뜨시면 그런 기회도 영원히 함께 사라져버릴 것이다.

재난에 휘말린 사람들이 마지막에 어떤 생각을 했는지 알 길은 없다. 그들의 시신을 다룰 때는 잔인하게 갑자기 끝나버린 삶 속에서 그들이 못다 한 말과 못다 한 일이 부디 한으로 남지 않기를 바랄 뿐이다. 슬프게도 많은 이에게 과연 그렇게 되리라고 할 확신이 들지 않는다.

2

행운이 필요한 순간

○

내가 이런 이상한 일을 처음 해보는 것은 아니다. 전에도 다른 일들을 해봤다. 대학에 다닐 때와 내 등록금을 벌기 위해 캘리포니아 법무부 마약단속국에서 일했을 때도 그랬다. 우리는 밖으로 나가 불법으로 마리화나를 대규모로 경작하는 사람이나 다른 불법적인 약물을 거래하는 사람을 급습했다. 22세의 대학생이었던 나에게는 훌륭한 일자리였지만 그렇다고 남들에게 떠벌리고 다니거나 대화 주제로 삼고 싶은 일자리는 아니었다. 우선, 대학생 연령대의 사람들은 대부분 경찰이라고 하면 치를 떤다. 마약단속국 소속이라면 더하다. 그리고 일부 사람은 애써 가꾼 수백만 달러 규모의 작물을 잃은 데 불만이 많아서 마약단속국 사람들을 죽이고 싶어 한다. 그래서 사람들이 내게 무슨 일을 하는지 물어보면 난 그냥 산림청에서 아르바이트를 한다거나 시골에서 시간을 보낸다고 말하며 대화 주제를 바꿔보려고 했다. 내 외모가 단정하지 못하고 우리 집에 미국 정부 번호판이 붙은 짙은 황록색 트럭이 주차되어 있는 이유가 그것으로 설명되기를 바랐다.

그때는 더 살 만했다. 물론 내게는 부비트랩, 총, 경찰견이 있었다. 하지만 지금처럼 나쁜 기억과 싸워야 할 필요가 없었다.

부디 당신은 내가 본 것을 보고, 내가 한 것을 할 일이 절대 없기를 빈다. 나는 세상 최악의 사건에 대응하는 일에 너무 많이 관여하며 살아왔다. 전사자 예우 담당국에 들어오기 전에 보안관보를 하면서 대응해야 했던 살인 사건과 자살은 치지도 않은 것이다.

살면서 나는 불과 몇 분 만에 각각 22만 5000명에서 25만 명의 목숨을 앗아 간 사건을 두 번 맡았다. 잠시 생각해보자. 이런 사건 앞에서 계획을 세우고, 절차를 진행하며 대응해나가는 것이 가능할까? 그것이 바로 내가 하는 일이다. 나는 만 21세 이후로 대부분의 시간을 이런 일을 하면서 살아왔다. 나는 이제 55세다. 그러니까 죽음과 마주하며 34년을 살아온 셈이다.

밝은 면도 있다. 이상하게 들릴지도 모르지만 나는 모든 일에는 밝은 면이 있다고 믿는다. 나는 세상을 보고, 걸출한 사람들과 함께 일하고, 또 수없이 많은 유족이 사랑하는 이를 떠나보내는 것을 도왔다. 그리고 다른 사람들에게서는 보기 힘든 인생관을 키우게 됐다. 나는 이 이상하고 매력적인 여정 속에서 전반적으로 꽤 행복하고, 충만한 삶을 살고 있다. 물론 이 삶에도 언젠가 종착점이 찾아오겠지만 그것이 언제가 될지는 솔직히 신경 쓰지 않는다. 세상을 겪어보니 그 부분은 내가 전혀 통제할 수 있는 부분이 아니었다.

사람들에게 내가 무슨 일을 하며 먹고사는지 얘기하고 나서, 나는 거기에 따라오는 질문에 종종 충격을 받는다. "어떻게 그런 끔찍한 것을 목격하고도 미치지 않을 수 있어요? 어째서 우울증이 안 생기는 거죠?" "완전히 불타고 박살 난 비행기 잔해 속에서 몇 주 몇 달씩 사람의 유해를 찾아 뒤지고 난 다음에 비행기를 타면 무슨 생각이 들어요?"

말하자면 이렇다. 나는 지금까지 본 일, 한 일, 그 엄청난 죽음과 파괴를 겪고 난 후 내가 통제할 수 없는 일로 속을 태우지 않는다. 그래봐야 아무런 의미가 없다. 그것을 깨닫고 나니 다른 사람들이 허둥대고 있는 동안에도 꽤 평온한 마음을 유지할 수 있게 됐다. 나는 결코 운명론자가 아니다. 뒤에서 보겠지만 재앙의 칼날을 무디게 만들 수 있는 방법은 많이 있다. 그것은 삶의 어두운 측면을 헤치고 나아가는 파란만장한 삶을 살면서 얻는 균형감각일 뿐이다.

아우슈비츠에서 살아남은 이탈리아의 화학자 겸 작가 프리모 레비는 결국 독일의 집단 처형장에서 목격한 공포를 감당하지 못해 스스로 목숨을 끊은 것인지도 모른다. 아니면 그냥 사고로 4층 층계참에서 떨어진 것일 수도 있다. 확실히 아는 사람은 없다. 하지만 그는 내가 항상 마음에 새기고 있는 문장을 하나 썼다. "인생의 목표를 갖는 것이야말로 죽음에 저항하는 최선의 방어다."

죽음은 정말 마구잡이로 찾아온다. 죽음이 신화와 문학에서 손에 잡히지 않는 불가해한 존재로 묘사되는 이유도 그 때문이다. 죽음은 예측할 수 없는 순간에 자기만의 불가해한 방식으로 찾아온다. 대학에 다닐 때 내가 처음 일했던 곳은 캠퍼스 경찰서였다. 어느 날 우리는 911 신고를 받았다. 알고 보니 신고한 사람이 내가 아는 여성이었다. 나는 그 여성의 남자친구와 학군장교 후보생 예비과정ROTC에 있었다. 그 여성은 반복해서 911에 전화를 걸어 자기가 약을 먹고 아파트에 가스난로를 틀어놓았다고 말했다. 당시는 1985년이었다. 911 시스템이 나온 지 아직 얼마 안 됐을 때여서 신고자의 주소가 항상 뜨지는 않았다.

이 여성이 몇 번 전화를 걸었다 끊고 다시 걸기를 반복한 후에 비상 차량 배치 담당자가 마침내 여성을 설득해서 주소를 알아냈다(사실은 조금 걸걸한 이 배치 담당자가 여성에게 주소를 알려주지 않으면 이제 신고 전화를 받아주지 않겠다고 협박해서 알아낸 것이었다). 이 주소가 무선으로 전달됐고 우리 모두 호출에 응답했다. 나는 주소를 듣자 위치를 바로 알 수 있고, 제일 먼저 도착했다.

현관으로 들어가니 가스 냄새가 진동했다. 지금 생각해도 어째서 이 아파트가 통째로 날아가지 않았는지 이유를 알 수 없을 정도였다. 그 여성은 오븐 앞에서 얼굴을 바닥으로 향하고 엎드려 있었다. 나는 가스를 끄고 그 여성을 아파트 밖으로 끌어낸 후에 무선으로 도움을 요청했다. 가스로 가득한 방 안에서 전자 장비를 이용하고 싶은 사람은 없을 것이다. 소방관과 응급의료요원이 현장으로 급히 달려왔고, 우리는 그 여성을 구할 수 있었다.

당시 나는 스무 살이었다. 그때는 그 여성에게 무슨 일이 있었던 것인지 전혀 알 수 없었지만 내 친구, 그러니까 당시 그 여성의 남자친구가 소방관으로 수중 다이빙 훈련을 하다가 사망했다는 사실을 나중에 알게 됐다. 부디 그녀가 지금은 마음의 평화를 찾았기를 빈다.

얼마 뒤 내가 체육관에서 운동을 하고 있는데 거기서 운동을 하고 있던 누군가가 쓰러졌다. 나는 심장마비로 추정하고 응급구조사가 도착할 때까지 심폐소생술과 인공호흡을 실시했지만, 결국 그 남성은 살아남지 못했다.

한 건강하고 젊은 여성은 자살을 시도했지만 실패해서 살아난 반면, 한 남성은 몸 좀 만들어보겠다고 운동을 하다가 쓰러져 죽었다. 죽음은 자기만의 시계를 갖고 있다. 누군가의 시간이 다 되면, 말 그대로 시간이 다 된 것이다. 하지만 가끔 그 시계를 빨리 돌리려고 애쓰는 사람도 보인다. 나는 사람이 죽음의 시계로부터 달아날 수는 없다고 생각한다. 그렇지만 그 시계를 빨리 돌릴 수는 있다. 가끔 사람들은 운이 좋다고 느낀다. 마치 자기가 죽음을 따돌린 것처럼 말이다. 그러나 그건 그냥 아직 진짜 시간이 안 되었기 때문인지도 모른다. 나는 이라크에서 폭탄이 터진 호텔 두 곳에 머물렀지만 두 번의 폭발을 모두 피했다. 그건 행운이었을까, 아니면 아직 나의 때가 안 되었기 때문일까?

그렇다고 죽음이야 찾아오건 말건 신경을 끄고 바보 같은 짓을 해도 된다는 의미는 아니다. 어디서나 그런 사람이 있다. 내 말은 자기가 통제할 수 없는 것에 대해서는 걱정하지 말고 자기가 통제할 수 있는 것을 대비하라는 의미다.

재난에서 생존할 확률을 높이기 위해 할 수 있는 실용적인 일들이 있다. 뻔한 것도 있고, 의외인 것도 있다. 잘 알려진 사소한 일이지만 한

가지 다시 상기시켜주고 싶은 것이 있다. 비행기에 탑승할 때는 비상구 가까운 곳에 앉도록 하자. 그럼 비행하는 동안 다리를 둘 공간이 넓어서 좋기도 하지만 이륙이나 착륙 시 비상사태가 일어났을 때 제일 먼저 비상구로 빠져나갈 수 있다(원칙적으로는 비상시 승무원의 지시에 따라 다른 승객의 탈출을 돕고 마지막에 탈출해야 한다). 고속 추락 사고인 경우에는 이것도 소용없다. 그냥 미리 유언장을 적어놓고, 가족에게 자신의 시신을 어떻게 해달라고 잘 일러두는 것이 최선이다. 그럼 남은 가족이 감정적으로 스트레스가 막중한 최악의 상황에서 어려운 결정을 내려야 하는 부담을 덜어줄 수 있다.

비행기에 탈 때는 안전수칙 안내지를 꼼꼼히 읽고, 비행기가 물 위에 착륙한 경우 탈출하기 전에는 구명조끼를 절대 부풀리지 않아야 한다. 비행기 추락 사고 현장에 가 보면 선실 안에 떠 있는 시신들이 보인다. 안에서 구명조끼를 부풀리는 바람에 남들은 다 탈출했는데 그 안에 끼여서 못 나온 것이다.

어떤 가상의 재난이라도 내게 물어보면 사소하게나마 생존 가능성을 조금씩 높일 수 있는 요령을 몇 가지씩 말해줄 수 있다. 생존은 행운에서 시작되는 경우도 있지만 진짜 핵심은 행운이 찾아올 시간을 버는 것이다. 준비가 되어 있다는 것은 행운이 일어날 기회를 마련했다는 의미다. 한 가족을 예로 들어보자. 이 가족은 요트를 타고 태평양을 가로지르다 물 위로 뛰어오른 고래 때문에 요트가 부서지고 말았다. 이것은 큰 불운이다. 가족은 부서진 요트로 구명뗏목을 만들어 버텼고, 30일 정도 후에 지나던 화물선이 이들을 발견하고 구조했다. 이것은 행운이다. 다만 그들이 살아남아 구조라는 행운이 찾아올 시간을 벌 준비가 되어 있었던 것은 행운 때문이 아니었다. 이 가족은 차분한 마음으로 집중력을 잃지 않았다. 바꿔 말하면 이들은 행운이 찾아올 수 있는 기회를 스스로 만들어낸 것이다.

모르몬교 사람의 집에 들어가면 항상 티가 난다. 예수 그리스도 후기 성도 교회에는 교인들에게 재난을 대비해서 식량과 물을 비축하도록 권고하는 교리가 있다. 그래서 모르몬교 교인들은 잘 부패하지 않는 식량과 물을 천천히 비축한다. 그렇다고 창고에 쌓아놓고 잊고 있는 것은 아니다. 기한이 다 되어가는 통조림은 먹고 다시 새로운 통조림으로 대체해서 돈이 낭비되는 것도 막는다. 그 교리에서는 교인들에게 역경에 대비할 자금으로 매주 약간의 돈도 따로 저축하게 한다. 우리 생각만큼 안전하지 않은 세상에서 회복력을 갖출 수 있게 돕는 유용한 교리다. 이렇게 대비해서 며칠의 시간을 벌면 공황에 빠져서 구조되기를 기다리는 대신 인생이 당신에게 던져준 역경에 능동적으로 대처할 수 있다.

2011년 대지진과 쓰나미로 원자로 용융이 일어난 후쿠시마 원전 사고를 살펴보자. 그 사건으로 무려 1400명이 사망했지만 실제로 방사능에 노출되어 죽은 사람은 한 명밖에 없다. 그럼 나머지 사람들은 무엇 때문에 죽었을까? 그렇게 서둘러 탈출할 이유가 없었는데도 대피하는 바람에 죽었다. 수만 명의 노약자, 병약자가 방사능 노출에 대한 두려움 때문에 원자로 주변 지역으로부터 서둘러 빠져나왔다. 일본이라서 이해되는 측면도 있다. 일본은 제2차 세계대전 때 원폭을 맞았던 고통스러운 역사가 있다. 방사능 노출에 대한 이들의 두려움은 실제로 측정되는 방사능의 위협보다 훨씬 컸다. 사실 대피가 이루어진 지역의 방사능 수치는 정상 수치보다 아주 살짝 높은 정도였다. 이들 중 상당수는 나이가 많고 건강이 위태로운 사람들이었다. 자신이 몸을 담고 있는 지역 공동체로부터 뿌리가 뽑힌 그들은 평상시에 접하던 의사나 서비스와 단절되어버렸고, 그대로 삶을 포기하는 사람들이 많아졌다.

이를 기상 재난에 대비하는 공식으로 추려보자면 이렇다. 대비하고, 관심을 기울이다, 상황의 요구에 따라 행동하거나 반응하기. 건물에 불이 나면 사람들은 멀쩡한 비상구를 놔두고 자기가 들어왔던 문을 찾아 달려간다. 지진이 일어나면 사람들은 계단을 찾아서 달려갈 뿐 튼튼한 책상은 그냥 무시하고 지나가버린다. 튼튼한 책상 아래 몸을 숨기고 어떻게 행동하는 것이 좋은지 조금만 생각해보면 목숨을 구할 수 있을지도 모르는데 말이다. 사람들은 도로에 서 있는 홍수 경고 표지판을 무시하고 물이 좀 찼다고 뭐가 위험하겠느냐며 그대로 차를 몬다.

이런 것이 핵심적인 요소이기는 하지만, 궁극에는 여기에 내가 보안관 교육학교와 육군에 있었을 때 머릿속에 각인된 또 한 가지 요소가 결합되어야 한다. 바로 생존의지다. 생존의지란 이유야 어떻든 가망이 없어 보이고 더 이상 할 수 있는 것이 없다고 느껴지는 상황에서도 굴하지 않고 상실감과 절망감을 떨쳐낼 수 있는 능력이다. 수십 명의 목숨을 앗아 간 재난 속에서도 생존의지만 있다면 살아남을 수 있다.

3

내가 통제할 수 없는 것

○

　어두워지는 땅거미 속에서 황소개구리들이 울고 있었다. 캘리포니아 소나무 사이로 강기슭에 주차한 픽업트럭의 헤드라이트에 황소개구리들의 노란 눈이 가끔씩 번쩍거렸다. 목가적이고 예쁜 장면이었다. 그 젊은 연인이 그날 저녁 일찍 그곳을 골라 차를 세운 이유도 아마 그 때문이었을 것이다. 하지만 지금 젊은 남자친구는 차 안에서 혼자 시신으로 싸늘하게 식어가고 있었다.

　남자는 초저녁에 총에 맞았다. 믿기는 어렵지만 여자친구의 주장에 따르면 강가에 주차하고 있는 동안에 폭발음이 들리더니 갑자기 차가 앞으로 기울었고, 남자가 머리 왼쪽에 총상을 입고 운전대 위로 푹 쓰러졌다. 나는 스물두 살짜리 예비 보안관보로 순찰을 돌고 있었다. 그때 그 여성은 심문을 받으러 간 탓에 그곳에 없었고, 우리는 그 여성이 대체 무슨 말을 하는 건지 이해할 수가 없었다. 검시관이 다음 날 아침까지는 사건을 처리할 생각이 없었으므로 우리가 그 잠재적 범죄 현장을 보존해야 하는 상황이었다. 그래서 내 파트너와 나는 몇 시간이고 그곳에 앉아 자동차 배터리가 죽고 헤드라이트가 천천히 꺼져가는 모습을 지켜보았다.

고등학교 졸업 후 내 목표는 대학에 다니면서 육군 장교로 일하며 학비를 벌고, 현역으로 입대하는 것이었다. 나는 고등학교 마지막 2년 동안 해군 우등학교인 애드미럴패러것아카데미에 다녔다. 좋은 학교였다. 거기서 훌륭한 사람들을 만나 전 세계에 평생의 친구를 만들었고, 지금도 가끔씩 생각지 않았던 곳에서 그 친구들을 마주친다. 그 학교는 훗날 달에 발자취를 남긴 두 사람을 배출한 학교로도 유명했다. 나는 열여섯 살부터 그곳에 다니기 시작했고, 자제력과 함께 없이는 못 살 것 같던 것이 없어도 충분히 살 수 있음을 배우는 훌륭한 경험을 얻었다. 나는 군대에 가고 싶었다. 가족 중에 군인이 있어서는 아니었다. 그저 그것이 내가 하고 싶은 일이라 여겨졌다. 대학 진학을 생각할 때는 사관학교를 제일 먼저 생각했다.

내 첫 선택은 해안경비사관학교였다. 하지만 그곳은 내 학점으로는 어림도 없었다. 나는 학점을 요구하는 사관학교 네 곳에서 여섯 번 제의를 받았다. 웨스트포인트, 아나폴리스, 공군사관학교, 미국상선단사관학교 이렇게 네 곳이었다. 하지만 학교에서 요구하는 점수를 받으려고 했으면 고생깨나 했을 것이다. 나는 일반 대학에 진학하기로 하고 프레즈노에 있는 캘리포니아주립대학교를 선택했다. 그곳에는 육군 ROTC 프로그램이 새로 개설되어 있었고, 가족과 멀리 떨어져 지내지 않아도 되었다. 나는 범죄학과 법집행을 전공으로 입학했다. 졸업 자격 중 하나에 실무경험이 있어서 보안관 아카데미에도 다녔다. 하지만 스물한 번째 생일을 맞기 전에는 캘리포니아에서 치안관이 될 수 없었다. 법 집행 기관마다 훈련, 검사, 감독 방식이 차이 나는 것을 보면 지금 생각해도 참 놀랍다. 그때만 해도 캘리포니아에서는 수백 시간의 아카데미 교육을 요구했고, 카운티에서는 모든 보안관보에게 다중의 심리 검사 프로그램을 통과한 다음 일단 고용되면 훈련 프로그램에 들어갔다. 보안관보의 좋지 않은 사례를 볼 때마다 부적절한 검사, 빈약한 훈련, 부재한 감독이라는 패턴을 확인할 수 있었다. 군사고등학교를 나온 덕분에 ROTC를 2년만 하고 스무 살에 육군 장교로 임명되었지만 졸업할 때까지는 현역으로 활동할 수 없었다. 학교를 마치려면 2년이 남은 상태였지만 임명받고 얼마 지나지 않아 선서를 하고 예비 보안관보가 됐다. 동시에 캘리포니아주 방위군에도 합류했다.

ROTC와 주 방위군 외에 학비를 벌기 위해 캘리포니아주립대학교 프레즈노캠퍼스 경찰서에서 주차집행관으로 일하기 시작했다. 어느 날 밤 딱지를 떼고 있는데 한 남자가 내게 총을 겨누었다. 남자의 차는 무대예술학과 건물 주차금지 구역에 주차되어 있었다. 철없고 어리석었던 나는 그가 내 바로 뒤에 와서 서도 신경 쓰지 않았다. (이때는 내가 보안관 아카데미에 다니기 전이었다.) 내가 돌아서자 그가 허리띠에서 총을 꺼내 내 배를 겨누며 말했다. "이거 내 차인데, 나 딱지 끊는 거 안 좋아하거든?" 나는 이미 딱지를 떼서 너무 늦었다고 말했다. 우리는 잠시 서로를 노려봤다. 그러다 남자가 총이 진짜가 아니라 연극에 쓰는 소품이라고 말하고 뒤돌아 갔다. 나는 공황에 빠지지 않고 캠퍼스 경찰관에게 전화해서 가짜 총을 가지고 돌아다니는 사람이 있다고 알렸다. 그 사람은 몇 분 후에 체포됐다. 경찰관은 나보다 더 신속하게 대응했다. 판사가 그 남자에게 보호관찰을 명령했고, 그는 학교에서 정학당했다. 그래도 그는 운이 좋았다. 예전에 있었던 곳에서는 캠퍼스 경찰관 중 한 명이 가짜 무기를 휘두르는 젊은 남자를 총으로 쏜 사건도 있었다.

그때가 월말이었는데, 그 남자의 권총을 바라보면서 한 달에 한 번 찾아오는 월급날인데 월급 받기 바로 전날에 이 멍청이의 총에 맞아 죽겠구나 생각했던 것이 기억난다. 우리가 생각만큼 상황을 통제할 수 없음을 깨달은 것이 바로 그때였다. 어떤 일이 일어나면 그것에 연연할 것이 아니라 하던 일을 계속 해야 한다. 나는 어리석은 것도 괴롭고, 불의도 괴로웠다. 하지만 죽음은 별로 그렇지 않았다. 어차피 내가 통제할 수 없는 것이다.

20세기 말 미국에 살았던 대부분의 사람처럼 나는 법 집행 기관에 합류하기 전까지 죽음을 목격한 적이 별로 없었다. 캘리포니아 사법부에 파견되었던 것 말고도 나는 보트 감독부에서도 한여름을 보냈다. 프레즈노 카운티에는 순찰을 돌아야 할 호수와 강이 몇 군데 있었다. 물놀이는 재미있지만 특히 음주 상태에서는 위험할 수 있다. 1988년 7월 4일 주말에는 총 여섯 명의 실종 신고가 있었다. 모두 수로에서 익사한 것으로 추정됐다.

사람의 몸집, 체성분 구성, 수온, 수류를 바탕으로 사람의 시신이 언제 수면으로 떠오를지 예측할 때 사용하는 모델이 있다. 그렇게 수색해서 몇 사람의 시신을 수습했다. 한 호수에서 한 명이 여전히 실종 상태였다. 그로부터 며칠 후 월요일 이른 시간에 현장 감시 담당관이 집에 있던 나를 불러냈다. 시신 한 구가 수면으로 떠올라서 수습해야 할 상황이었다. 가끔 있는 일이지만 또 다른 시신도 발견했다. 실종 신고가 없었던 사람이었다. 내 파트너와 나는 시신을 수습해서 검시관에게 인계한 후에 시신 수습 보고서를 마무리하러 본부로 돌아왔다. 그런데 내근 경사가 전화해서 주말에 호수에 있다가 실종된 사람이 있어서 신고하고 싶다는 사람들이 접수처에 와 있다고 말했다. 나는 그 사람들과 이야기하기 위해 위층으로 올라갔다. 그들이 내게 친구의 사진을 보여주면서 어떤 옷을 입고 있었는지 설명했다. 그들은 내가 방금 그 친구의 시신을 수습했다는 사실을 까맣게 모르고 있었다. 나는 그들에게 슬프게도 친구는 사망했고, 방금 그 시신을 수습했다고 말했다. 그들이 예상했던 대답이 전혀 아니었다. 그들은 그저 친구가 파티 장소에서 벗어나 길을 잃었거나, 행방불명된 것이라 생각하고 있었다. 혹시나 하는 생각도 있었을지 모르지만, 그들의 반응을 보니 그들이 예상했던 소식이 전혀 아님을 알 수 있었다.

나는 시신도 몇 구 수습해봤고, 치명적인 사고나 살인 사건 현장에도 가봤기 때문에 사람의 시신을 본다고 당황하지는 않았다. 한밤중에 어머니와 아버지에게 연락을 해서 아들에게 오토바이 사고가 났고, 살 가망이 별로 없으니 병원으로 와서 마지막 작별인사를 해야 할 것 같다고

56

말해야 했던 순간은 영원히 기억에 남을 것 같다. 그 아들은 나와 나이 차이도 별로 나지 않았다.

내가 사망자의 유족을 직접 만나보아야 했던 경우에, 그 사망자보다 내 나이가 그다지 많지 않다는 사실에 익숙해지는 데 오래 걸렸다. 죽어라 말을 듣지 않는 청소년 문제로 집을 찾아가 문을 두드리면 부모님이 나오는데 그들은 내가 자기네 말썽꾸러기 자식보다 기껏해야 네댓 살 정도 많아 보인다는 점에 항상 깜짝 놀란다. 내가 대학에서 알고 지내는 많은 사람이 술을 마시며 주말을 보내는 동안, 나는 술을 너무 많이 마신 사람을 체포하러 다니면서 주말을 보내다 보니 그렇다. 내가 아는 어떤 친구들이 어리석게도 음주운전을 하고 다니는 동안 나는 다른 아이들의 부모를 찾아가 아이가 집에 돌아오지 않는 이유가 음주운전 차량에 치여 사망했기 때문이라 알리고 다녔다.

나는 참 다른 인생을 살았다.

내 부모에 대해 얘기하자면 나에게는 대부분의 사람이 말하는 정상적인 아동기라는 것이 없었다. 아버지는 캘리포니아의 건축업자였다. 사실 아버지라 부르기도 싫은 사람이다. 아버지의 역할이 정자 제공이 전부는 아니니까 말이다. 그와 어머니는 정말 문제가 많아도 너무 많았다. 내가 어렸던 어느 날 길에서 놀다가 집에 돌아왔는데 아버지가 차에 짐을 실으면서 나와 두 누이에게 자기는 이 집에서 나간다고 말했다. 그리고 사라져버렸다. 당시 내가 여섯 살인가, 일곱 살인가 그랬다. 시간이 흐른 후에 그 사람은 다른 여자들과 데이트했고, 우리도 그 여자들을 만나보았다. 그중에는 아이를 좋아하는 사람도 있었고, 좋아하지 않는 사람도 있었다. 그와 어머니 사이에 있었던 문제에 이런 문제까지 합쳐지니 그에게 내 누이들과 나는 부차적인 존재에 불과했다. 그는 "지금 데리러 갈게"라고 말하고는 8시간이 지나도 오지 않는, 그런 유형의 인간이었다.

그러다 1977년 크리스마스가 찾아왔다. 크리스마스 연휴가 시작되기 전 마지막 등교일에 어머니가 누이들과 내게 말하길 텔레비전에 아버지와 아버지의 동생, 그러니까 내게는 삼촌이 되는 사람이 나올 거라고 말했다. 나는 당시 열두 살이었다. 두 사람이 새로 생긴 마약단속국과 캘리포니아 사법부, 지방 경찰에 불법 공모, 불법 총기, 메스암페타민의 제조와 판매 혐의로 체포됐다. 요즘에는 꽤 흔해졌지만 1977년만 해도 메스암페타민이 그렇게 널리 퍼지지 않았을 때였다. 만들기도 쉽지 않았다. 삼촌이 퓨마 한 마리와 멸종 위기종인 오실롯ocelot●을 키우고 있었다는 사실도 문제가 됐다. 삼촌이 자기네 집 차고에 꽤 복잡한 실험실을 차렸던 것으로 밝혀졌다. 아버지가 나와 내 누이들을 데리고 종종 찾아갔던 곳이기도 했다. 나도 그곳에 가면 뭔가 다르다는 것을 느꼈다.

● 고양잇과의 포유류.

다만 그때는 너무 어려서 뭐가 다른 건지 정확히 알 수 없었다. 하지만 지방 신문의 1면 머리기사는 아직도 기억한다. "실험실 급습으로 퓨마, 개, 사람, 마약, 현금을 발견하다." 이것은 한동안 신문 머리기사를 장식하게 될 몇몇 제목 중 하나에 불과했다.

삼촌은 결국 롬포크 연방교도소로 보내졌다. 워터게이트 사건 이후 닉슨 대통령의 수석 보좌관이었던 H. R. 홀드먼이 교도소 하수 처리장에서 일하며 복역했던 곳이다. 아버지는 기소를 당하지 않았거나 무죄 선고를 받았다. 우리는 그 부분에 대해서는 얘기를 꺼내지 않았다. 얼마 전에 사촌이 내게 신문에서 오린 기사를 보내왔다. 다양한 영장이 발부되어 삼촌이 체포됐다는 내용이었다. 어떤 집단들과 범죄를 함께 저지른 것으로 보아 캘리포니아의 더 고달픈 감옥에서 힘든 시간을 보내게 될 것 같았다. 최근에 누이가 말하기를 검시관이 아버지에게 전화를 해서 삼촌의 사망 소식을 알렸고, 삼촌은 자기 시신을 어떻게 해달라는 말을 남기지 않았다고 한다.

삼촌은 놀라울 정도로 똑똑했다. 초창기에 나온 컴퓨터를 다루었고, 직업도 좋았다. 내 생각에는 그냥 그런 것이 지겨웠던 것이 아니었나 싶다.

그로부터 10년 후 내가 아버지와 삼촌을 체포했던 바로 그 기관에서 일하며 똑같은 범죄를 저지른 사람들을 체포하게 됐다고 생각하니 기분이 이상하다. 하지만 그 사람들 중에 퓨마를 키우는 사람은 없었다. 아버지, 삼촌과 얽힌 이런 가족사 때문에 나는 보안청과 육군에서 신원조사를 받기도 했다.

잠시 어머니 얘기를 하자면, 나는 어머니가 이혼의 후유증을 극복했다고 생각하지 않는다. 아마 요즘이었다면 정신건강에 문제가 있다는 진단을 받았겠지만 그때는 그렇지 않았다. 그 덕에 우리는 이사를 많이 다녔다. 내 누이들은 이사를 힘들어했고, 서로 고래고래 소리를 지르며 싸우다 밤을 보내는 날이 많았다.

한번은 그렇게 이사를 했다가 누나가 아버지하고 살겠다고 가버렸다. 몇 년이 지나 1979년에 나는 또 한 번 이사를 하다가 내가 아버지와 함께 살 수 있을지 확인해봐야겠다고 결심했다. 그것은 생활방식의 큰 변화를 의미했다. 그리고 내 여동생을 혼자 어머니와 남겨둔다는 의미였다. 이는 여동생에게 무척 힘든 일이었고, 내가 평생 후회하고 있는 몇 안 되는 일 중 하나다.

아버지와 사는 동안, 나는 제멋대로 자랄 수도 있었다. 아버지와 나는 아버지 집 뒤뜰에 누나와 내가 살 별채를 지었다. 아버지 얼굴도 안 보고 며칠씩 지내는 날도 많았기 때문에 아버지 물건만 건들지 않으면 술과 마약도 마음껏 할 수 있었고, 원하면 아무나 집으로 데리고 올 수도 있었다. 만 열네 살에 말이다. 다행히 그렇게 하지는 않았다. 나는 결코 그런 생활방식으로 빠져들지 않았다. 고등학교 들어가서 첫 두 해 동안 아버지와 실제로 가끔 얼굴을 보기도 했지만 그때도 잘 지내지는 못했다. 그러다가 내가 원해서 군사학교로 들어갔고 연휴나 여름방학을 빼면 나는 절대 집으로 돌아가지 않았다. 만 열여섯 살 이후로는 집에서 나와 살았다. 대학 1학년 후에, 그리고 ROTC와 주 방위군에 복무하기 위한 계약서에 서명을 한 후로는 그랬다. 내가 육군에 복무하기로 했다고 하니 아버지는 "그거 잘됐네"라고 대답했다.

아버지와 나는 서로 잘 지내라고 말하며 헤어졌고, 앞에서 말했듯이 2001년에 내가 다시 아버지와 연락을 시도했을 때와 누이가 크게 아팠을 때를 제외하면 아버지와는 거의 얼굴을 볼 일도, 대화를 나눌 일도 없었다.

아버지와 삼촌이 어렸을 때 힘든 시간을 보낸 것을 알고 있다. 두 사람은 양육권이 할아버지에게 돌아가서 할머니와 떨어져 할아버지 밑으로 들어갔다. 당시에는 정말 드문 케이스였다. 그리고 이 친척 집에서 저 친척 집으로 떠돌이 생활을 했다. 분명 그 친척들의 집도 좋은 환경은 아니었을 것으로 생각된다. 계모가 두 사람을 잘 대해주지 않았던 것도 알고 있다. 아버지가 내가 이해하지 못할 정도로 매정하게 행동했던 이유도 그 때문일 것이다. 내 딸이 태어났을 때 나는 딸의 삶 속으로 들어가 딸의 성공을 함께 기뻐하고, 딸에게 도움이 필요할 때는 돕고 싶은 마음에 들떴다. 하지만 내 아버지는 손녀의 얼굴을 한 번도 보려 하지 않았다. 내가 법집행관과 군장교로서 선서를 하는 모습을 보는 것도 놓쳤고, 내 두 번의 결혼식도 놓쳤다. 그저 텔레비전이나 잡지기사 혹은 인터뷰에서만 내 모습을 보았을 것이다.

내가 여자만큼이나 남자를 좋아한다는 것도 문제였을 것이라 확신한다. 나는 왜 어느 한쪽만 좋아해야 하느냐고 생각했다. 비교적 개방적인 캘리포니아에 살았음에도 우리 가족은 이런 문제에 대해 얘기를 꺼내지 않았고, 내 성적 취향은 분명 그들이 생각하는 남자다움과 거리가 있었을 것이다. 누군가에게 끌리는 마음을 숨기기는 힘들다. 곁에 없는 아버지가 자기를 사랑하고, 또 보고 싶게 만들고 싶은 마음이 간절하다면 자신이 양성애자나 동성애자라는 사실을 숨겨야 한다. 그리고 그때는 1980년대여서 양성애자라는 사실을 경찰이나 육군에서 함께 일하는 동료들과 터놓고 얘기할 수 있는 분위기도 아니었다. 공개적으로 밝히느냐 감추느냐 사이에서 줄타기를 하면서 나는 내 삶의 서로 다른 가닥들을 구분하는 일에 꽤 능숙해진 것 같다. 이것이 지금 하고 있는 일 속에서 내가 정신을 온전히 유지하는 데 도움이 되었다. 내가 남들과 다르다는 것 때문에 걱정해본 적도 없다. 내가 어찌해볼 수 있는 부분이 아니었기 때문이다. 이렇게 나를 있는 그대로 받아들이는 것이 지금 하는 일만큼이나 육군과 보안관보로 일했을 때도 도움이 되었을 것이다.

대학에 다닐 때 내 아내가 될 여자를 만나 사랑에 빠졌고 21년 동안 결혼생활을 하다가 이혼했다. 그러다 어느 날 행운이 찾아와 한 멋진 남자를 만나 사랑에 빠져 결혼했다. 그는 나를 도와주었고, 나와 같은 곳으로 배치되었고, 나의 세상을 들여다보았다. 그 일을 선택했기 때문이 아니라 나를 선택했기 때문이었다.

1986년에 장교로 임관하자 육군에서는 나를 현역으로 선발해서 처음에는 야전 포병부대에 배정했다가 이어서 병참부대에 배정했다. 내가 처음으로 배정받은 곳은 야전 포병부대 장교 기본교육 코스인 포트실

기지였다. 그 후에는 퍼싱 장교 훈련 코스(미사일)를 밟았다. 미사일 부대에 가길 원하는 사람은 없었다. 그곳은 어떤 실수도 용납되지 않는 무결점 지역이어서 여차했다가는 경력이 통째로 날아갔다. 군대에서 무결점이란 한마디로 한 번의 실수도 용납되지 않는다는 의미다. 어떤 실수도! 실수가 일어난 경우에는 그 자리가 다른 사람으로 대체되고 경력은 그것으로 끝이다. 우리는 사령관이 대위와 중위를 항상 곁에 여유 있게 거느리고 있는 이유가 필요할 때 바로바로 대체하려는 것이라고 농담하고는 했다. 재미있게도 그곳에 간 사람 대부분이 나처럼 야전 포병부대에서 처음 임무를 맡은 사람들이었다.

퍼싱 미사일은 육군의 유일한 전략 미사일이었다. 당시에는 몰랐지만 그로부터 얼마 지나지 않아 독일에 배치한 중거리 미사일이 힘의 균형을 우리 쪽으로 기울게 만들어 냉전 종식에 도움을 줄 것이었다. 몰락 중이었던 소련 정권은 미국의 이동식 핵미사일 발사 장치에 효과적으로 대응할 수 있는 방법을 찾아내지 못했다. 포트실에 있는 훈련부대를 제외하면 미사일이 배치된 세 개의 부대가 모두 미국 육군 제56 야전포대 사령부의 일부로 독일에 있었다. 나도 결국에는 표적을 설정해 세 발의 미사일을 발사하는 임무를 맡아 발사통제 장교로 독일에 배치됐다. 세 발 모두 5킬로톤에서 80킬로톤에 이르는 대단히 정교한 가변탄두variable warhead를 장착하고 있었다. 참고로 히로시마에 투하된 원자폭탄은 16킬로톤이었다.

우리는 3개월마다 교대근무를 하면서 신속대응경보팀을 맡아 현장 신속대응경보, 훈련, 유지를 담당했다. 우리에게는 트럭과 트레일러 뒤에 위장 설치한 발사관제센터가 있었다. 신속대응경보팀에서는 비밀통신 시스템을 통해 암호화된 메시지를 받는다. 이 메시지는 '긴급행동지령'으로 시작한다. 일단 이 메시지를 받으면 경적을 울린다. 이 경적은 잠재적 미사일 발사를 알리는 신호이기 때문에 내가 메시지의 해독에 착수하는 동안에 지상 병력이 미사일을 준비할 수 있다. 밖에 나와 있는 군인들이 서둘러 위장막을 제거하고 최종준비를 한다. 그 메시지는 발사 명령일 수도, 경고 메시지일 수도 있지만 완전히 다른 메시지가 담겨 있을 수도 있다. 그다음에는 '쿠키'라고 부르는 봉인된 플라스틱 카드가 든 금고를 연다. 이것은 명령받은 행동을 취할 수 있는 허가증이다. 이 쿠키를 열어서 그 숫자가 메시지와 일치하는지 확인한다. 그럼 공격 대상 후보지 중 표적을 선택한 다음 특정 시간 안에 표적을 타격할 수 있도록 발사시간과 비행시간을 계산하거나 다른 표적을 선택한다.

모든 준비를 마치고 나면 선임하사가 관제센터의 문으로 들어와 나에게 일련의 질문을 던져야 한다. "정당한 메시지를 받은 것이 맞습니까?" "그렇다. 정당한 메시지를 받았다." "현재 누군가로부터 협박을 받고 있습니까?" "아니다. 협박을 받고 있지 않다." 그럼 선임하사가 미사일이 자리 잡고 있는 발사대에서 커다란 핀을 제거한다. 만약 핀을 그대로 두고 미사일을 발사하면 발사장치와 부딪혀 폭발할 가능성이 크다. 선임하사가 핀을 제거하고 내게 그 핀을 보여주며 말한다. "이제 미사일 통제권은 장교님에게 있습니다." 이 시점에서 내가 명령에 따라 키를 돌리면 세상은 완전히 변하게 된다.

우리는 수많은 대응경보를 받았다. 때로는 그것이 훈련인지 실제상황인지 전혀 알 수 없을 때도 있었다. 다행히 실제로 키를 돌리라는 명령은 한 번도 없었다. 물론 그 임무를 맡은 사람 중에 정말로 키를 돌리기를 바라는 사람은 없을 것이다. 하지만 그때 정당한 메시지를 받았다면 나는 그 키를 돌렸을 것이다. 다만 지금 내가 도널드 트럼프 같은 사람을 대통령으로 두고 같은 자리에 있었다면 과연 명령에 따라 키를 돌렸을지 확신이 서지 않는다. 이것은 정말 끔찍한 무기다. 그렇지 않은 무기는 없을 것이다. 하지만 소련을 협상 테이블로 끌어낸 것이 바로 이 무기였다. 따라서 다른 수십 가지 끔찍한 무기를 제거해줄 하나의 끔찍한 무기를 갖고 있는 것이 낫다. 당시에는 핵무기 창고는 점점 커져가는데 아무런 성과가 없었다. 군비경쟁을 언젠가는 멈춰야 할 상황이었다. 실수를 막아줄 안전장치가 있다고는 하지만 그래도 실수는 일어나기 마련이다. 그리고 그런 무기로 실수를 했을 때 어떤 파문이 생길지는 생각하기도 싫다.

다행히 핵미사일이 억지력을 발휘해서 1990년대 초에 냉전을 종식할 수 있었다. 제2차 전략무기제한협정SALT II의 일부로 퍼싱 미사일은 해체되었다. 나는 독일에 있는 또 다른 특수병기부대로 전출되었는데 이번에는 독일 육군과 함께 일했다. 그곳에서 병참학교와 전사자 예우 담당국 교육과정을 거쳤고, 이것이 결국 내 육군 경력과 인생의 알맹이로 자리 잡았다. 죽은 자를 보살핌으로써 산 자를 돕는 일이다. 전사자 예우 담당국 교육과정은 겨우 2주에 불과했지만 결국 그 짧은 시간이 나의 평생을 이 현장으로 인도했다. 우습게도 나는 내 운명이 그렇게 될 줄 몰랐지만 다른 사람들은 알고 있었는지도 모르겠다. 내가 전사자 예우 담당국 본부에서 일을 시작하기 위해 포트리로 돌아왔을 때 그곳의 재능 있는 군무원 중 한 명이 내게 말하기를 1년 전에 그 과목을 수강하는 내 모습을 보고 내가 언젠가는 돌아와 이곳을 운영하게 될 줄 알았다고 했다. 아마도 내가 꽤 깊은 인상을 남겼나 보다.

4

불평등한 죽음

○

내가 아이티로 처음 간 것은 1994년 9월 24일이었다. 당시 나는 아직 육군 대위였다. 비탄에 빠진 아이티의 엄마들이 우리가 만든 임시기지의 가시철조망 담장 너머로 죽은 아기의 시신을 던지고는 했다. 돈이 없어서 아기를 묻을 땅을 살 수 없었기 때문이다. 그들은 이제 막 이 섬에 군사개입을 시작한 미국 육군이 그 작은 시신들을 묻어주기를 원했다. 목숨은 싸고 죽음은 비쌌다. 적어도 이 지역을 기준으로 보면 그랬다. 아기와 사별한 엄마들은 장례식을 치러줄 형편이 안 됐다. 어느 날 나는 기지들 사이로 운전을 하다가 쓰레기 트럭이 길에서 누군가를 차로 치는 것을 보았다. 트럭은 멈추지 않았다. 운전사는 계속 차를 몰았고, 그 뒤로 군중이 운전사를 뒤쫓았다. 경찰은 트럭을 멈추지 않았고, 운전사를 뒤쫓는 군중을 빼면 다른 사람들은 심드렁해 보였다. 목숨의 가치가 너무나 보잘것없었다.

여러 해에 걸쳐 아이티 피난민이 쏟아져 들어오자 미국은 행동에 나서기로 결심했다. 아이티의 군사독재자 라울 세드라스는 1991년 민주적으로 새로이 대통령에 선출된 전직 사제 장베르트랑 아리스티드의 취임을 거부했다. 아이티는 다양한 지도자 아래서 심각한 폭력과 테러에 시달려왔다. 미국의 빌 클린턴 대통령은 제2 공수사단과 제10 산악사단에 전면적 공격을 준비해서 공군기지에 집결할 것을 명령했다.

클린턴 대통령은 또한 세드라스에게 평화롭게 제3국으로 떠날 것을 설득하기 위해 전직 대통령 지미 카터를 평화사절단의 대표로 아이티의 수도 포르토프랭스에 보냈다. 이 사절단에는 합동참모본부장을 맡은 적이 있는 콜린 파월 장군도 포함되어 있었다. 자칫 세드라스가 사절단을 협상 인질로 붙잡아둘 수 있는 위험이 따르는 조치였다. 하지만 〈머나먼 다리〉라는 영화로 유명해진 전투인 제2차 세계대전의 마켓가든 작전 이후 최대 규모의 공습이 될 작전이 눈앞에 닥치자 세드라스는 결국 물러나기로 했다. 공격 부대는 비행기를 돌려 되돌아갔고 전면적 공습을 위한 군대는 규모가 축소돼 평화유지군으로 바뀌었다. 세드라스는 공식적으로 사임했지만 새로운 임시정부가 들어설 때까지 명목상으로 국가 운영을 담당했다.

아이티는 여전히 무일푼의 불법지대였고, 세드라스 밑에서 권력을 휘둘렀던 사람들을 찾기는 어렵지 않았다. 다른 사람은 모두 몸이 바싹 말랐는데 이들은 뚱뚱했다. 이유는 간단하다. 다른 사람은 먹을 것이 없었지만 이들에게는 먹을 것이 항상 넘쳤기 때문이다. 아이티 정부가 다음 정부로 매끄럽게 이행되도록 하는 계획의 일환으로(나중에 이라크 침공에서는 이 부분이 완전히 간과되었다) 미국 사령관 휴 셸턴은 아이티의 군대와 경찰력을 궁극적으로는 미군의 감시와 통제 아래 두되, 당분간은 아이티 정부의 통제 아래 온전히 유지하기로 의도적인 결정을 내렸다. 필연적으로 아이티 사람 대 아이티 사람의 폭력이 발생했고, 미군 파병에 적대적인 아이티 세력과 미군 사이의 충돌도 일어났다. 이런 사건에 얽힌 아이티 병사들은 일반적으로 끝이 좋지 않았다.

사실 나는 나를 포르토프랭스의 비행장으로 태워다준 747 전세기에서 내리자마자 내 이름이 적힌 팻말을 들고 서 있는 소령과 만났다. 그가 말하길 아이티 북쪽 카프아이시앵에서 미군과 충돌이 일어나 아이티 병사 10명이 총에 맞아 사망했고, 우리는 바로 헬기를 타고 그곳으로 가야 한다고 했다. 그 소령에게 내가 무엇을 해야 하느냐고 묻자 그는 자기도 모르겠다고 했다. 그는 나를 그곳으로 데려가는 것이 자신의 임무라는 것밖에 몰랐다.

그 시점에서 나는 아이티에 단 한 명밖에 없는 전사자 예우 담당국 사람이었다. 내 임무는 사단장과 군단장의 자문 역할이었다. 두 사람 모두 나를 참모로 배정하고 싶어 했지만 나는 한 사람이었기 때문에 나는 내가 두 사람을 똑같이 잘 지원하겠다고 제안했다. 아직 제54 병참중대의 지휘관이 아니라 여전히 전사자 예우 담당국 본부의 사관학교를 맡고 있었는데 막판에 그렇게 배치된 것이었다. 나는 헬기를 타고 카프아이시앵의 해군 본부로 날아갔고, 그곳에서는 나를 마을의 시체보관소로 데려갔다. 그 지역 경찰서장이 병사의 시신 열 구 중 한 구를 내게 보여주었다. 거기 남은 시신은 그 하나밖에 없었다. 그가 말하길 냉동고를 돌릴 전력이 없고 열대의 더위에서는 부패가 빨리 일어나기 때문에 매장을 명령했고, 다른 아홉 구의 매장이 이미 끝났다고 했다. 나는 그의 판단에 전적으로 동의한 후에 포르토프랭스로 돌아와 지휘 계통에 있는 사람들에게 브리핑을 했다.

다음 날인가 그다음 날에 시신을 수습하고 포르토프랭스로 데리고 와서 공동조사를 할 수 있게 계획을 수립하라는 얘기를 들었다. 그사이에 수도에서는 분노가 끓어오르고 있었다. 구舊정권의 세드라스 충성파 중 일부가 군대에서 자신의 지위를 계속 유지하고 있는 것도 거기에 기름을 부었다. 시위가 일어났고, 때로는 그 시위가 아이티 경찰과의 폭력 충돌로 폭발하기도 했다. 아이티 경찰은 오래전부터 정부에 항의하는 기미만 보여도 폭력을 휘둘러왔다. 이런 충돌은 가끔 사망자를 낳았고, 그럼 우리가 처리해야 했다. 시범을 보이다가 수류탄이 폭발하는 바람에 부상을 당한 아이티 사람이 미국 해군의 병원선인 컴포트호로 후송됐다. 안타깝게도 그 사람은 부상을 이겨내지 못했다. 정상적인 상황이었다면 그를 아이티 당국에 다시 돌려보내면 될 일이었다. 하지만 세드라스는 떠날 채비를 하고 있었고, 부정직한 여러 판사도 그를 따라 아이티에서 도망갈 계획을 세우고 있었기 때문에 시신을 인도받을 주체가 없었다. 책임을 질 수 있는 사람을 며칠 동안 찾아다니다 판사를 한 명 찾아냈다. 그가 마지못해 그 시신을 맡기로 했다. 그런데 그는 우리 기지로 올 수 없었고, 우리는 그의 사무실로 갈 수 없었다. 진퇴양난의 상황이었다.

마침내 포르토프랭스에서 제일 가난하고 범죄가 많은 슬럼가 중 한 곳인 시테솔레이에서 인수인계를 하기로 계획이 잡혔다. 이곳은 공항 옆에 자리 잡고 있었다. 약속 장소에 도착해 도로 옆에서 내기하고 있는 우리는 그곳 사람들에게 신기한 볼거리였다. 미군 병사를 태운 두 대의 험비 지프차는 여전히 그 사람들에게 새로운 존재였다. 몇 분 후에 그 판사와 아이티 경찰이 두 대의 픽업트럭에 경광등을 켜고 사이렌을 울리며 도착했다. 경찰이 모두 여덟 명 정도였던 것 같다. 조용히 시신 한 구를 인수해 가면 될 일에 사람이 너무 많았다. 그가 시신을 검사해봐야 겠고, 그 자리에서 바로 그렇게 할 계획이라고 했다. 슬럼가 도로변에서 말이다. 나는 그에게 사람의 시신을 그런 식으로 처리하는 것은 예의가 아니니 예를 더 갖춰서 시신을 인도해 가라고 말했다. 필요한 검사가 있다면 그의 사무실이나 그런 일을 하는 곳에 가서 하면 될 것이지 시테솔레이의 슬럼가 도로변에서 할 일은 아니었다. 그러자 그가 '싫으면 그만두든가' 하는 식으로 어깨를 으쓱해 보였다. 나는 그에게 한 대에는 M60 기관총이 장착되어 있는 미군 험비 두 대면 두 트럭분의 경찰은 아무것도 아니며, 지금 여기에 미군이 와 있음을 상기시켜주었다.

열 구의 아이티 병사 시신의 경우, 나는 특수부대의 지원을 받아 막 아이티에 도착한 전사자 예우 담당국 병사들로 팀을 꾸리고 그들을 카프아이시앵으로 보내 묻혀 있는 시신을 파내 다시 가져오게 했다. 듣기에는 쉬워 보이지만 그렇지가 않다. 육군에서 맡는 임무 중에는 전문화되어 있고 한정적이어서 주류 군인은 잘 이해하지 못하는 것이 몇 가지 있다. 전사자 예우 담당국의 업무가 그중 하나인데, 많은 사람이 이 업무를 제대로 이해하지 못하고 두려워한다. 그래서 이 업무가 독특한 것이다. 사망자와 관련된 세부사항이 접근이 제한되어 있거나 기밀이어서 더 어려워지기도 한다. 사람들에게 우리를 지원하라고는 하는데 왜 지원해야 하는지는 말해주지 않는다. 이 경우가 그랬다. 나는 팀보다 먼저 카프아이시앵으로 날아갔다. 그곳은 미국 해병대의 통제 아래 있었다. 미국 해병대는 우리를 지원해주어야 할 상황이었지만 우리가 맡은 임무에 대해서는 아는 것이 없었다. 나는 해병 원정군 지휘관을 만나러 가서 내가 말할 수 있는 세부사항을 설명했다. 그러자 그는 내 임무에 동의할 수 없으니 지원하지 않겠다고 말했다. 나는 육군 대위로서 그에게 미국 대사와 지휘관은 이 작전 수행 여부에 관해서 내 의견을 물어본 바가 없고, 이 작전이 어떻게 이루어질 수 있는지만 물어보았으며, 그 후에는 이 작전 수행을 명령하며 이 작전을 수행해야 하는 이유를 말해주었다고 했다. 해병 원정군 지휘관은 합동수사가 세드라스가 이 나라를 떠나기로 한 합의의 일부라는 사실을 모르고 있었다. 내가 그에게 그것을 설명하자 그는 나갔다 몇 분 후에 돌아와서 내게 자신의 차량과 지원을 제공하라는 명령을 받았다고 말했다.

이것은 아주 어려운 상황에서 세심하게 진행해야 할 임무였다. 아이티에서는 묏자리와 관이 비싸서 사람들이 그냥 마을 묘지에서 오래된 묏자리를 파서 시신을 다른 관 아래 묻었다. 우리는 헬멧과 방탄복으로 완전무장하고 들어갔다. 작열하는 카리브해의 태양 아래서 무덤을 파려니 땀투성이가 됐다. 우리의 임무 전체가 즉석에서 결정해서 진행하는 경우가 많았기 때문에 우리에게는 그 시신을 가져가야 하는 이유를 지역 사람이나 가족에게 충분히 설명하고 준비할 기회가 없었다. 정당한 임무였지만 그 이유를 지역 사람에게 아무도 설명하지 않은 것이다. 그 사람들은 당연히 불만을 품었다. 일을 하고 있는데 우리가 트럭을 주차해놓은 묘지 입구에 군중이 모여들었다. 나는 해병 보안대와 특수부대와 함께 그곳에 가 있었고, 군중에게 아이티 정부를 대신해서 시신을 포르토프랭스로 데려갈 것이라 설명했다. 하지만 도움이 되지 않았다. 사람들은 정부를 싫어했고, 가족들은 시신을 그곳에 그대로 두기를 원했기 때문이다. 군중이 소리를 지르기 시작하더니 우리가 시신을 싣고 있는 트럭으로 달려가려고 했다. 안타깝게도 우리는 호신용 스프레이로 사람들을 저지해야 했다. 결국 간신히 시신을 수습해서 트럭(운반용 컨테이너)에 싣고 헬기로 돌아와 포르토프랭스로 복귀했다. 정말 고통스러운 경험이었고, 비탄에 빠진 유족들에게 경찰력이나 기타 물리력은 절대로 사용하지 않는 것을 나의 사명으로 삼는 계기가 됐다. 이 일은 명확하게 소통하며 사망자 최근친의 지지를 이끌어내는 것이 중요하다는 것을 일깨워준 소중한 교훈이 되었다. 하지만 이곳은 아이티였다. 그로부터 거의 16년 후에 나는 다시 이 국가와 그 문제점을 다시 마주하게 됐다. 그리고 그때는 지금보다 상황이 훨씬, 훨씬 좋지 않았다.

2010년 1월에 일어난 진도 7.1의 지진 후 이 카리브해 연안국가의 사망자수는 어마어마했다. 지진은 35초 동안 지속됐다. 그런 강력한 충격이 그 정도 계속됐다면 아주 긴 시간이다. 그리고 모닝커피를 내릴 시간보다도 짧은 시간에 22만 5000명 정도가 사망했다. 정확히 얼마나 많은 사람이 사망했는지는 누구도 모를 일이다. 서반구에서 가장 가난한 이 작은 국가의 기반시설이 완전히 파괴되어 건물들은 모두 납작해졌고, 그 전부터 이미 기능이 신통하지 못했던 기관들마저 모두 마비되고 말았다. 사망자 중 다수가 자기네 집 폐허 속에 그대로 묻혀 있었다. 폐허의 잔해를 치울 중장비 같은 것이 없었기 때문에 가족들은 폐허에 끼여 있는 시신에 휘발유를 붓고 그들이 쓰러져 있는 현장 그대로 화장했다. 어떤 사람은 친구나 가족이 묻힌 곳에 야생화를 꺾어다 놓기도 했다. 수도의 일부에서는 도로를 치워봐도 시신이 쌓이면서 다시 막히는 바람에 교통체증이 생기고 구호요원들이 폐허 사이를 움직이기가 어려워 구호 활동과 시신 수습 활동이 지연되었다.

죽은 자를 수습해야 할 아이티 정부의 대응은 끔찍했다. 이들은 기본적으로 죽은 자를 처리하는 데 돈을 쓰는 것이 산 자에게 써야 할 돈을 낭비하는 것이라는 철학을 갖고 있었다. 하지만 이런 철학이 오히려 모든 사람에게 수많은 문제를 일으키고 있었다. 트럭들이 돌무더기 사이를 돌아다니며 수만 구의 시신을 모아 오면, 이 시신들을 도시 바깥에 있는 공동묘지로 가져가, 장례식도 치르지 않은 채 깊은 구멍에 불도저로 밀어 넣고 묻었다. 이것은 흑사병 시대 이후로 대규모 재난이 일어날 때마다 이어져 내려온 중세식 해결 방법이었다. 14세기 유럽에서 흑사병이 일어났을 때는 수레를 끄는 사람이 유령도시를 돌며 "시신을 밖으로 내놓으시오"라고 외치고 다녔다.

죽음은 만인 앞에 평등하지만 조지 오웰의 말을 살짝 비틀어 표현하자면 어떤 죽음은 다른 죽음보다 더 평등하다. 불평등이 항상 만연해 있던 아이티에서는 분명 그랬다. 지진이 있기 전에도, 전기가 들어오지 않는 집에 사는 아이티 학생들이 국제구호원이 저녁식사를 하는 고급 레스토랑 밖에 앉아 있는 모습을 볼 수 있었다. 돈을 구걸하러 온 것이 아니라 길거리로 흘러나오는 불빛 아래 숙제를 하려고 온 것이었다.

2010년에 아이티 사망자 수만 명이 불도저로 공동묘지 흙구덩이에 매장되고 있는 동안 유엔으로부터 지진으로 비명횡사한 자기네 해외 근무 직원들의 시신을 수습해달라는 요청이 들어왔다. 서른 개 국가에서 온 102명의 유엔 근무자가 사망했는데 이는 국제조직에서 단일 사건으로 발생한 사망자 규모로는 역대 최고였다. 이들 중 대다수는 부패로 악명 높은 경찰을 개혁하고, 법원의 자문 역할을 하고, 2004년에 시작된 유엔의 평화유지 임무에 참여하는 등 유엔 국가 건설 사절단으로 활동 중이었다. 2004년은 아리스티드 대통령이 또 다른 쿠데타에 전복된 해였다. 유엔 직원 중에는 과제를 수행하는 동안 함께 살려고 가족을 데려온 사람도 있었다. 내가 다섯 살의 코피제이드를 만나게 된 것도 그 때문이었다.

코피제이드는 땋은 머리를 한 어린 소녀였다. 우리가 찾아갔을 때 그 아이의 시신은 미라처럼 변해 있었다. 팬케이크처럼 납작하게 주저앉은 콘크리트 건물이 아이의 시신을 건조시켜놓았다. 아이는 문틈에서 발견됐다. 지진이 닥쳐 건물이 무너지기 시작했을 때 욕조에 들어가 있다가 욕실 문 쪽으로 달아나면서 변을 당한 것 같아 보였다.

얄궂은 운명의 장난이었다. 프랑스계 아이티인 구호요원이었던 아이의 아빠는 뉴질랜드에 있던 가족을 최근에 이곳으로 데리고 왔다. 아빠가 부룬디에 파견 나가 있던 동안 그 딸들은 엄마와 함께 뉴질랜드에 살고 있었는데 아빠는 가족이 재회하기에는 아이티가 더 안전하리라 생각했다.

언뜻 보아서는 페티옹빌의 부유층 지역 언덕에 자리를 튼 6층짜리 건물이 최악의 파괴 현장에서도 무사히 살아남은 것처럼 보였다. 하지만 더 가까이 가서 보면 건물이 6층이 아니라 5층으로 보였다. 건물을 받치고 있는 기둥이 압력에 주저앉은 것이다. 코피제이드의 위쪽에 있는 층들이 그 아래층으로 팬케이크처럼 포개져 내려앉아 있었다.

지진이 일어나는 동안 밖에 나와 있던 아이의 엄마 에밀리는 서둘러 호텔로 돌아갔지만 가족은 몰살당한 상태였다. 다만 아직 아기였던 그녀의 딸 알랴흐나는 다리 한쪽에만 골절을 입고 살아남았다. 붕괴 직후에 구조요원들이 아빠 에마뉘엘과 세 살배기 여동생 젠지의 시신을 꺼내 오는 데 성공했다. 코피제이드의 시신만 닿을 수 없는 폐허 안쪽에 있어 찾지 못하는 상태였다.

건물을 보며 나는 진입로를 찾기가 대단히 어렵고 위험하리라는 생각이 들었다. 코퍼제이드의 시신이 있을 것으로 추정되는 붕괴 공간에 진입하려면 위층에서 드릴로 파서 접근해야 할 상황이었다. 그리고 그렇게 하려면 안에 들어가서 작업하기에는 공간이 너무 불안정해서 목재로 보호용 덮개를 만들어야 했다. 나는 스프레이 페인트로 건물에 주황색 표지를 그려놓았다. 붕괴되었지만 이 건물보다는 덜 위험한 다른 유엔 건물에서 이틀에 걸쳐 시신을 수색하는 동안 이 건물이 얼마나 움직였는지 확인하기 위함이었다. 우리는 사람, 그리고 그 사람이 있을 가능성이 제일 높은 장소를 정리한 긴 목록을 갖고 있었다. 우리는 그 사람들을 모두 한 명씩 추적해서 찾아냈지만 실종된 아프리카 사람 한 명의 시신을 끝까지 찾지 못했다. 그 사람을 아이티 사람으로 오해해서 도시 북쪽 가장자리에 있는 커다란 매장용 구덩이로 데려간 것이 아닌가 싶었다. 티타니엔은 오래전부터 연고가 없는 시신이나 수도의 종합병원에서 나온 가난한 사람의 시신을 위한 무덤으로 이용되어왔고, 그 구덩이들은 중세시대처럼 경악스러웠다. 어느 날 나는 우리의 실종자가 사라진 장소일지도 모를 곳이 어떤 데인지 감을 잡으려고 그곳을 찾아가보았다. 그곳은 나무가 없이 바위투성이였고, 지진 이후에는 사람의 유해뿐만 아니라 파괴된 건물에서 나온 돌덩어리들을 버리는 곳으로도 사용되고 있었다. 사람의 유해를 뒤엉킨 콘크리트 철근과 콘크리트 덩어리 속에 던져 넣는 경우도 많았다. 부서진 벽돌 덩어리들이 깊고 긴 구덩이 속에 버려졌고, 각각의 구덩이는 수백 구의 시신을 채울 수 있는 크기였다. 그곳에 시신을 던져놓고 불도저로 그 위에 흙을 덮었다. 마치 쓰레기 매립장 같았다. 죽은 이의 신원을 확인하려는 시도조차 없었다. 아이티에는 지진이 일어나기 전부터 이런 규모의 사망자를 감당할 수 있는 기반시설이 아예 존재하지 않았기 때문이다.

하지만 나는 신원을 알 수 없는 사망자들을 애도하기 위해 그곳에 간 것이 아니었다. 내 임무는 신원확인이 가능한 사람을 찾아내서 사랑하는 가족이 기다리는 집으로 돌려보내는 것이었다. 아이티 사람들은 인간으로서의 존엄을 찾을 상황이 아니었지만 그들에게는 적어도 집이 있었다. 외국인들은 그렇지 못했다. 우리는 코퍼제이드가 깔려 있는 카리브 호텔 바로 옆에 있는 호텔 몬타나의 앞마당에 본부를 차리고, 가까운 도미니카공화국에서 시신수습용 장비를 공수해 왔다. 그 장비 중에는 건물의 잔해를 뚫고 길을 낼 때 안전한 나무 터널을 짓는 데 필요한 대량의 목재도 포함되어 있었다. 아이티는 1492년에 크리스토퍼 콜럼버스가 처음 발을 디뎠을 때만 해도 울창한 열대우림이었지만 지금은 목숨을 연명하기 위해 발버둥치는 사람들과 지방 정부의 무관심으로 거의 헐벗은 상태가 됐다.

우리가 작업하는 공간을 목재로 떠받쳐서 강화하며 건물의 중심부까지 굴을 내고 들어가는 데 이틀이 걸렸다. 무덥고 진이 빠지는 고된 작업이었다. 마른 고목처럼 뒤틀어진 철근을 자르고 나가느라 불꽃이 여기저기 튀었다. 그리고 여기저기에 다림줄을 설치해서 벽돌이 움직이지 않는지 확인하고, 건물이 무너지기 시작하면 달아나라는 신호를 할 수 있게 안전확인요원이 경적을 갖고 다녔다. 작업을 하는 동안 몇 번의 작은 여진이 있었지만 우리는 멈추지 않았다. 찌는 듯한 무더위에 진짜 열사병이 찾아올 것 같았다. 옷이 땀으로 흠뻑 섯는 동안 건물 밖에는 플라스틱 물병이 탑처럼 쌓였다.

둘째 날에 마침내 코피제이드가 있는 층까지 돌파해 들어갈 수 있었다. 제일 먼저 눈에 들어온 것은 아이의 발이었다. 그것을 보고 우리는 제대로 찾아 들어왔다는 생각이 들었다. 주변의 콘크리트와 잔해를 치우는 데 몇 시간이 걸렸다. 두 사람이 금속 링이 달린 밧줄을 이용해 안정적으로 붙잡아 착암기를 수평으로 사용할 수 있게 해주었고, 우리는 마침내 조심스럽게 작은 시신을 빼낼 수 있었다. 울컥해지는 순간이었다. 팀 전체가 아이의 작은 시신을 들것으로 운반하는 것을 돕고 싶어 했다. 우리는 유엔에 있는 우리 측 대표자에게 연락해서 당시 뉴질랜드로 돌아가 있었던 엄마 에밀리에게 코피제이드의 시신을 확보했으니 이제 곧 아이가 집으로 출발할 수 있을 것이라고 알려주라고 했다.

지리적 위치에 행운까지 더해져 그 옆에 있는 호텔은 별다른 손상 없이 살아남았다. 우리가 건물을 나오는데 그 호텔 손님 몇 명이 테니스를 치고 있었다. 어쩌면 겉으로나마 정상적인 일상을 회복하고 싶었던 것이었는지도 모르겠다. 자신이 목격한 그 끔찍한 사건으로 쌓인 스트레스를 풀고 싶어서 말이다. 아니면 테니스를 너무너무 좋아해서 그런 건지도 모르겠다. 하지만 그중에는 지진이 나기 전, 코피제이드와 그 자매들이 풀장 주변과 테니스장에서 놀던 때부터 그 소녀를 알았던 사람이 있었다. 나는 그쪽으로 가서 그 소녀의 시신을 옮기고 있다는 사실을 알렸다. 그들은 운동을 멈추고 테니스 라켓을 쥔 채 우리의 작은 행렬이 지나가는 것을 조용히 지켜보았다. 그 순간에 나는 감동을 받았다. 그 소녀가 더 이상 이 세상에 없다는 것은 슬펐지만 우리의 노력 덕분에 그 아이가 드디어 가족의 품으로 돌아가 슬픔에 빠진 엄마와 다시 만날 수 있게 되었다는 사실이 자랑스러웠다. 이제 코피제이드는 집으로 갈 수 있었다.

한 사람의 시신을 수습하기 위해 이틀 동안 20명이나 되는 부대원이 목숨을 걸고 작업에 매달렸다. 코피제이드와 공동묘지 구덩이에 내던져지거나 무너진 집의 폐허 속에서 그대로 화장된 수십만 명의 차이는 무엇일까? 간단히 말하면 자기네 국민을 반드시 집으로 돌려보내겠다는 정부나 당국의 확고한 결심 그리고 그런 노동집약적인 작전에 따르는 경제적 부담을 감당할 수 있는 능력이다. 여러 군대도 그와 비슷한 이데올로기를 갖고 있다. 병사들은 자신의 목숨을 걸고라도 전장에 쓰러진 전우의 시신을 수습해 오겠다는 결의가 있다. 죽은 사람일지언정 뒤에 남겨둘 수는 없기 때문이다. 위험한 일에 몸을 내던지는 사람은 행여 자신이 궁극의 대가를 치르는 일이 있더라도 자신의 유해가 마땅히 받아야 할 대우를 받으리라 믿을 수 있어야 한다. 그리고 그 가족들도 사랑하는 이가 다시 집으로 돌아올 수 있으리라 믿을 수 있어야 한다.

우리가 아이티에서 수행한 일은 재난 관리의 핵심 사업에 해당하지만, 그 한계이기도 하다. 우리의 임무는 우리에게 닥칠 위험과 고난을 무릅쓰고서라도 죽은 자의 유해를 수습하고 그 시신을 사랑하는 가족에게 보내 예우를 갖춰 장례를 치를 수 있게 하는 것이다. 그래야 산 자나 죽은 자 모두 삶과 죽음의 다리를 건너 새로운 현실을 받아들일 수 있다. 하지만 이 일은 비용도 비용이고, 현대적인 기반시설과 막대한 노동력이 필요하다. 재난이 닥친 개발도상국에서 이런 부분에 투자할 수 없는 경우, 우리가 보기에는 충격적일 정도로 원시적인 결과가 초래된다.

슬프게도 아이티 사람들의 고통은 지진으로 끝나지 않았다. 재난이 있고 몇 달 후에는 콜레라가 창궐해서 그렇지 않아도 완전히 만신창이가 된 나라를 완전히 휩쓸며 또다시 1만 명의 사람을 죽음에 이르게 했다. 그 콜레라의 균종은 아이티에서 한 세기 동안 보이지 않았던 것이었다. 그 기원을 추적해보니 네팔에서 온 평화유지군 부대가 주둔했던 유엔 캠프였다. 아이티의 병원과 상수처리설비가 파괴되어 이 치명적인 질병이 취약해진 인구집단 속으로 급속히 퍼지면서 또 다른 재앙을 초래한 것이다. 자연의 힘을 얕잡아 보고 이보다 더 나빠질 일은 없을 거라 믿어서는 안 된다. 자연은 정말 강력해서 아무리 나쁜 상황에서도 더 나빠질 수 있고, 종종 실제로 그런 일이 일어난다.

코피제이드의 엄마는 악몽 같은 시간을 보낸 후에 다시 자신의 삶으로 돌아왔다. 살아남은 아기 알랴흐나와 다시 만난 그녀는 아이티에 학교를 세워 힘겨운 아이들을 돕기 위한 재단을 설립했다. 몇몇 생존자도 아이티를 위해 그와 비슷한 자선활동을 하며 무의미해 보이는 비극 속에서 삶의 목적과 의미를 일구려 노력했다. 에밀리가 설립한 재단의 이름은 켄베라Kenbe La다. 아이티 크리올 언어로 '절대 포기하지 말라'라는 의미다. 그녀는 이 재단을 세상을 떠난 딸들과 남편에게 바쳤다.

나는 고객들에게 종종 이렇게 상기시켜준다. 인생에는 우리가 통제할 수 없는 것이 참 많지만, 그에 어떻게 반응할지는 언제나 통제할 수 있다고 말이다. 에밀리는 이것을 보여주는 놀라운 사례다. 그녀는 이렇게 말했다. "저는 에마뉘엘, 코피제이드, 젠지, 알랴흐나에게 재에서 솟아오르는 불사조처럼 우뚝 일어서겠다고 맹세했죠."

사랑하는 가족과 제대로 작별도 못하거나, 자기 가족이 돌무더기 아래 어딘가에 묻혀 있을지 모른다는 희망을 품고 티타니엔의 흙먼지 가득한 인간 매립지로 찾아갔던 사람들에게는 마음의 치유 과정이 훨씬, 아주 훨씬 오래 걸릴 것이다. 시신도 못 찾고, 아무런 소식도 듣지 못한 사람은 삶과 죽음의 다리를 건너지 못하고 그 입구에 붙잡혀 결코 돌아올 수 없는 사람을 하염없이, 헛되이 기다리는 경우가 많다.

5

이름 속에 담긴 것

○

1912년 4월 14일 타이태닉호가 침몰했다. 그 이야기는 많이들 알고 있다. 역사상 가장 유명한 해양 재난 사건이니까 말이다. 다만 대부분의 사람이 모르는 것이 있다. 그로부터 거의 한 세기 후인 2008년에 타이태닉호에서 수습된 한 남자 아기 시신의 신원이 밝혀져 드디어 묘비에 이름을 새기게 되었다는 사실이다. 그 아기의 이름은 시드니 레슬리 굿윈이다.

이렇게 사람들의 주목을 끌었던 재난의 희생자 신원을 확인하는 데 왜 그리 오랜 세월이 걸렸을까? 이 사건은 정확한 신원을 확인할 때까지 쉴 수 없었던 아기의 죽음 속에서 우리가 어떻게 의미를 찾을지 알려주었다. 재앙으로부터 어떤 의미를 새로이 구축하려 할 때는 신원 파악이 그 첫 번째 단계이기 때문이다. 그 후에야 우리가 잃은 것이 무엇인지, 그리고 우리에게 남은 것은 무엇인지 정확히 평가할 수 있다.

타이태닉호가 수면 밑으로 잠기는 순간에도 여전히 1500명이 넘는 사람이 그 배에 타고 있었다. 배가 파도 밑으로 잠기기 전에 간신히 구명보트를 타고 탈출한 705명의 생존자를 건지기 위해 근처에 있는 배들이 쏜살같이 달려갔다. 케이블 수리선인 매카이베넷호가 현장에 도착한 것은 침몰이 일어난 지 5일 후였다. 이 배는 시신 수습의 임무를 위해 노바스코샤에서 서둘러 수리되었다. 매카이베넷호에는 이제 케이블과 윈치 대신 사제 한 명과 70구의 시신을 처리하기 위한 방부처리 보급품, 100개의 관, 수습한 시신을 부패하지 않게 보존하기 위한 100톤의 얼음이 실려 있었다.

이 보급품들은 한심할 정도로 부족한 것이었다. 이 재난 속에 비명횡사한 1500명의 시신 앞에서 매카이베넷호는 곧바로 상황을 감당할 수 없는 처지가 되고 말았다. 수백 구의 시신을 수습한 후에 이 배의 선장은 일등석과 이등석 승객의 유해만 보관해서 집으로 보내고 삼등 선실의 승객은 바다에 그대로 수장하기로 결정했다. 매카이베넷호에서 수습한 306구의 시신 중에 106구가 다시 대서양으로 돌아갔다. 수장 자체는 완벽하게 명예로운 장례 방식이다. 개인적으로 나는 죽으면 내 몸을 화장해 재를 바다에 뿌려주었으면 한다. 하지만 죽은 자를 존중하였는지 따질 때 가장 중요한 것은 결정권이다. 수장이 죽은 사람이나 그 가족의 소망에 따라 이루어졌다면 문제가 없다. 그러나 아이티에서 공동묘지 구덩이에 묻힌 수만 명의 사람들처럼 타이태닉호에 타고 있던 그 가여운 사람들에게는 어떤 선택권도 없었다.

차가운 바다에서 건져낸 시신 중에 금발의 두 살배기 남자아이가 있었다. 그 아이는 신원이 밝혀지지 않아 뉴펀들랜드의 한 묘지에 묻혔고,

마음이 심란해진 구조대원들이 돈을 모아 묘비를 세워주었다. 묘비에 새겨진 글귀는 간단했다. "우리 아기Our babe." 스위스항공 111편 항공기 사고를 처리하다가 나는 핼리팩스의 페어뷰론 묘지를 방문해서 그 아기의 것을 비롯해서 많은 묘지를 보았다.

그 아기는 새로 개발된 DNA 검사법 덕분에 유전물질을 이용해 아직 신원미상인 재난 희생자의 신원을 확인할 길이 열릴 때까지 거의 90년 동안 그곳에 안장되어 있었다. 묘지 몇 군데를 새로 열어보았는데 부패와 누수가 진행되어 그중 두 묘지에는 흙밖에 남은 것이 없었다. '우리 아기' 묘에는 팔뼈 조각과 젖니 세 개만 간신히 남아 있었다. 처음에는 그 아기의 신원이 스웨덴의 예스타 레오나르드 폴손으로 확인됐다. 여객선이 침몰할 때 아기가 물속으로 휩쓸리는 것을 마지막으로 본 사람이 있었기 때문이다. 수습한 아기 어머니의 시신에서도 주머니에 네 명의 자녀 각각을 위한 탑승권이 들어 있었다. 하지만 그때만 해도 신원확인 절차가 등장한 지 얼마 되지 않았을 때였다. 폴손 가문 사람의 후손을 추적해보니 그 아이가 사실은 예스타가 아님이 입증됐다. 그리고 DNA 검사로는 에이노 빌랴미 파눌라라는 이름의 생후 13개월의 핀란드 남자 아이라는 결과가 나왔다.

신원확인 절차가 몇 년 동안 이어졌다. 사실 신원불명 아동들의 신원을 확인하려는 시도를 지켜보면서 그중 한 명이 시드니라고 믿고 있었던 굿윈 가족의 친척들이 2008년 8월 6일에 페어뷰론 묘지에 모여 그 아이를 위해, 그리고 타이태닉호에서 비명횡사한 모든 아이를 위해 추도식을 열었다.

여기서 이야기가 끝날 수도 있었지만, 가죽 신발 이야기가 하나 남아 있다. 1912년에 시신들을 뭍으로 가지고 나왔을 때 그 시신들을 지킬 순경이 배치되었다. 순경들에게는 매장하기 전에 희생자의 의복을 태우라는 명령이 내려졌다. 병적인 기념품 수집가들이 의복을 훔쳐 가는 것을 막기 위함이었다. 하지만 경사 한 명이 차마 그 아기의 작은 신발을 태울 수가 없어서 오랫동안 자기 책상에 보관해두었다. 그러다 이 경사의 손자의 기증으로 이 신발은 결국 박물관까지 오게 됐다. DNA 검사가 진행된 것은 그 후로 몇 년이 지난 후였다. 어느 관찰력 좋은 사람이 그 신발이 13개월 된 아기가 신기에는 너무 크다는 것을 눈치챈 덕분이었다. 추가적인 DNA 검사 명령이 떨어졌고, 과학적 검사 방법이 빠른 속도로 개선되어 더 신뢰할 만한 결과를 내놓고 있었기 때문에 시신이 수습되지 않은 아기의 가족 후손들이 DNA 표본을 제공했다. 요즘에도 DNA 검사는 신원확인을 위한 해결책의 일부지만, 오롯이 DNA 검사만으로 해결되는 경우는 드물다. 이렇게 해서 시드니 레슬리 굿윈의 신원이 확인됐다. 아마도 이 재난에서 마지막으로 신원이 확인된 희생자일 것이다. 이제 그의 가족은 아기의 묘비에 드디어 이름을 새길 수 있게 됐다.

시신은 강력한 토템이다. 그래서 우리는 시신이 나쁜 사람의 손에 들어가거나, 부정한 용도에 사용되거나, 무례한 취급을 받지 않을까 하는 깊은 두려움을 갖는다. 죽은 자의 무덤이나 집은 훨씬 강력한 토템이 될 수 있다. 인도에서 가장 유명한 유적지인 타지마할은 통치자가 세상을 뜬 사랑하는 아내를 위해 지은 무덤이다. 고대의 7대 불가사의 중 하나로 현재의 튀르키예에 자리 잡고 있는 할리카르나소스의 영묘 역시 사랑을 잃고 상심한 마음에 지어 올린 묘인 것은 우연이 아니다. 이 무덤은 아르테미시아 여왕이 세상을 떠난 남편 마우솔러스 왕을 위해, 그리고 거대한 부의 상징으로 지어 올렸다.

1934년 여름에 대공황 시대의 전설적 은행 강도인 존 딜린저가 시카고의 한 극장 밖에서 FBI 요원의 총을 맞아 죽자 지나가던 사람들이 기념품으로 남기려고 섬뜩하게도 자신의 손수건에 그의 피를 묻혔다. 그보다 불과 두 달 전에는 그와 동시대 인물이었던 보니와 클라이드가 그보다 더 험한 꼴을 당했다. 텍사스 시골에서 그들이 보안관에게 총을 맞고 죽자 한 목격자가 클라이드 배로의 귀를 기념품으로 잘라 가려고 했다. 다른 사람들은 보니 파커의 피 묻은 드레스 조각을 잘라 갔다. 분명 이 물건들은 의심의 눈초리로 이 물건들을 바라보는 자식과 손자의 손에서 손으로 대를 이어 전해졌을 것이다.

죽음이 닥치면 민간설화에 등장하는 범죄 영웅들이 저런 행동을 부추긴다. 그와 마찬가지로 대성당들도 수많은 가톨릭 성자의 무릎뼈나 손가락을 신성한 유물로 보관하려고 지어진 것으로, 세대에 걸쳐 숭배

자들의 존경을 받았다. 죽음은 세상을 떠난 자에게 신비로운 기운을 불어넣는다. 시신은 혐오감과 매력을 동시에 선사한다. 네안데르탈인도 세상을 떠난 이의 무덤을 조개껍질과 꽃으로 장식했던 것으로 밝혀졌다. 인류학자들이 그 안에서 사라지지 않고 버틴 고대의 꽃가루를 발굴해서 확인한 덕분에 그런 사실이 밝혀질 수 있었다.

미국 정부가 알카에다의 수장인 오사마 빈 라덴을 파키스탄의 비밀 은신처에서 사살한 후에 인도양에 수장하도록 지시한 이유도 아마 그 때문일 것이다. 그의 무덤을 남겼다가 곧 성지로 추앙되어 급진주의자와 광신도의 거점이 될 것을 두려워한 것이다. 아무도 내게 자문을 구하지는 않았지만 나는 개인적으로 그런 판단에 동의하지 않는다. 나는 최악의 범죄를 저지른 사람이라 해도 그 시신은 그 사람이 살았던 전통과 문화에 따라 취급하는 것이 옳다고 생각한다. 무려 600명의 죄인에게 교수형을 집행하고 1992년에 사망한 영국의 마지막 교수형 집행인 앨버트 피어포인트도 이런 신념을 강조했다. 제2차 세계대전이 끝나고 그 후로 몇 년에 걸쳐 그는 독일에 파견되어 200명의 나치 전쟁범죄자를 교수형시켰다. 많게는 그 수가 하루에 10명이나 될 때도 있었다. 하지만 그는 항상 죽은 자를 고집스러울 정도로 극진히 다루었다. 죽음으로써 이미 죗값은 치렀다고 생각했기 때문이다. 죽은 자는 더 이상 위협이 되지 않는다. 앞에서도 말했지만 수장은 아주 훌륭한 장례 방법이다. 하지만 이슬람교의 장례 의식은 아니다. 비밀 장소에 표식이 없는 무덤을 만들어 적절한 이슬람 의식에 따라 빈 라덴의 시신을 매장해도 좋았을 것이다.

　국가에서 항상 죽은 사람의 시신을 수습했던 것은 아니다. 하나 물어보자. 해외에서 처음 전사한 영국의 병사의 시신이 본국으로 송환됐을까? 대영제국이 끝없이 해외로 발을 뻗었던 것을 감안하면 영국에서 시신의 본국 송환이 시작된 것은 방부처리가 가능해진 19세기 어느 시점이 아니었을까 생각할 수도 있다. 틀렸다. 제1차 세계대전 때 플랜더스의 진흙탕에서 수습한 신원불명 병사들의 시신을 웨스트민스터 사원의 무명용사의 묘에 묻었던 경우를 빼면, 병사의 시신을 처음으로 본국으로 송환한 것은 1982년 포클랜드 전쟁 직후였다. 당시 사망한 영국 병사 64명의 시신이 집으로 돌아갔는데 이는 그 가족들이 공개적으로 격렬하게 항의한 이후에야 이루어진 일이다. 그 전까지는 영국의 신병, 식민지 부대, 장교 모두 예멘에서 캐나다, 싱가포르에 이르기까지 전투에서 쓰러진 장소와 가까운 곳에 무덤을 만들어 매장했다. 그 이유는 두 가지로 볼 수 있다. 우선, 오랫동안 사망자의 시신을 운반하는 것은 비용이 많이 들고 비위생적인 작업에 속했다. 하지만 그보다 더 근본적인 이유가 있다. 문명이 태동한 이후로 시신은 자신의 영역을 가리키는 표지로 이용되어왔다. 현재의 튀르키에 지역에 자리 잡고 있는 세계 최초의 인류 정착지 중 하나인 차탈회위크 신석기 유적지에서 인류학자들은 집 안에 매장된 시신을 발견했다. 이것은 고대에 사용했던 궁극의 소유권 표시였는지도 모른다. 그와 유사하게 영국 전사자들의 묘가 여왕과 제국을 위해 머나먼 땅에 씨처럼 뿌려졌다. 사담 후세인도 죽은 자에 대한 인류의 보편적인 터부를 잘 알고 있었다. 영국의 군대가 2003년 봄에 이라크의 바스라 항구를 침공했을 때 그들은 잘 보존된 대리석 명판을 발견했다. 제1차 세계대전 당시 오스만 제국에 대항해서 군사 작전을 감행했던 1915년에 그 해안에 발을 내디뎠던 자기네 수천 명 선조들이 잠든 곳을 표시해놓은 명판이었다.

제1차 세계대전의 시인 루퍼트 브룩Rupert Brooke은 자신의 시 〈병사The Soldier〉에서 이렇게 노래했다.

> 내가 죽거든 이것 하나만 생각해주오
> 외국의 들판 어느 후미진 곳
> 그곳이 영원히 영국을 위한 땅임을

브룩은 알았던 것일까? 그는 패혈증으로 사망한 후에 그리스 스키로스섬에 묻혔다. 이 패혈증은 갈리폴리로 향하던 군인 수송선에서 모기에 물린 곳이 감염되어 생긴 것이었다. 갈리폴리에 당도하여 그 후에 벌어진 살육의 현장에서 쓰러진 그의 전우 수천 명은 튀르키예의 론파인 묘지에 매장되었다. 이곳은 오래전의 전장과 멀지 않은 곳이다. 그 비석에는 제1차 세계대전 후 튀르키예를 이끌었던 케말 아타튀르크의 비범한 문구가 적혀 있다. 이 문구에는 적국의 전사자를 향한 보편적인 존경심이 잘 표현되어 있다.

> 이곳에 피를 뿌리고 산화한 영웅들이여 (······) 이제 그대들은 친구 같은 나라의 땅속에 누워 있습니다. 그러니 부디 평화로이 영면하시기를. 모두 나란히 함께 누워 있는 이곳에서는 영국인 존과 튀르키예인 메메트를 구분하지 않습니다. 머나먼 타국에서 아들을 이곳에 보냈던 어머니들이여, 부디 그대의 눈물을 닦으십시오. 당신의 아들들은 이제 우리의 가슴속에 평화롭게 잠들어 있습니다. 이 땅에서 목숨을 잃었으니 이제 그들도 우리의 아들입니다.

이 문구가 정말로 아타튀르크가 한 말인지에 대해서는 논란이 있지만 안식처와 죽은 자에 대한 돌봄을 나타나는 정서에 진심이 느껴지고, 그 안에 의미가 담겨 있다. 워싱턴에서 포토맥강 건너편에 자리 잡고 있는 알링턴 국립묘지는 한때 남부연합군의 사령관이었던 로버트 E. 리의 땅이었다. 이 땅에는 남북전쟁 동안에 강제수용되었던 연방군의 전사자 수천 명이 묻혀 있다. 당시 많은 사람이 이를 두고 자기 정부를 배신하고 반란을 일으킨 사령관에게 딱 어울리는 복수라 여겼다. 옳은 일을 위해 떨쳐 일어날 도덕적 용기가 없었던 그 때문에 수없이 많은 생명이 목숨을 잃게 되었고, 그렇게 죽은 자들이 이제 그의 가문의 땅을 차지하고 있으니 말이다.

사랑하는 이나 조상에게 무슨 일이 있었는지 알지 못하는 고통은 세대를 거치며 이어질 수 있다. 그 때문에 정부가 무너지기도 하고, 전쟁이 시작되기도 한다. 이것은 지상에서 가장 강력한 감정 중 하나인데도 그에 대해 공개적으로 이야기를 하거나, 그 문제를 어떻게 대처해야 하는지 아는 사람이 별로 없다. 역사적으로 이 일은 사제나 성인이 맡았던 역할이지만, 신앙이 과학에 자리를 내어준 오늘날에는 그 빈 공간을 채우려고 앞으로 나서는 이가 없다. 현대는 사람들의 시선이 닿지 않는 은밀하고 조용한 호스피스에서 작별인사를 나누며 천천히 사라지는 죽음을 전제로 하고 있다. 하지만 열린 공간에서 다수의 사람이 극적인 죽음을 맞이하는 경우에는 대체 어떻게 해야 예전의 생활로 돌아갈 수 있는지 아무도 알지 못한다. 그곳이 바로 내가 개입해 들어가는 지점이다.

6

마지막 소지품

○

      사람들은 내가 한 일을 법집행관 활동 혹은 군사 활동의 일부로 이해한다. 그러나 어째서 이런 일을 담당하는 사기업이 존재하는지는 대부분 이해하지 못한다. 여기에는 두 가지 이유가 있다. 첫째는 정부나 지자체 정부에는 지리적 경계가 있다는 사실이다. 정부 간에 상호 원조가 이루어지는 경우가 아니면 정부는 보통 그 경계 안에서 일어나는 일만 처리하는 경향이 있다. 다행히 대부분의 지역에서는 대량 사망 사고가 연이어 일어나지 않는다. 어느 해는 비행기 추락 사고를 겪었다가도 그 후로 30년 동안은 비행기 사고가 한 번도 일어나지 않을 수 있다. 확실히 이 점은 다행스럽다. 두 번째는 지금까지 설명해왔듯이 예상치 못한 대규모 사망 사고에 대한 대응이 대단히 복잡하다는 점이다. 이런 사고를 성공적으로 관리하려면 경험이 필요하다. 그리고 그런 경험은 사건에 노출되었을 때 쌓인다.

  정부 기관을 떠나 20년 동안 나는 정부 소속으로 있었을 때보다 사기업 소속으로 훨씬 많은 사건에 대응해왔다. 이런 사건에 대응할 때는 다양한 인력이 동원된다. 응급의료요원, 의료진(부상을 당했거나 살아 있는 것으로 여겨지는 사람이 있을 경우), 검시관, 장의사, 임상병리사, 신원확인 전문가, 애도 상담사, 사회복지사, 변호사 및 서류 취급 담당자, 마지막 으로 유언장을 공증하는 법정 등. 이것도 현장이나 다른 곳에서 수습한 시신의 소지품 처리 등 세세한 부분은 빼고 말한 것이다. 정리하자면 각 각 특수한 영역을 담당하는 다양한 사람이 필요하지만 이것을 전체적으 로 감독하는 사람은 없다는 얘기다. 그리고 그 한가운데 희생자의 가족 이 있다. 이 가족은 사망자의 신원이 명확히 밝혀지지 않은 상태에서 슬 픔과 충격 속에 이 복잡한 시스템을 헤매고 다녀야 한다. 이런 부분까지 관리하려면 일상적 업무에 투입할 자원과 정부 직원, 거기에 곁들여 약 간의 예비 자원과 인력이 필요하다. 능력 있고 열정적인 사람이 배치되 기 때문에 대부분 일을 아주 잘한다.

하지만 대체적으로 정부 관계 기관은 내가 대응하는 유형의 사건과 관련된 여러 가지 업무에 대해 준비가 되어 있지 않다. 그래서 대량 사 망 사건을 겪을 수 있는 기업(예를 들면 운송이나 천연자원 관련 기업)이나 정부에서 우리에게 그런 사건에 대응할 준비를 하라고 요구하는 것이 다. 우리는 전 세계적으로 온갖 유형의 다양한 사건에 대응해왔기 때 문에 풍부한 경험을 제공할 수 있다. 솔직히 말해서 할 수만 있다면 회 사 문을 닫고 싶다. 사람이 죽었으니 서둘러 대응해달라는 전화를 받 을 일이 없었으면 좋겠다. 하지만 내가 하지 않으면 누가 할까? 내가 1998년에 입사해서 지금은 소유주가 된 케니언국제긴급서비스^{Kenyon}

International Emergency Services는 재난 수습을 담당하는 업체로 1906년에 창립됐다. 타이태닉호가 사우샘프턴에서 비극적인 운명의 첫 항해를 시작하기 6년 전이었다.

1906년에 영국의 한 장례식장 창립자의 아들인 해럴드 케니언과 허버트 케니언이 해외에서 들어온 사망자들의 신원을 확인해서 본국으로 송환하는 일을 돕기 위해 런던에서 파견 나왔다. 잉글랜드 남서부의 솔즈베리역을 과속으로 통과하던 증기기차가 탈선해서 충돌 사고를 일으키는 바람에 총 28명이 사망했다. 그 열차에는 타이태닉호의 전신 격인 배에 탑승하기 위해 플리머스로 향하던 돈 많은 뉴요커들이 타고 있었다. 그 기차는 과속으로 달리다 곡선 주로를 만나 선로에서 이탈하고 말았다. (운송 안전을 담당하는 사람으로서 당시의 증기기관에는 속도계가 없었다는 점을 지적하고 싶다. 그때는 어느 회사의 기관차가 제일 빠르냐를 두고 격렬하게 경쟁을 벌이던 시기였고, 런던에서 해안으로 누가 빨리 가는지 경주를 벌이는 것이 흔한 선전 방법이었다.) 이 형제는 대체로 시계, 반지, 목걸이, 브로치 같은 보석을 이용해서 사망자의 신원을 확인했다. 지금은 사람들이 신분을 확인할 수 있는 신용카드나 운전면허증 등을 당연히 갖고 다니지만 당시 사람들은 그러지 않았기 때문이다. 이 일을 의뢰받은 것을 계기로 세계 최초의 재난 장의葬儀 사업체가 생기게 됐다.

1920년대에 케니언은 첫 비행기 추락 사고를 처리했다. 최초의 비행기 추락 사고는 1908년에 있었지만(우리는 이 사건에는 대응하지 않았다) 만 26세의 미군 중위가 최초의 항공 사고 사망자가 됐다. 토머스 셀프리지는 현대 비행의 창시자 중 한 명인 오빌 라이트가 제작하고 운전한 거미 줄처럼 가벼운 비행기를 타고 있었다. 라이트는 미군 통신대 앞에서 자신의 라이트 군용 플라이어Wright Military Flyer의 기술적 발전을 시연해 보이고 있었다. 이 비행기는 목재 버팀대와 캔버스 천으로 제작한 기계장치로, 1903년에 키티호크에서 최초의 동력 비행을 했던 라이트 플라이어와 매우 비슷했다. 라이트는 셀프리지를 태우고 버지니아 들판 위에서 나선식 강하를 선보였다. 하지만 두 사람의 체중이 합쳐진 데다 프로펠러가 부러지면서 가이드와이어를 끊어놓는 바람에 비행기가 감당하지 못하고 45미터 높이에서 땅으로 추락하고 말았다. 셀프리지는 머리를 목재 버팀대에 찧었다. 만약 그가 헬멧을 쓰고 있었다면 목숨을 구했을 것이다. 비행기를 조종하던 라이트는 다리와 갈비뼈가 부러져 몇 주 동안 병원 신세를 져야 했다.

항공 재난 사고는 분명 역사에서 아주 큰 부분을 차지하고 있다. 항공 사고 현장을 갈 일이 없었던 해가 한 해라도 있었는지 머리를 싸매고 생각해보았지만, 슬프게도 보통 적어도 한 건씩은 있었다. 우리는 보관소에 수백 건의 사고에 관한 기록을 저장해두었다. 가끔씩 가족한테서 질문이 들어오면 그 파일을 열어보아야 한다. 내가 태어나기도 전에 있었던 사건인 경우도 있다.

2004년에 우리는 밀입국 중국 노동자 21명의 시신을 본국으로 송환했다. 이들은 영국 랭커셔 모어컴 베이의 갯벌에서 대합 비슷한 조개류를 채취하는 일을 불법적으로 하다가 갑자기 밀려온 파도에 속수무책으로 휩쓸리고 말았다. 이들은 중국의 범죄조직 삼합회를 통해 영국으로 몰래 들어와서 영어는 조금 할 줄 알았지만 그 지역의 지리에 대해서는 전혀 몰랐다. 한 사람이 간신히 휴대폰으로 경찰에 전화를 걸어 "물, 가라앉는다"라는 말을 했지만 결국 익사했다.

1987년에 케니언은 해협 횡단 카페리 헤럴드오브프리엔터프라이즈호가 벨기에 제브류주의 항구를 떠나다 전복되면서 물에 빠져 사망한 193명의 유해를 처리해달라는 요청을 받았다. 선원들이 자동차 갑판으로 들어가는 적재용 문을 닫지 않는 바람에 일어난 사고였다. 1년 후인 1988년에는 로커비 상공에서 폭탄테러를 당한 팬암항공 103편의 유해를 수습하는 것을 도왔다. 이 사고로 비행기에 탑승하고 있던 259명이 사망했고, 비행기 파편이 스코틀랜드의 작은 마을에 비처럼 쏟아지면서 지상에 있던 11명이 사망했다. 로커비 참사는 '대량 사망 사고'의 정의라 할 수 있는 사고였다. 사망자의 숫자와 상태가 지역 관할권의 대응 능력을 한참 뛰어넘었기 때문이다. 우리의 역할은 지역 당국의 인력을 보강해 신속한 대응 능력뿐만 아니라 서로 다른 사건을 겪으며 축적된 경험을 제공하는 것이었다. 경험은 우리가 목격하고 대처한 수많은 사건과 접촉해보아야만 축적될 수 있다. 심지어 의복 세탁 같은 단순한 일에서도 경험이 쌓인다. 예를 들어 테러리스트가 폭탄테러로 사람들을 사살한 경우 경찰은 희생자의 의복을 슬픔에 빠진 가족에게 건네주어야 한다. 하지만 피투성이의 옷을 그대로 돌려줄 수는 없는 노릇이라 세탁기를 갖고 있지 않은 경찰은 일단 필요한 법의학적 검사를 모두 마무리한 후에 그 의복의 세탁과 분류를 우리에게 맡긴다. 의복은 보통 얼린 상태로 우리에게 전달된다. 그것이 법의학적 증거를 보존하기에 제일 좋은 상태이기 때문이다.

그렇지만 모든 사람이 마지막 소지품을 깨끗하게 세탁된 상태로 받기를 원하는 건 아니다. 우리는 항상 당사자에게 개인 유류품을 어떤 상태로 돌려받기 원하는지 물어본다. 지난 16년 동안 아들의 셔츠를 한 번도 직접 빨아주지 못했던 한 10대 소년의 엄마가 아들의 셔츠를 마지막으로 자기가 빨아주고 싶어 할 수도 있다. 어떻게 하는 것이 '정상'이라고 함부로 가정해서는 안 된다. 사람은 모두 다른 법이다.

수십 년이 흐르는 동안 휴스턴과 런던에 있는 케니언의 동굴 같은 창고는 마지막 유류품 보관소가 됐다. 그곳에는 잃어버린 안경, 멈춘 시계, 짝이 맞지 않는 신발, 찢어진 책, 금이 간 명판 등이 상자에 가득 가득 보관되어 있다. 사람들이 때 이른 죽음을 맞이하던 순간에 갖고 있던 것, 사람을 죽인 재앙에서 살아남은 것은 무엇이든 보관되어 있다. 가끔은 생존자에게서 나온 물건도 있지만 슬프게도 그런 경우는 아주 드물다. 이런 물건들은 여러 해 동안 보관된다. 그리고 사랑하는 사람이 지상에 머물던 마지막 날에 갖고 있었던 물건을 찾고 싶어 하는 가족들이 자세히 살펴볼 수 있게 분류되어 있다.

유류품은 중요하다. 이것은 두 번 다시 볼 수 없는 그 사람과 당신을 묶어주는 실체를 가진 존재다. 사랑하는 사람의 시신이 여전히 행방불명이거나 신원확인이 안 되고 있거나, 수습은 되었지만 자기가 알던 사람이라 생각할 수 없을 정도로 시신의 상태가 좋지 않은 경우에는 그 중요성이 더욱 커진다.

어떤 사람은 사랑하는 이를 잃은 슬픔에 정신적 외상이 너무 커서 여러 해 동안 그 유류품을 생각하고 또 생각한다. 부모가 형편이 안 되어 사줄 수 없는 장난감에 마음을 뺏겨 그 카탈로그만 보고 또 보는 아이와 비슷하다. 이것은 잃어버린 가족과 다시 이어지려는 노력이면서, 동시에 그 사람이 이제 가고 없다는 사실을 받아들이기 위한 노력이기도 하다. 그 사랑하는 이는 슈뢰딩거의 고양이처럼 이미 죽었으면서도 동시에 이 골판지 상자 속에 들어 있는 물건들 안에서 여전히 살아 있다.

우리는 인간적으로 가능한 경우라면 우리가 보관 중인 물품의 주인을 모두 찾아주려고 무던히 애를 쓰고 있다. 박살 난 카메라에서는 사진도 찾아놓고, 휴대폰에서는 전화번호를 백업하고, 음악 플레이어에 들어 있는 플레이리스트도 찾아놓는다. 심지어 나는 자동차 열쇠를 해당 자동차 대리점에 가져가 차량등록번호를 알아본 적도 있다. (그 차가 팔린 나라가 어디인지만 알 수 있어도 비행기 추락 사고 희생자의 추적 범위를 극적으로 줄일 수 있다. 비행기 승객의 국적만도 수십 개이기 때문이다.)

일부 국가에서는 우리가 찾아낸 모든 물품을 분류해놓도록 법적으로 의무화하고 있다. 사람의 개인 소지품과 함께 해안가로 쓸려 들어온 빈

물병을 찾아낸 경우에도 모두 목록으로 정리해놓아야 한다는 의미다. 보통은 그냥 표류물인 것이 분명하지만 그래도 목록에 정리해놓아야 한다. 그다음에는 이 물품들을 온라인 사이트에 올려야 한다. 하지만 유족이 추락 사고에서 나온 물품을 모두 보고 싶어 하는 경우에만 그 사이트로 안내해준다.

회수한 소지품을 정리한 카탈로그는 재난의 규모에 따라 굉장히 두꺼울 수도 있다. 때로는 박물관이나 패션업체에서 나올 법한 것도 있다.

예를 들어 2017년 5월 아리아나 그란데의 맨체스터 공연에서 자살 폭탄테러가 일어났을 때 테러범의 폭파장치에 들어 있던 너트와 볼트로 22명이 사망했다. 그중 상당수는 아리아나 그란데의 '위험한 여인 Dangerous Tour' 투어 공연에서 자기가 좋아하는 가수를 보려고 엄마의 손을 잡고 찾아간 어린 소녀였다. 가장 어린 희생자는 만 8세 소녀였고, 사망자 중 절반이 만 20세 이하였다. 이들은 공연에 가기 위해 아주 잘 차려입었고, 그로 인해 이 희생자들이 아끼는 물건이었을 것이 분명한 멋진 신발과 부츠가 등장하는 카탈로그는 마치 〈인스타일〉 카탈로그에서 떼어 온 페이지처럼 보였다. 이들의 청바지의 찢어진 자리는 마치 멋으로 만들어놓은 것처럼 보이지만 대부분 파편 때문에 생긴 것이었다. 사실 우리가 받아 온 옷에 금속 파편이 여전히 남아 있는 경우도 있었다. 그리고 청바지에 세로로 길게 찢어진 부위는 산산조각 난 어린 소녀들의 다리에 접근하기 위해 구급차 요원들이 어디를 다급하게 잘라냈는지 보여준다.

우리가 모아서 카탈로그로 정리해놓은 이 유류품 모두 사람들이 상실을 받아들이고 다리를 건너도록 돕는 데 핵심적인 역할을 할 수 있다. 난데없이 소중한 것을 잃게 되면 사람의 마음은 자연적으로 그 사실에 저항하기 마련이다. 항상 마지막 희망의 끈과 의심을 놓지 않으려 한다. 그것이 있으면 적어도 당분간은 상실의 아픔을 부정할 수 있기 때문이다. 시신, 혹은 그 사람이 죽었다는 확실한 흔적이 없으면 항상 막연한 희망이 남게 된다.

나는 가족을 상대로 한 브리핑을 참 많이 해보았는데, 종종 신원확인 절차를 설명하고, 구조 작전이 시신 수습 작전으로 바뀐 이유를 설명해야 했다. 왜 마지막 희망을 빼앗아 가느냐며 비난을 받을 때도 있다. 희망을 뒷받침해줄 무언가가 있기만 하면 나도 그러고 싶지 않다. 그런 경우라면 나는 지하 갱도에서 몇 달 동안 살아남은 칠레 광부들의 사례나 1972년에 있었던 유명한 비행기 추락 사고의 사례를 들며 당국을 설득한다. 1972년 비행기 추락 사고의 경우 럭비팀을 태우고 가던 우루과이 공군 비행기가 추락했는데 당국은 그들이 죽었다고 보고 수색을 단념했다. 그런데 충돌 사고가 있은 지 72일 후에 2명의 생존자가 그 산을 걸어서 빠져나왔고, 결국 수색을 포기한 66일 만에 16명의 사람을 구조할 수 있었다. 하지만 사람의 유해나 잔해, 개인 소지품 같은 것이 발견되면 몇 주가 지난 후에 생존자를 발견할 가능성은 우호적이지 못하다. 신원이 확인된 시신을 발견한 경우에는 반박 불가능한 상실의 증거가 된다. 이런 일에는 시간이 걸린다. 모든 사람의 소재를 확인할 수는 없다. 노력이 부족해서가 아니라 사고 환경, DNA 확보의 한계 때문에 불가능한 경우가 생기기 때문이다.

몇 년 전 비행기에 탑승하기 바로 전에 어머니에게 전화를 했던 젊은 남성의 경우가 그랬다. 그는 항공사 직원이라 좌석을 구할 수 있었다. 통화를 한 후에 어머니는 직장 일을 마치고 집으로 갔고, 두통으로 몸이 좋지 않아 소파에 누웠다. 그리고 몇 시간 후에 일어나 텔레비전을 켰는데 아들이 탑승한 비행기가 태평양에 추락했고 생존자는 없다는 뉴스가 나왔다. 시신 수습이 바로 시작되었지만 추락 사고의 속성상 사망자의 시신 중에 조각난 것이 많아서 DNA 분석을 마무리하려면 몇 달이 걸릴 참이었다. 최종 결과가 나오기 전, 그리고 결과가 나온 후에도 승객 및 선원 중 4명의 유해는 전혀 나오지 않았다. 그중엔 그 아들도 포함되어 있었다. 그래서 어머니는 아들이 살아 있고 근처 섬으로 갔을지도 모른다고 생각했다. 그녀는 해안경비대 측에 그 부분을 확인해달라고 했다. 모든 기록을 확인해보았고, 그가 비행기에 실제로 탑승한 것도 확인했지만 이런 사건에서 가끔 그렇듯이, 실종된 사람의 행방을 모두 파악하지 못할 때가 있다. 우리가 부족해서 그럴 수도 있고, 운이 따라주지 않아서 그럴 수도 있다. 우연히도 그 아들이 그중 한 명이 되었을 뿐이다.

어부와 경찰이 바닷가에 쓸려온 소지품들을 수거했다. 우리는 그 물품들을 확인한 뒤 기다리는 가족에게 돌려보내는 일을 돕고 있었다. 그 아들의 소지품도 일부 받았다. 그중에는 물에 불은 지갑과 그의 것으로 보이는 여행가방도 있었다. 그 가방에는 이상한 점이 있었다. 그 안에 나의 어머니가 1970년대에 사용했던 것 같은 주황색 플라스틱 헤어롤이 한 묶음 들어 있었던 것이다. 나는 수색팀에서 그 헤어롤을 발견하고 여행가방 안에 임시로 담아두었다가 잊어버린 것이라 추측했다. 나는 그보다 더 이상한 것도 많이 봐왔다.

나는 그 젊은 남성의 어머니에게 전화를 걸어 유류품들을 배달해주기를 원하는지, 우편으로 부쳐주기를 원하는지 물어보았다. 어머니는 누군가 직접 갖다주었으면 했다. 그래서 내가 자원했다.

내가 그녀의 집에 도착해보니(이런 절차는 시간이 오래 걸리는 까닭에 아마도 추락 사고 후 1년이 지난 시점으로 기억한다) 그 아들의 트럭이 여전히 진입로에 주차되어 있었고, 아들의 방도 아들이 마지막으로 두었던 상태 그대로인 것 같았다.

나는 그녀에게 상자를 모든 것이 담긴 채 그대로 두기를 원하는지, 아니면 모두 꺼내서 남편과 함께 살펴보기를 원하는지 물어보았다. 그녀는 꺼내서 펼쳐놓아달라고 했다. 우리는 그녀에게 잠시 방에서 나갔다가 모든 것이 준비되었을 때 다시 들어와달라고 요청했다. 그런 다음, 함께 간 사람과 같이 하얀 천을 식탁에 펼치고 수습한 아들의 유품을 그 위에 꺼내놓았다. 그리고 그녀가 다시 들어올 때 감정이 격해지지 않도록 또 다른 천으로 그 위를 덮었다. 씁쓸한 일이지만 우리는 그런 침통한 의식에는 정통한 사람이었다.

우리가 천을 걷어냈을 때 처음 나온 물품 두 개는 그의 지갑이었다. 그녀는 지갑을 들어 두 손에 꼭 쥐었다. 그리고 얼굴을 그 손에 파묻고 흐느꼈다. 그다음에 헤어롤을 보여주었다. 그리고 아들이 머리가 짧았다는 점을 생각해서 이 헤어롤들은 구조요원들이 물건들을 줍다가 여행가방에 함께 집어넣은 것일 수도 있다고 말했다. 하지만 아들이 집으로 돌아오지 않으리라는 것을 깨닫는 데 그 헤어롤이 도움을 주었다. 그 물건은 그녀의 어머니의 것이었다. 그녀가 그것을 여행가방 안에 넣어두었는데 아들이 그 가방을 빌려 갔던 것이다. 그것이 할머니에게 얼마나 중요한 물건인지 아들도 잘 알고 있었기에, 아들은 그것을 여행가방에서 아예 꺼내지 않았을 것이라고 그녀가 내게 말해주었다. "그러니까 제 아들이 이제 집으로 돌아오지 못한다는 뜻이로군요."

내가 말했다. "네. 아드님은 비행기 사고에서 사망했고, 이제 집으로 돌아오지 못할 겁니다. 정말 유감입니다."

지금은 항공회사에서 이렇게 세세한 부분까지 신경을 써서 뒤에 남은 사람들을 위해 승객의 개인 소지품까지 챙기지만 1990년대까지만 해도 이런 부분이 그리 중요하게 여겨지지 않았다. 다른 나라도 마찬가지였다. 그때까지만 해도 항공기 손실에 대한 반응은 주로 사고 원인 조사에 초점이 맞춰졌다. 사고에 직접 관련된 당사자나 유족보다 그것이 더 중요했다. 사고 당사자나 가족을 돌보는 일은 보험업체에게 맡겨졌는데, 보통 가족에게는 이것이 그리 달가운 과정이 아니었다. 솔직히 말하면 특히나 미국 항공사는 슬픔에 빠진 유족이 사랑하는 가족의 유해를 찾게 돕거나, 슬픔을 이길 수 있도록 돕는 일에 거의 나서지 않았다. 오히려 반대였다. 그들은 가족이 조사 과정에 관해 어떤 결정을 내리거나 의견을 제출하는 것을 거의 불가능하게 만들었다. 믿기 어려운 일이지만 항공사와 보험회사는 자기네가 유족을 대신해 결정을 할 수 있는 입장에 서 있다고 생각했다. 그러나 대단히 끔찍한 사고가 연이어 발생하고 거기에 항공사에서 충격적일 정도로 부주의하게 대응하면서 사망자의 유족이 하나로 단결하게 되었다. 처음에는 유족끼리 서로 위로하기 위해 모였지만 경험을 공유하는 과정에서 그들은 더 나은 처우를 요구하며 시위에 나서게 됐다. 그리고 이것이 의회의 행동을 이끌어냈다.

1994년 9월에 유에스에어항공 427편이 피츠버그 근처 협곡으로 추락했다. 이 항공기는 사람이 밀집해 있던 쇼핑몰을 간신히 피해 추락했지만, 거기에 탑승하고 있던 132명이 모두 사망하는 결과를 낳았다. 이 사고 이후로 새로운 규제 법안을 만들라는 압박이 생겨났다. 지역과 주의 응급구조요원이 사고 현장으로 달려갔는데, 대부분 항공기 추락 사고를 경험해본 적이 없는 인력이었다. 이들은 생존자 수색을 바라며 찾아갔지만 현장에 도착해보니 사망자의 신체 부위를 수습할 일밖에 할 수 없을 것임을 깨닫게 됐다. 그때의 경험으로 깊은 정신적 외상을 받은 사람이 많았다. 추락 현장 여기저기 엄청난 피가 뿌려져 있었기 때문에 수색

첫날밤이 지난 후에 의사들은 응급의료요원 전원에게 간염 백신을 맞도록 요구했다. 한 의사는 병원을 나서다가 라디오로 비행기 추락 사고 소식을 듣고 도움을 주기 위해 서둘러 현장을 찾아갔다. 그 현장에서 그는 기자와 이렇게 인터뷰했다. "제 평생 본 것 중 가장 끔찍한 장면이었습니다. 말로는 설명을 못하겠네요. 조각……, 시신 조각들의 신원확인이 불가능했습니다. 정말 말로는 표현할 수가 없군요."

이 사고의 원인 조사는 그때까지 미국 항공역사상 가장 오랜 시간이 걸렸다. 무려 4년 반이 지나고 나서야 미국 연방교통안전위원회에서 방향타 오작동이 사고의 원인일 수 있다는 결론을 내렸다. 길어지는 조사 시간은 슬픔에 빠진 유족의 고통만 가중시켰고, 유족지원센터가 없는 상태에서 유족들이 뭉쳤다. 사랑하는 가족이 그 비행기에 탑승하고 있었는지 확인하려고만 해도 유족은 무려 7시간을 기다려야 했고, 탑승권 판매 대리업자들은 위기 상담사 역할을 강요받았다. 이들은 이런 일을 감당할 준비가 전혀 안 된 사람이었다.

설상가상으로 이 항공사는 유족들에게 알리지도 않고 유해가 실린 38구의 관을 지역 묘지에 매장했다. 유족들은 유에스에어가 신원불명의 신체 부위를 매장하기 위해 꾸린 추도식에 가서야 그 사실을 알게 되었고, 130구가 넘는 시신을 위해 마련된 관이 2개에 불과한 것을 보았다. 항공사의 말로는 지역 장의사가 너무 많은 관을 진열해놓으면 유족이 더 불편하게 여길 거라 자문했기 때문이라고 했다. 하지만 유족들은 기만당했다고 느꼈고 분노했다. 사망자의 유품 중 상당수가 항공 사고 조사관들이 법의학 검사를 위해 비행기를 조립하던, 난방도 없는 격납고의 대형 쓰레기통에 버려지고 있다는 사실이 그 분노에 기름을 부었다. 몇 달 뒤에 유족들은 쓰레기통을 뒤져봐도 좋다는 허가를 받았는데 그 안의 내용물은 거대한 진흙투성이 얼음덩어리와 함께 얼어 있었다.

그리고 단 두 달 후인 1994년 11월에는 아메리칸이글의 터보프롭 엔진 비행기가 인디애나의 들판에 처박히면서 68명의 사망자를 냈다. 이번에도 역시 항공사에서 유해를 수습하고 그 사실을 유족과 소통하는 방식 자체가 하나의 재난이 됐다. 항공사에서는 68개의 관을 가족에게 나누어주었고, 각각의 관에는 시신의 일부가 조금씩 들어 있었다. 하지만 시신의 부위 대부분은 유족에게 통보되지도 않은 채 17개의 관에 담겨 한밤중에 그냥 묻혀버렸다. 개인 소지품도 대부분 가족에게 가지 못하고 폐기돼버렸다. 추락 사고가 있고 몇 달 후에 슬픔에 빠진 유족들이 비행기 사고 현장을 찾아갔고, 그들은 그곳 흙에서 사람의 뼈를 찾아낼 수 있었다.

머지않아 양쪽 사고의 유족들이 자발적으로 유족지원모임을 결성했고, 항공사에서 비극에 대처하는 방식에서 눈에 띄는 공통점을 찾아냈다. 그리고 다른 사고의 유족들이 점점 이 모임에 합류했다. 이들은 앞으로 있을 사고의 유족들이 항공사의 무능력하고 태만한 대처로 고통받는 일이 없게 하겠다는 각오로 열정적인 활동가로 변모했다. 이들은 변화를 이끌어내기 위해 자발적으로 전국항공재난연합이라는 비영리 단체를 결성했다. 이들은 보통 재미없기 짝이 없는 미국 연방교통안전위원회(이곳에서는 비행기 추락 사고를 전통적으로 그냥 간단하게 '발생사건 occurrence'이라고 불렀다)의 청문회에 사망자의 사진을 들고 등장하기 시작했다. 그리고 사람들의 뇌리에 각인되도록 이 사진을 빈 좌석에 붙이거나, 자신의 옷에 붙였다. 최후의 결정타는 1996년 7월 17일 트랜스월드 항공 800편 사고였다. 유족들이 추락 사고의 관할권을 두고 벌어진 FBI와 미국 연방교통안전위원회 사이의 싸움에 끼여버렸고, 두 기관은 서로 충돌하는 내용으로 기자회견을 열었다. (트랜스월드 항공 사고는 내가 1998년에 케니언에 입사하고 작업에 처음 참여했던 추락 사고 중 하나다.) 압력이 커지자 1996년 10월경에 빌 클린턴 대통령이 미국 연방교통안전위원회의 회장이었던 짐 홀의 끈질긴 독촉에 따라 항공재난유족지원법에 서명했다. 이 법은 미국 연방교통안전위원회와 항공사에서 사고 유족에 대해 져야 할 모든 의무와 책임을 정리했다. 그때까지만 해도 추락 사고의 원인 조사만 담당해왔던 미국 연방교통안전위원회 내부에 항공사와 연방, 주, 지방 기관 사이의 조정을 담당할 수송재난지원분과가 특별히 신설되었다. 이 분과는 충격과 슬픔에 젖은 가족의 필요 사항이 충족되도록 돕는 역할을 한다. 세상에 투쟁으로 쟁취한 법이 있다면 이 법이 바로 그런 법이다. 요즘에는 다른 몇몇 국가에서도 이와 비슷한 법이 통과됐지만, 미국 외의 다른 대다수의 항공사도 이미 사고에 대응할 때 유족을 그 중심에 두기 시작했다.

내가 미국 항공사에 너무 가혹하다고 생각하겠지만 나는 그들의 보험회사와 변호사에게 훨씬 더 가혹하다. 나는 항공사에서 대응을 제대로 책임지지 않으면 항공사에 책임을 묻는다. 사고는 일어나기 마련이다. 그 부분은 사람들도 이해한다. 인간은 실수를 저지르기 마련이니까 말이다. 하지만 대응 자체가 또 하나의 사고가 되어서는 안 된다. 대응은 철저한 계획에 따라 적절한 자원이 동원되어 이루어져야 한다. 사고 자체를 통제할 수는 없지만 대응은 통제할 수 있다. 악화를 막는 것이 우리의 최선이다. 부상을 사라지게 하거나 죽은 사람을 되살려낼 수는 없다. 우리가 할 수 있는 것은 더 나빠지지 않게 막는 것밖에 없다. 안타깝게도 일부 항공사는 대응에 대한 통제권을 대응이 뭔지 모르는 보험회사나 변호사에게 넘겨버린다. 보험회사와 변호사 중에는 좋은 곳도 많지만, 몇몇 나쁜 곳이 정말 큰 영향을 미친다. 이들은 공감능력이 결여되어 있고, 가족이나 항공사 직원이 어떤 일을 겪었는지 전혀 이해하지 못하는 듯하다. 아마도 이들이 현장을 직접 찾는 대신 그런 일은 다른 이에게 맡기고, 사고가 있고 몇 달 후에 유족을 대표하는 변호사들하고만 작업을 진행해서 그런 것 같다.

그렌펠타워 화재 사고가 일어나고 얼마 되지 않았을 때였다. 나는 런던에 머물면서 항공보험 변호사와 만나고 있었다. 그 여성 변호사는 그 화재 사고에서 사망자가 몇 명이었는지 물었다. 나는 검시관이 화재가 일어난 동안 산모가 입은 부상으로 사산된 아기를 포함하면서 총사망자 수가 한 명 늘어났다고 설명했다. 그리고 그 가족들이 정말 힘든 시간을 보내고 있다고 덧붙였다. 그 변호사가 아기는 다시 낳으면 되는 거 아니냐고 대답했다. 나는 할 말을 잃어버렸다. 그저 혐오스러운 눈빛으로 그 변호사를 쳐다보았다. 이렇게 이해심과 공감능력이 아예 없는 사람과 무슨 말을 할 수 있을까?

내가 가장 중요하게 생각하는 문제 중 하나는 보험금 지급에 대한 합의와 집행이 이루어질 때까지 시간이 꽤 걸리고, 경우에 따라서는 이것이 유족에게 아주 힘겨운 싸움이 될 수 있다는 점이다. 가족을 잃은 것을 기회 삼아 한몫 잡으려 하는 사람도 있다는 것은 인정하지만 그런 경우는 정말 드물다. 내가 만나본 사람 중에 사랑하는 사람이 되돌아올 수만 있다면 자기가 가진 모든 것을 포기할 수 있다고 말하지 않은 사람은 없었다. 이 절차는 유족들을 힘들게 만든다. 항공 사고로 사람이 죽었다고 날아오던 청구서가 멈추지는 않기 때문이다. 보상받을 적절한 가족 구성원을 확인하는 데는 시간이 걸리고 대부분의 항공사는 14일 안에 이 작업을 마무리하는 것을 목표로 하고 있다. 이것이 지금은 일반적 기준이 되었지만 이를 달성하기까지는 쉽지 않아서 일부 보험회사와의 싸움도 있었다. 얄궂게도 항공사에서 자기네 비행기 손실에 대해 보험금을 청구할 때는 정반대다.

아메리칸항공에서 수익을 가장 많이 낸 날은 아마 1979년 5월 25일이었을 것이다. 그날 시카고에서 로스앤젤레스로 가는 아메리칸항공 191편이 이륙하고 얼마 되지 않아 추락하면서 273명의 사망자를 냈다. 그 비행기는 2600만 달러짜리 보험에 가입되어 있었다. 2만 달러짜리 차를 샀어도 나중에 보험금은 5000달러만 받는 자동차 보험과 달리 비행기는 평생 구입가로 보험이 유지된다. 아메리칸항공은 1972년에 DC-10 여객기를 2600만 달러에 구입했다. 그러나 추락 사고 당시 DC-10은 대부분 고철덩어리가 돼서 가치가 1000만 달러에 불과했다. 사고 여객기는 재사용이 불가능하기 때문에 정책에 따라 항공사는 2600만 달러의 보험금을 지급받았다. 유족들은 사랑하는 가족의 죽음에 대한 보상으로 10만 달러를 받는 데 몇 년에 걸친 소송전을 벌일 수도 있는데, 아메리칸항공은 며칠 만에 2600만 달러짜리 수표를 받았다. 이 수익은 그들의 1979년 10-K에 항목으로 올라갔다. 10-K는 미국증권거래위원회에서 요구하는 연례 보고서로, 회사의 재무 상태에 대한 요약이다.

요즘에는 항공사가 법에서 정한 엄격한 기준을 충족하지 못할 경우 엄한 벌금과 제재를 받거나, 심지어 회사 경영진이 감옥살이를 할 수도 있다. 예를 들어 2014년에 아시아나항공은 자기네 여객기 한 대가 전해에 샌프란시스코에 착륙하다가 방파제에 부딪쳐 3명이 죽고 수십 명이 부상한 사건이 있은 후에 걱정에 빠진 유족들이 전화를 할 수 있는 무료 전화를 신속하게 마련하지 않은 것으로 50만 달러의 벌금을 물게 됐다. 역설적이게도 그들은 사고가 일어나지 않을 거라고 믿거나 스스로 감당할 수 있다고 믿었는지, 그 전해에 케니언과 계약을 취소해놓고도 케니언을 대응 계획의 일부로 목록에 올려놨다. 그날 아침에 일어나면서 '이것 때문에 상황이 더 나빠질지도 몰라'라고 생각한 아시아나항공 사람은 없었을 것이다. 하지만 상황은 악화되고 말았다. 이들이 상황을 악화

116

시킨 이유는 자기한테는 사고가 절대 일어나지 않을 거라고 믿었거나, 설사 사고가 일어나더라도 그 대응을 관리하는 책임이 정부나 다른 누군가에게 있다고 생각했기 때문이다. 그러다 정작 사고가 일어났을 때 그들에겐 자신의 문제에 대처하거나, 그들을 신뢰했던 유족의 필요 사항을 충족시킬 경험이나 자원을 갖고 있지 않았다.

7

오래된 정상에서
새로운 정상으로

○

　　나와 통화 중인 이 젊은 남성은 알래스카항공 261편의 비
극적 사고 후에 만났던 사람으로, 아시아계의 혼혈 미국인이었다. 20대
초반에 불과한 나이였다. 그는 그런 젊은 사람이 마주해선 안 될 비극과
힘들게 싸워야만 했다. 그의 부모님은 멕시코 푸에르토바야르타에서
샌프란시스코를 경유해 시애틀로 가는 비행 중에 사고를 당해 모두 돌
아가셨다.

　　이 여객기는 수평꼬리날개의 고장으로 추락했다. 비행사는 말 그대
로 비행기를 뒤집어 날아서 비행기를 제어하려고 했다. 2012년에 나온
덴절 워싱턴의 영화 〈플라이트〉에 이런 순간이 잘 포착되어 있다. 하지
만 수평꼬리날개의 움직임을 조절하는 나사잭이 낡아서 벗겨지자 경험
이 많은 비행사도 비행기에 대한 통제력을 잃었고 비행기는 그대로 바
다에 처박히고 말았다. 누구도 그 비행기를 착륙시킬 방법이 없었다.

　　망연자실한 이 젊은이에게는 부모님의 시신을 당장 어떻게 해야 할
지 알 수 없다는 것이 더 급한 문제였다. 여객기가 로스앤젤레스 앞 태

평양에 고꾸라지면서 83명의 승객(그중 일부는 크리스마스 시즌 이후의 비수기를 이용해 멕시코에서 이른 겨울 휴가를 보내고 돌아오던 항공사 직원이었다)과 5명의 승무원이 죽었다.

이 젊은이의 친척들은 유해를 모국으로 데려가 묻기를 원했지만, 이 젊은이와 그의 남동생, 그리고 미국에 살고 있는 다른 가족들은 제2의 조국인 미국에 묻기를 원했다. 그는 이런 갈등 때문에 내게 조언을 구하고 나선 것이었다. 부모님을 그들이 태어난 고향에 묻어야 할까, 미국에 묻어야 할까?

"양쪽에 다 묻어 드릴 수 있어요." 내가 젊은이에게 말했다. 고속 충돌이 일어나면 사망자 중 대다수는 몸이 조각난다. 이런 상황에서는 정해진 답이 없다. 내 생각으로는 그 부모님에게도 문제 될 것이 없다. 이미 돌아가셨기 때문이다. 중요한 것은 산 사람이다. 그리고 산 사람들이 그 결정을 내려야 한다. 결국 부모님의 유해는 양쪽 모두로 갔다.

이 일을 하는 동안 나는 여러 가지 똑같은 질문을 듣고 또 들었다. 질문은 놀라울 정도로 단순하다. 대답 역시 단순하다. 쉽지 않을 뿐이다. 내가 어떤 질문을 받을 때면 항상 그 사람에게 "지금 제게 하신 질문을 정확히 이해하고 계신가요? 일단 제가 그 답을 말씀드리면 절대 주워 담을 수 없기 때문에 드리는 말씀입니다"라고 물어보는 이유도 그 때문이다.

나는 깊은 충격에 빠진 사람에게 어려운 문제를 설명해야 할 때가 많다. 예를 들면 나는 남편이 중동 지역에서 비행기 추락 사고로 사망한 여성과 일을 했던 적이 있다. 그 여성은 정서적으로 완전히 마비된 상태였기 때문에 그 여성이 이 끔찍한 시간을 무사히 지나갈 수 있게 안내하는 일을 맡은 사람 중에는 그녀가 아주 냉담하고 무관심하다고 여기는 사람도 있었다. 전혀 그렇지 않았다. 아직 남편의 유해가 전혀 수습되지 않았기 때문에 그녀는 남편이 정말로 죽었다고 믿지 못해 힘겨워하고 있었다. 하지만 남편은 죽었다. 이런 반응은 아주 흔하다. 시신이 없으면 죽음도 없다고 믿고 싶어 한다.

지방 당국의 말로는 찾아서 영안실에 보관한 유해는 신원 미확인 시신 조각밖에 없다고 했다. 그게 전부였다. 바꿔 말하면 서로 붙어 있지 않은 신체 부위를 모아놓은 것밖에 없었다. 찾아가 볼 무덤도 없고, 심지어 남편의 죽음에 대한 구체적인 대답도 없으니 이 여성은 남편이 가고 없다는 사실을 도저히 받아들일 수 없었다. 그래서 나는 내 동료 중 한 명인 앨런 우드와 함께 영안실을 찾아가 유해들을 직접 살펴보기로 했다. 우리는 우드를 우디라고 불렀는데 그는 내가 아는 가장 훌륭한 장의사 중 한 명이다. 우리는 장갑을 낀 손으로 신체 부위들을 뒤지며 찾아보아야 했다. 우리는 운이 좋았다. 모두 정리하고 보니 모든 부위가 피부나 힘줄로 연결된 한 구의 시신이 완성됐고, 신원을 알아볼 수 있는 구체적인 특성들이 드러났다. 결합조직을 추적해서 이어 붙이고 나니 시신이 조각조각 무작위로 쌓여 있는 모습이 아니라 팔다리 모두 간신히나마 몸과 실제로 연결된 모습으로 만들 수 있었다. 아내가 알던 그 남편의 모습을 닮지는 않았지만 그래도 그 남편이 맞았다. 이것으로 임무는 완수됐다.

그날 밤 우디와 나는 차를 몰아 그 여성을 공항으로 데려갔다. 남편의 관이 비행기에 실린 것을 확인한 후에 우리는 다시 여객터미널로 돌아가 아내를 좌석으로 안내했다.

그때부터 그녀가 울기 시작했다. 드디어 남편을 집으로 데려가는 것이었다.

⌒

대량 사망 사고는 정말 엉망이다. 그냥 물리적인 상태만을 의미하는 말이 아니다. 혼란스러운 인간사를 살아 있는 동안에는 잠시나마 억누를 수 있지만 죽어서까지 그럴 수 있는 경우는 드물다. 우리가 살면서 품고 있던 모든 문제와 비밀이 죽었다고 사라지지 않는다. 단지 다른 누군가에게로 옮겨 갈 뿐이다. 비행기가 추락하거나 폭탄이 폭발하면 그동안 억눌려 있던 모든 문제가 봇물 터지듯이 쏟아져 나온다.

사랑하는 이의 시신을 어떻게 처분할지에 대해 결정을 내리지 못하거나, 때로는 결정할 마음이 없는 사람도 보았다. 이들의 답은 시신을 수습하지 않는 것이다. 하지만 비행기 추락 사고나 다른 대량 사망 사고에서는 이 답이 의미가 없다. 시신을 수습하면서도 그 시신이 누가 누구인지 모르기 때문이다. 이것은 법적인 문제도 만들어낸다. 일단 시신의 신원이 확인되면 검시관은 시신을 가족에게 인계해야 한다. 한 가족은 내게 이렇게 말하기도 했다. "우리 아버지는 비행기가 추락할 때 돌아가셨어요. 우리는 아버지의 신원이 확인됐는지, 혹은 아버지에게 무슨 일이 있었는지 알고 싶지 않아요. 우리 마음속에서 아버지는 돌아가신 그 바다에 계세요." 이런 경우 우리는 그들에게 필요한 법적 서류를 작성하게 하고, 그 아버지의 시신이 수습되면 표식 없는 무덤에 매장한다. 그리고 혹시나 가족들이 마음이 바뀌었을 때를 대비해서 정확한 위치를 기록해둔다.

우리의 일 중에는 이륙하다 추락한 비행기부터 외딴 산악지대에 추락한 비행기에 이르기까지 비행기 추락 사고가 많다. 아니면 알래스카 항공기 사고처럼 난파된 비행기가 깊은 바닷속에 빠져 있는 경우도 있다. 그런 경우 시신 수습은 대체로 어부, 해안경비대, 해군 혹은 시신이나 잔해, 개인 소지품의 회수를 전문으로 하는 특수 선박 등이 담당한다. 2000년 1월 31일에 캘리포니아 연안 태평양에 추락한 알래스카항공 261편의 경우 비행 중이던 다른 비행사들이 그 비행기가 하늘에서 추락하는 것을 목격하고 추락 장소를 보고했다. 로스앤젤레스 국제공항을 책임지는 항공 교통 관제사들도 사고 조종사가 비행기와 씨름하는 동안에 그 조종사와 교신을 나누고 있었다. 관제사들은 착륙 허가를 냈지만 조종실 음성 기록 장치의 녹음 내용으로 미루어보면 이 조종사는 그 비행의 끝이 좋지 못할 것을 알고 인구 밀집 지역을 최대한 피하는 쪽을 선택했던 것으로 보인다. 진정한 영웅이었다. 그는 바다 위에 머물며 하늘에 원을 그리면서 비행기에 생긴 문제를 풀려고 했다. 비행기에 대한 통제력을 잃지 않으려고 그가 비행기를 뒤집는 순간 승객들은 분명 자신이 집에 가지 못할지도 모른다는 생각을 했을 것이다. 기장은 승객들에게 로스앤젤레스 국제공항에 착륙을 시도하고 있다고 말했다. 그리고 마지막 순간까지도 착륙할 수 있다고 믿었을 것이라 나는 확신한다. 하지만 비행기가 뒤집히고 갑자기 하강하는 순간 어떤 사람은 기도를 했을 것이고, 어떤 사람은 충격에 빠졌을 것이다.

오후 4시 20분, 조종실 음성 기록 장치에는 "자, 이제 가봅시다"라는 기장의 말이 녹음되어 있다.

그리고 녹음이 끊긴다. 비행기가 추락한 것이다. 몇 분이 안 되어 추락 사고를 알리는 통지가 비상채널 16번을 통해 방송됐다. 배를 모는 사람들은 거의 다 듣는 채널이다. 그 지역은 곧 추락 장소로 모여든 배로 가득 찼다. 생존자를 찾을 수 있으리라는 기대를 안고 온 사람들이지만 곧 건질 것이라고는 비행기 잔해, 시신, 개인 소지품밖에 없으리라는 사실을 알게 됐다.

해상 추락 사고의 경우 착륙 장치 같은 무거운 잔해는 빨리 가라앉지만 가벼운 잔해는 훨씬 더 오래 떠 있기 때문에 넓은 지역으로 흘러갈 수 있다. 비행기가 고속으로 바다에 추락했을 때의 충격은 땅으로 추락했을 때와 비슷하다. 그래서 비행기가 완전히 해체되어버린다. 하지만 해상 사고에서는 구분되는 특성이 거의 남지 않고 파편 조각이 아주 작을 때가 많아서 시간이 절대적으로 중요하다. 다행히도 로스앤젤레스의 바다는 새우잡이 배와 오징어잡이 배로 붐비는 곳이라 야간 조업을 위한 등이 많이 달려 있었다. 배들은 신속하게 잔해를 바다에서 건지기 시작했다. 그 후로는 조류에 실려 벤투라카운티의 해안으로 밀려오는 것이 많을 것이었다.

우리 회사는 원래 사람의 시신은 처리하지 않고 개인 소지품만 처리하기로 계약했다. 하지만 나는 전에 몇 년 동안 캘리포니아 비상사무국에서 대량 사망 사건 교육을 담당한 적이 있고, 당시로서는 대량 사망 사고에 대응하는 법을 다룬 단 한 권의 책을 쓴 사람이기도 했기 때문에 비상사무국에 있는 내 친구가 내게 벤투라카운티의 검시관을 먼저 만나보라고 요청했다. 그래서 그렇게 했다. 검시관은 론 오핼로란이었다. 나는 그가 아주 훌륭한 사람이라 생각한다. 그는 예전에 이런 대규모의 재난을 처리해본 적이 없었다며, 항공사에서 자기에게 승객 명단을 주면 모든 탑승객을 대상으로 사망진단서를 발급하겠다고 내게 말했다. 생존자는 확실히 없었다. 내가 보기에 그는 그렇게 하는 것이 유족에게 심적으로 제일 도움이 된다고 생각한 거 같다. 우리는 부두에 앉아 이런 저런 얘기를 나누었다. 그러다가 나는 그에게 그의 판단이 대단히 합리적이고, 그가 이 사건에 여러모로 마음을 쓰고 있다는 것도 알지만 이런 식으로 일하면 마치 무신경하게 처리하는 듯한 인상을 줄 수 있다고 말했다. 또한 이런 말도 보탰다. "오늘 밤을 못 버틸 겁니다." 간단한 충고였고, 그는 재빨리 그 충고를 받아들였다. 그리고 작업이 시작됐다.

알래스카항공의 사장 존 켈리는 충격을 받은 유족들 앞에서 브리핑을 하기로 일정이 잡혀 있었고, 나는 그 옆에 서서 개인 소지품 수습 과정에 대해 설명하기로 되어 있었다. 그가 연단에 서기 직전에 얘기했다. "사람의 유해에 관한 질문이 나오면 그 질문은 당신한테 넘기겠습니다." 나는 이렇게 말했다. "물론이죠. 저는 괜찮습니다. 하지만 알아두셔야 할 것이 있는데, 알래스카항공은 저희에게 개인 소지품 수습 문제만 요청했습니다." 가끔은 항공사에서 계약을 복잡하게 협상하면서 다양한 임무를 조금씩 나눠 여러 회사나 기관에 분산하기도 한다. 정상적인 상황에서는 이것이 비용을 절약하는 방법이지만 비상 상황에서는 말이 안되는 방식이다. 사실 이제 우리는 더 이상 그런 계약 조건을 받아들이지 않는다. 이런 어려운 상황에 처하고 나니 켈리 사장의 눈에도 그런 부분이 보였나 보다. 그가 이렇게 말했다. "그럼 지금 계약하죠." 그렇게 해서 우리가 사망자 수습 문제도 담당하게 됐다.

사망한 승객 중 한 명의 형제로부터 첫 질문이 나왔다. 그도 항공사의 직원이었다. 그는 가족 친척들한테 형의 사망 사실을 미처 알리지도 못했는데 벌써 언론에 형의 신원이 새어나갔다며 분노했다. 일부 친척이 형의 사망 소식을 뉴스 보도를 통해 접하게 됐으니 그가 분노한 것도 충분히 이해할 만했다. 우리는 그 시점에서 개인 소지품조차 확보하지 못한 상황이었다. 나는 그에게 어떻게 된 일인지 확인하고 연락해주겠다고 말했다. 알고 보니 사고 잔해를 찾으러 나섰던 어부 한 명이 지역신문 사진기자를 함께 데리고 갔던 모양이다. 그들은 사망자들의 지갑을 찾아냈고 사진기자가 그것을 사진으로 찍어 신문에 실었다.

비행기 추락 사고의 여파 속에서는 통지 시스템이 엉망진창이 될 수 있다. 그리고 슬픔에 빠진 사람들에게는 이런 혼란이 크나큰 고통을 준다. 이 사고로 사망한 한 남성의 전처는 그 사람이 휴일을 맞아 새 아내와 함께 자녀들을 데리고 멕시코로 갔다는 것도 전혀 모르고 있었다. 법적으로 보면 그 남편은 전처에게 그 사실을 통지했어야 하고, 어느 곳에선가 항공사도 그 아이들을 탑승시키기 전에 양육권을 가진 부모로부터 허락을 받았는지 확인했어야 했다. 하지만 그들이 그것을 무슨 수로 알겠는가? 그들의 눈에는 휴일을 맞아 여행을 가는 가족으로만 보여서 아이들이 엄마 모르게 국외로 빠져나가고 있는 것이 아닌지 확인할 필요를 느끼지 못했을 것이다. 그 아이들의 어머니는 여객기 사고 뉴스를 보면서 걱정할 이유가 눈곱만큼도 없었다. 아마도 그 어머니는 애도를 표하려고 전화를 건 친구들에게서 그 소식을 처음 듣게 될 것이었다. 그 어머니는 친구에게 이렇게 되묻지 않았을까? "…… 무슨 소리야?"

⟶

또 다른 사례에서 우리는 거짓 친자 확인 소송 때문에 두 번의 발표와 본국 송환을 연기해야 했다. 어느 변호사가 두 여성을 설득해서 비행기에 타고 있던 두 명의 남성이 자기 아이의 아버지라고 주장하게 만들었다. 두 남성 중 한 명은 동성애자였고, 오랫동안 함께한 파트너가 있었다. 당시에는 동성결혼을 인정하지 않던 때라서 만약 그에게 아이가 있다면 법적으로 최근친이 된다. DNA 검사 결과 그 남성은 아이의 아버지가 아니었다. 이것은 사기였다. 하지만 이 일로 인해 일정이 연기됐고 관련된 유족에게는 정말 끔찍한 일이 되었다. 슬픈 일이지만 비행기 추락 사고가 있을 때마다 이런 일이 일어난다. 횡재를 할 기회가 찾아왔다고 생각하는 사람이 있기 때문이다. 이들은 신문에서 독신인 희생자를 찾아낸다. 이들이 쉬운 표적이고, 사람들이 유언장을 남기지 않은 경우도 많다고 생각한다.

나는 항상 사람들에게 인생에 네 가지 핵심 서류가 있다고 말한다. 첫째는 출생증명서다. 이것은 당신에게 정체성과 국적을 부여해준다. 둘째, 여권이 있다. 이것이 있어야 외국으로 여행을 갔다가 고국으로 돌아올 수 있다. 셋째, 사망증명서가 있다. 이것은 가족이 당신의 재산을 나눌 수 있게 하고 당신이 살아 있었다는 것을 증명해준다. 마지막으로 혼인증명서가 있다. 이 서류는 여러 면에서 가장 중요하다. 사랑하는 사람에 대한 헌신을 약속하는 징표이기도 하지만, 더 실용적인 측면에서 보면 당신이 몸져눕거나 정상적인 생활이 불가능해지거나 사망했을 때 당신을 대신해서 중요한 판단을 내릴 사람으로 누구를 신뢰하고 있는지 법정에 전달하는 방법이기 때문이다. 이 서류는 누구를 자신의 가족으로 생각하는지 말해주는 선언문이다.

혼인증명서가 없거나 차별적인 법 때문에 혼인증명서를 발급받을 수 없는 경우에는 우리가 일을 처리할 때 큰 문제가 생긴다. 오랜 기간 함께했던 파트너들이 사망자의 장례 방식이나 개인 소지품 분배 문제에서 배제되는 경우를 셀 수 없이 보았다. 그들은 법적으로 친족이 아니기 때문이다. 비단 미국뿐 아니라 대부분의 관할권에서 혼인증명서가 없으면 사망자의 법적 친족은 부모, 혹은 만약 있다면 친자, 그리고 친자가 미성년자인 경우에는 그 아동의 다른 부모가 후견인이 될 때가 많다. 그 다른 부모가 사망자와 얼마나 오랜 기간 관계를 맺었고, 관계가 어떤 상태였는지는 상관하지 않는다. 따라서 사랑하는 파트너와 20년 동안 동거를 했어도 사망자의 시신과 재산에 관한 모든 권리는 사망자와 같이 살지도 않았던 어머니나 아버지에게 넘어가버린다. 애초에 자녀와의 관계를 한 번도 인정하지 않았던 부모라 해도 말이다.

사망자의 수습과 신원확인은 아주 늘어지는 과정이 될 수도 있다. 이렇게 지연되다 보면 뒤에 남은 산 사람들의 회복도 저해될 수 있다. 불확실한 상황이 질질 끌며 이어지고, 최악의 일이 벌어졌다는 사실을 부정하고 싶어지는 것도 문제지만, 우리가 시신을 가지고 오기를 기다리는 동안에는 자기만의 삶을 무한정 보류하고 있어야 할 것 같은 의무감을 느끼는 사람이 많기 때문이다.

2010년에 남아프리카공화국에서 출발한 아프리키야항공의 항공기가 리비아의 수도 트리폴리에서 착륙하다 추락하는 바람에 한 영국 간호사의 아버지가 사망했다. 그 사고로 113명이 사망했는데, 대부분은 휴가를 보내고 집으로 돌아가던 네덜란드 사람으로, 비행기를 갈아타기 위해 트리폴리로 가던 중이었다. 우리는 그 영국 여성에게 아버지의 신원을 확실하게 확인하는 데는 몇 주 정도가 걸릴 것 같다고 말해두었다. 이 일은 1년 반이 아니라 3~4주 정도면 끝날 일이었다. 그녀는 트리폴리의 유족지원센터에서 머물렀고, 원하는 만큼 얼마든지 거기에 머무를 수 있었다. 나는 우리가 유족지원센터를 열고 있는 동안에 그 주변을 돌아다니며 이것저것 확인해볼 때가 많다. 어느 날 그 일을 하고 있는데 그 여성이 나를 멈춰 세우더니 얘기를 하고 싶다고 했다. 그녀는 갈등하고 있었다. 그녀는 성인이고 영국으로 돌아가서 꾸려나가야 할 삶이 있었다. 직장에도 나가야 했고, 날아온 청구서도 지불해야 하고, 돌보아야 할 반려동물도 있었다. 하지만 그녀가 장녀였기 때문에 가족은 그녀가 아버지의 시신이 신원확인 될 때까지 그곳에 머물러주기를 기대하고 있었다. 그렇지 않으면 장녀 노릇도 못하는 나쁜 딸로 볼 것이었다. "어떻게 해야 할까요?" 그녀가 내게 물었다. 전에도 들어본 적이 있는 질문이었다. 나는 이렇게 말했다. "이렇게 하시면 될 것 같습니다. 저희가 여기에 있을 겁니다. 그리고 시신들의 신원이 확인될 때까지는 이곳을 떠나지 않을 겁니다. 아버님의 시신을 저희 아버지라 생각하고 돌보겠습니다. 전화도 매일 드리겠습니다. 집에 가야 할 일이 있으시면 그렇게 하세요. 가족들에게는 영안실에 들어갈 수 없고 그냥 호텔방에 앉아 하염없이 기다리고만 있어야 한다고 설명하세요. 가족들은 그런 상황을 이해하지 못하거든요. 아버지의 신원확인이 될 것 같다고 생각되면 바로 이곳으로 오실 수 있게 저희가 조치를 취하겠습니다." 신뢰가 구축되어 있어야 이런 말도 할 수 있다. 이미 한 시스템의 실패로 비극을 겪은 사람에게 또 다른 시스템을 신뢰해달라고 요청하는 것이기 때문이다.

법집행관과 군인으로 일하고, 케냐에서 일하면서 나는 온갖 사람과 상황을 접해보았다. 이 경험은 사람의 마음을 읽고, 때로는 겉으로 드러난 문제뿐만 아니라 속에 묻혀 있는 진짜 문제를 파악할 수 있게 가르쳐준 훌륭한 교육의 장이 되어주었다.

2016년에 본 한 여성이 내 기억에 남아 있다. 이 여성은 파리에서 출발한 여객기가 이집트의 지중해 앞바다에 추락하면서 시부모님을 잃었다. 비행기의 디지털 데이터링크 시스템에서 화장실 한 곳에서 연기 경보가 울렸다는 신호를 보내기는 했지만 비행기가 레이더에서 사라지기 전까지 긴급한 조난신호는 없었다. 이집트 해군과 공군이 잔해를 찾아 1만 3000제곱킬로미터가 넘는 지역을 수색하기 시작했다. 둘째 날에 그들은 떠다니는 잔해, 쓰레기, 사람의 시신을 찾아냈다. 하지만 이때는 실종된 비행기의 비상위치송신기가 감지되어 수색 범위를 8제곱킬로미터로 좁히기 일주일 전이었다.

추락 지점 근처의 수심은 3킬로미터 정도였고, 물에 빠진 비행기를 회수할 수 있는 특수 인양선이 원래 배치되어 있었던 아일랜드해에서 출발해 그곳에 도착하기까지는 거의 한 달이 걸렸다. 이 배가 수습한 시신들을 싣고 항구로 돌아가 카이로에 있는 이집트 법의학 전문가에게 넘기기까지 또 거의 두 달이 걸렸다. 결과를 기다리는 유족들에게는 아주 긴 시간이다.

처음에 간단한 보고를 하는 동안 나는 가족들에게 시신 수습 과정에 대해 설명하고 몇 달 정도가 소요될 것으로 예상한다고 말했다. 보고하는 동안 이 여성은 굉장히 직설적으로 질문을 던지면서 추락 현장으로 가야 한다고 고집을 부렸다. 나는 그 여성에게 그것은 항공사의 권한 밖의 일이며 그 현장을 지휘하는 군대가 접근을 금지하고 있다고 말했다. 몇 마디 대화가 오고 간 후에 그 여성이 말했다. "이봐요, 설명해주신 건 고맙지만 나는 당신을 못 믿겠어요. 저는 추락 현장에 가야겠어요. 가서 내 눈으로 직접 봐야겠다고요. 시어머니 지갑으로 보이는 사진을 봤어요. 그걸 제가 봐야겠어요." 나는 그것이 우리의 권한이 아니며 당국에서도 허가를 내줄 것 같지 않다고 말했다. 하지만 다시 문의해보겠다고 했고, 실제로 문의해보았다. 역시나 접근은 거부됐다. 휴식 시간에 나는 그녀에게 다가가 나를 믿지 않는 것을 알지만 유감스럽게도 접근이 거부되었다는 답밖에 드릴 것이 없다고 말했다. 그녀는 잠시 말없이 서 있다가 자기가 시부모님을 대신해서 그 비행기 편을 어떻게 예약해드렸고, 그 저주받은 비행기에 태워드리기 위해 어떻게 공항까지 차로 마중했는지 얘기하기 시작했다. 나는 그 얘기를 들어주다가 자책하는 마음은 이해하지만 그녀는 아무것도 비난받을 일을 하지 않았다고 얘기해주었다. 그녀가 시부모님을 위해 골라준 비행기는 규정을 잘 지키고, 안전운행 기록도 좋고, 큰 공항에서 출발하는 정기편이었다. 비행기가 왜 추락했는지 우리로서는 알 수 없지만, 그 비행기가 그렇게 될 줄 알았던 사람은 아무도 없었다. 그런 일은 가끔씩 그냥 일어난다. 따라서 그 여성이 잘못한 것은 아무것도 없었다. 내 말이 도움이 되었는지는 모르겠지만 사람들에게는 가끔 그것이 당신의 잘못이 아니라고 말해줄 사람이 필요하다.

대량 사망 사고는 참 힘들다. 초기 공지가 이루어지고 완전한 신원확인이 이루어질 때까지의 기간이 몇 달, 때로는 몇 년이 걸리기도 하고, 아예 이루어지지 않을 때도 있다. 이 기간 동안에는 불확실한 상황이 이어지고 시신이 나오지 않은 상태라 사랑하는 가족의 벽장을 정리하는 등의 개인적인 행동을 하기를 망설이게 된다. 만약 당국이 틀려서 사랑하는 가족이 되돌아온다면, 벽장을 정리해놓은 것을 보고 내가 자기를 포기했다고 생각하지 않을까? 이들은 사망자의 은행 계좌를 해지하는 등의 법적 행동도 취할 수 없다. 일반적인 죽음의 경우 시스템에서 장례식 준비, 서류 처리 같은 결정을 강요한다. 이런 일은 대부분의 사람에게 과거의 정상에서 새로운 정상으로 넘어가는 과정의 일부이고, 상실의 현실을 직면하게 만드는 능동적인 단계다. 대량 사망 사고의 경우에는 정반대일 때가 많다. 사랑하는 사람이 사망했다는 말을 들어도 그 정보를 바탕으로 취할 수 있는 행동이 없고, 상실에 대한 대응을 시작할 수도 없다. 어떤 지원도 없고, 앞으로 어떤 일이 일어날지, 어떻게 이 일을 헤쳐 나갈지 이해하지도 못한 채 이런 상황에 갇혀 있으면 정말 끔찍하다.

8

가라앉은 보물

○

현대의 항공기는 사람 말고도 참 많은 것을 실어 나른다. 은행 금고에서 꺼내 온 돈, 나라 창고에 들어 있던 금, 값을 매길 수 없을 만큼 귀한 골동품, 값비싼 경주용 자동차. 국무부의 공무원이 가끔 나를 한적한 곳으로 데려가 민감한 내용이 담긴 외교행낭을 회수해달라고 조용히 요청할 때도 있다. 한번은 오클라호마 스테이트 카우보이스 농구팀의 선수 2명과 몇 명의 코치가 탑승한 민간전용기가 눈밭에 추락하자 그 농구팀의 다음 시즌 전술이 담겨 있는 플레이북을 은밀하게 찾아오라는 과제를 맡기도 했다. 감상에 젖게 만드는 물품 말고도 다른 이유로 중요한 재산이나 물건 역시 존재한다.

스위스항공 111편이 1998년 9월 2일에 캐나다 노바스코샤해안에서 14킬로미터 떨어진 대서양에 추락했을 때가 그랬다. 뉴욕에서 제네바로 향하는 이 정기항공편에는 유엔 고위 관료, 사우디아라비아의 왕자와 이란의 마지막 왕의 친척 등의 왕족, 학자, 연예인, 전설적 권투 선수 제이크 라모타의 아들 등 이름만 대면 알 만한 명사들이 타고 있었다.

사실 이 항공편은 '유엔 셔틀'이라는 별명이 있었다. 이 추락 사고로 국제적인 에이즈 연구도 박살이 나버렸다. 이 질병에 대한 학회가 뉴욕에서 막 시작되었고, 세계적인 과학자 몇 명이 이 비행기를 타고 고향 유럽으로 향하고 있었던 것이다.

세계적인 비즈니스 수도에서 세계적인 금융 수도로 향하는 정기항공편이었으니 그 안에는 어마어마한 화물도 함께 실려 있었다. 요즘 시가로 따지면 자그마치 5억 달러 정도의 가치가 있는 4.5킬로그램 이상의 다이아몬드와 다른 보석, 150만 달러의 가치가 있는 피카소의 자화상 〈화가Le Peintre〉, 그리고 스위스 은행의 금고로 향하던, 액수로는 1000만 달러에 달하는 50킬로그램의 지폐 등.

수백 년 전에 금을 잔뜩 실은 스페인 갤리언선이 선원 및 화물과 함께 바다 밑바닥으로 가라앉았다면 스페인의 왕이나 슬픔에 빠진 선원의 가족들이 해볼 수 있는 일은 거의 없었다. 그 금과 유해는 인양되기 위해 물속 무덤에서 수백 년을 기다려야 했을 것이다. (그러나 18세기에 스페인 함대는 카리브해 주위의 금 항구에 아프리카와 인도의 잠수부들을 대기시켜놓았다. 이들의 배는 보물을 싣고 스페인으로 향하는 범선 중 어느 하나가 침몰하면 언제든 출발할 수 있게 준비하고 있었다. 그중에는 플로리다해안에서 침몰하는 배가 많았다.)

하지만 3세기가 지난 지금은 기술이 엄청나게 발전해서 조사관들이 111편 항공기 기체의 98퍼센트와 화물 16톤을 회수할 수 있었다. 거의 6000만 달러의 비용이 들어간 5년의 조사 기간 동안 정확히 무엇이 잘못되었는지 연구하기 위해 핼리팩스의 한 창고에서 비행기 동체의 큰 부분을 재구성했다. 흡입 펌프로 페기스코브의 바다 밑바닥을 샅샅이 뒤져 잔해와 바위 등 100만 개 정도의 물품을 건져 올렸고, 이것을 다시 꼼꼼하게 체로 걸러 확인했다. 하지만 안전한 보관을 위해 금속관으로 포장해놓았던 다이아몬드는 흔적도 보이지 않았다. 조사관의 머릿속에 의문이 떠올랐다. 그 보석들이 그 저주받은 비행기에 실려 있기는 했을까? 그리고 만약 실려 있었다면 이것은 의문스러운 추락 사고의 원인과 무슨 관련이 있을까?

보험배당금으로 3억 달러짜리 청구서를 받아 든 로이드 항공보험사 측은 당연히 자기네가 보험 계약한 보석에 정확히 무슨 일이 일어났는지 알아내고 싶었다. 그중에는 뉴욕의 미국자연사박물관에서 열린 '다이아몬드의 본질The Nature of Diamonds' 전시회에 공개되었던 다이아몬드도 있었다. 이 전시회는 비행기가 JFK공항을 떠나기 겨우 며칠 전에 막을 내렸다.

항공사나 선박회사에서 항공기나 선박이 침몰한 것을 알았을 때 제일 먼저 하는 일 중 하나가 난파된 비행기나 선박에 대한 소유권을 주장하는 것이다. 그렇게 함으로써 인양권이 자신에게 있음을 법적으로 선포한다. 그렇지 않으면 해상법에 따라 누구든 그 난파선에 제일 먼저 도착한 사람이 그 난파선과 화물에 소유권을 주장할 수 있다. 과거에는 소위 레커wrecker라는 자들이 이런 법을 악용했다. 18세기와 19세기의 범죄조직은 랜턴으로 배를 얕은 물이나 바위로 유도해서 난파시킨 다음 그 화물에 대한 소유권을 주장했다. 역설적이게도 우리가 지금 집으로 삼고 있는 키웨스트에서도 이것이 하나의 산업이었다. 정부 소유의 선박이나 항공기는 평화로운 시기에 침몰했어도 자동으로 '전몰자의 묘war grave'로 선언된다. 인양이 불가능하다는 의미다. 하지만 민간 소속의 선박이나 항공기는 여전히 인양업체의 좋은 먹잇감이다. 스위스항공 111편의 경우에는 특히나 상황이 긴박했다. 조사관들이 해당 지역을 샅샅이 조사하는 동안 캐나다 왕립기마경찰대에서는 추락 지점 주변으로 1.6킬로미터의 배타구역을 1년 넘게 유지했다. 하지만 사라진 다이아몬드에 대한 수색에 유족들은 점점 더 민감해졌고, 그들은 결국 결집해서 인양 작업을 법적으로 막는 데 성공했다. 이제 로이드 항공보험사 측에서는 이 충격적인 손실을 고스란히 떠안아야 할 상황이었다.

그럼 다이아몬드는 대체 어떻게 된 것일까? 그리고 조사관, 보험회사, 슬픔에 빠진 유족 간의 상충하는 요구 사이에서는 어떻게 균형을 잡아야 할까?

스위스항공 여객기의 기장은 경력이 풍부한 50세의 전직 스위스 전투기 조종사인 우르스 치머만이었다. 그는 이륙한 지 얼마 되지 않아 선실에서 연기가 난다며 문제를 항공교통관제소에 알렸다. 이 야간 항공편의 시간으로는 저녁 8시가 막 지났을 때였고, 승무원들이 비즈니스 좌석의 승객에게 식사를 서비스하고 있었다. 기장이 '팬팬팬Pan Pan Pan' 신호를 보냈다. 이는 '메이데이Mayday'보다는 덜 긴급한 상황에서 사용하는 경보다. 그는 노바스코샤의 핼리팩스국제공항에 착륙 허가를 요청했다. 뉴펀들랜드의 갠더국제공항 같은 캐나다의 공항은 대서양 횡단 항공편의 우회 담당으로 유명하다. 갠더국제공항은 그로부터 몇 년 후에 미국으로 가는 국제선 38편이 9·11테러 이후에 며칠씩 발이 묶이면서 하루 넘게 비행기 안에 고립되었던 7000명 정도의 승객을 그 도시 사람들이 자기네 집에 받아주면서 유명해졌다. 슬프게도 이곳은 미군에도 최악일 뿐만 아니라 캐나다에도 최악인 항공 재난이 일어났던 곳이기도 하다. 1985년 12월 12일에 평화유지 임무를 마치고 돌아가던 248명의 미국 병사와 8명의 승무원을 태운 애로항공 1285편 DC8 전세기가 갠더국제공항에 잠깐 기착한 뒤 오래지 않아 추락하고 말았다. 그 사고 이후로 두 가지 큰 변화가 있었다. 첫째, 병사가 의료 기록을 비롯한 개인 파일을 직접 소지하고 다니는 바람에 신원확인이 어려웠는데, 이 추락 사고 이후로는 더 이상 부대가 이동할 때 병사가 기록을 손수 들고 다니지 않게 됐다. 둘째, 조사 과정에서 드러난 문제 때문에 캐나다항공 안전위원회가 해체되어 교통안전위원회로 대체됐다. 스위스항공 111편 사고를 조사했던 그 위원회다.

연기가 어디서 나는지 찾을 수는 없었지만 에어컨 시스템에 비정상적인 상황이 생겼다고 믿은 조종사는 착륙해서 고쳐야 한다는 것을 알았다. 간단하게 들리지만 사실 그렇지가 않다. 이것은 항공기 조종사가 비상상황에서 직면해야 할 가장 큰 도전 과제 중 하나고, 자동비행으로 해결할 수 있는 문제가 아니다. 조종사는 우선 항공기가 마주하고 있는 위험이나 위험의 수준을 판단하고, 그다음에는 비상착륙에 따르는 위험의 수준을 판단해야 한다. 때로는 문제가 바로 눈에 보이기 때문에 착륙이 최우선인 상황이 되고, 이런 상황에서는 착륙 준비가 완전하지 않은 데 따르는 위험보다는 한시라도 빨리 착륙해야 할 필요성이 훨씬 커진다. 반면 문제가 있기는 하지만 조종사가 판단하기에 시간이 아직 있다면 조금 더 준비해서 서둘러 착륙하는 데 따르는 위험을 최소화할 시간을 벌 수 있다. 앞에서 얘기했듯이 스위스항공 111편의 경우 처음에는 가볍게 연기가 나는 것이 에어컨 시스템의 이상 때문이라 생각한 조종사가 비행기를 착륙시키는 것이 중요하기는 하지만, 연료를 버리고 착륙 준비를 더 잘할 시간이 있다고 생각했을 가능성이 크다. 시간 여유를 갖는 것이 더 안전하다고 말이다. 조종사는 이런 판단을 훈련받는다.

일단 핼리팩스로 우회해도 좋다는 허가가 나왔고, 조종사에게는 할 일이 몇 가지 있었다. 첫째, 비행기 운항을 계속해야 했다. 둘째, 문제를 해결해야 했다. 이 경우는 연기가 문제였다. 셋째, 새로 착륙할 공간에 대한 정보를 익혀야 했다. 전에 가본 공항이면 이 과정은 쉬워진다. 그렇다 해도 진입 활주로의 위치를 확인하고 항공기 비행 시스템에 필요한 내용을 입력해야 한다. 마지막으로 비행기가 착륙할 준비가 되어 있는지 판단해야 한다. 선실 승무원이 승객에게 서비스를 하고 있는 경우라면 모든 집기를 안전한 곳으로 다시 집어넣을 때까지 시간이 얼마나 필요할까? 그리고 비행기의 무게도 계산해야 한다. 무게가 문제가 될 수 있다. 과도한 무게로 착륙하면 그 자체로 문제를 일으킬 수 있다.

비행 중에는 제때에 알아낼 수 없었겠지만, 불행하게도 그 연기는 에

어컨에 이상이 생겨서 난 것이 아니라 새로 장착한 엔터테인먼트 시스템 배선의 화재가 원인이었다. 불이 그 위쪽에서 번지고 있었고, 불이 퍼지면서 공기를 더 많이 사용하자 연기가 많아지고 시스템이 고장 났다. '팬팬팬'을 외친 지 10분 후에 조종사들은 비상사태를 선포했고, 7분 후에 비행기는 핼리팩스에서 50킬로미터 정도 떨어진 페기스코브 근처 바다에 떨어지고 말았다. 비행기는 수천 조각으로 산산이 부서졌다. 칸막이벽 옆 좌석에 앉았던 한 남성의 시신만 온전한 상태로 발견됐다.

초기 수색은 어선이 시작했다. 캐나다에서는 이 어선들을 캐나다 해안경비 지원대라고 부른다. 캐나다의 해안선은 엄청나게 길기 때문에 빠짐없이 순찰을 돌기가 불가능하다. 그리고 뱃사람에게는 자급자족의 형태로 스스로의 안전을 돌보는 경향이 있다. 다행히 그 지역은 어업이 활발한 어장이었기 때문에 트롤리 어선들이 호출에 응답했다. 그러나 조각난 시신을 수습하는 일은 심리적으로 굉장히 힘든 일이다. 수색에 나섰던 한 사람은 자기가 목격한 것에 정신적 외상을 너무 심하게 입고, 그런 끔찍한 일에 자기를 노출시킨 캐나다 정부를 고소했으나 결국 판사에게 기각당했다. 스위스항공 사장은 한마디 해달라며 스위스 시간으로 한밤중에 그에게 전화를 건 기자로부터 비행기 한 대를 잃어버린 소식을 처음 들었다. 이는 드문 경우라 나는 비상상황에서 신속한 소통의 필요성을 보여주는 사례로 이 일을 자주 들먹인다. 또한 항공사에서 사고에 훌륭하게 대응한 사례로도 이용한다. 이 항공사의 대응은 사고에 따른 결과를 처리하고 위기에 대응하는 데 초점을 맞추어 진행됐다.

캐나다 해군은 핼리팩스에 큰 기지를 갖고 있다. 이 기지가 페기스코 브로부터 해안을 따라 80킬로미터 정도 떨어진 곳에 있었기 때문에 수습된 잔해와 시신 조각을 이곳에 모아두었다. 케니언은 사망자 시신의 본국 송환과 개인 소지품 귀환 업무를 감당하기 위해 그곳에 남았다.

시간이 지나면서 사망자 시신과 난파 잔해의 수습 못지않게 화물의 수습도 어떤 사람에게는 중요하다는 것이 드러났다. 하지만 종종 그렇듯이 잔해, 사망자 시신, 화물을 항상 찾아내는 것은 아니다. 이런 상황이 음모론을 낳는다. 그중 일부는 오늘날까지도 돌아다니고 있다. 로이드 항공보험사는 4.5킬로그램의 다른 보석들과 함께 금고에 보관되어 있던 다이아몬드의 손실을 보상하기 위해 실제로 3억 달러라는 엄청난 보험금을 지급했다. 수백만 달러에 이르는 현금 역시 발견되지 않았다. 피카소의 그림은 소유주가 특별히 신경 써서 포장하지 않았기 때문에 사고의 충격으로 분명 파괴되었을 것이다. 우리는 그 액자의 조각 하나가 우리 창고에 들어왔고 보험사 손해사정사가 그것을 조사해보았다고 믿고 있다.

50미터 아래 해저를 샅샅이 조사하기 위해 거대한 진공채집기가 장착된 특수 선박이 동원됐다. 이 선박은 수백만 조각의 동체 잔해, 와이어, 시신, 부서진 소지품 등을 수습해 모두 핼리팩스에 있는 감별센터로 보냈다. 그렇게 해서 총 1만 8000킬로그램이 넘는 화물이 수습됐다.

당연한 얘기지만 이 모든 것이 비탄에 빠진 유족에게는 엄청난 고통이었다. 이들에게는 보험회사에서 사라진 다이아몬드를 수색하는 것보다 사라져버린 가족의 유류품을 한 점이라도 회수하는 것이 훨씬 중요했다.

케니언은 핼리팩스에 사무실을 차렸다. 캐나다 왕립기마경찰대는 개인 소지품 목록 작성을 마무리하는 교통안전위원회를 지원하고 있었다. 그러고 나서 이 개인 소지품들은 휴스턴에 있는 우리에게 전달됐다. 이 조사는 워낙 복잡해서 가끔 교통안전위원회에서 추가 조사를 위해 그 물품 중 일부의 반환을 요청하기도 했다. 그들은 가끔 우리에게 전화를 해서 불이 어디서 어떻게 시작되었는지에 관한 단서를 갖고 있을지 모를 옷이나 물품을 다시 보내달라고 했다. 예를 들면 우리는 캐나다 경찰로부터 옷을 받아 휴스턴으로 가져가 저장하고 카탈로그를 작성한다. 그럼 우리가 주인을 찾지 못한 물품을 가족이 카탈로그에서 확인해 찾아갈 수 있다. 첫 번째 수습 작업(결국 두 번의 작업이 진행됐다)에서 나온 개인 소지품 카탈로그가 네 권이었고, 각 두께가 몇 센티미터씩이나 됐다. 옷이 누구의 것인지 확실하게 밝힐 수 있다면 조사관이 비행기 안에서 그 사람이 있었던 위치를 추적해 불이 어떻게 번졌는지 확인하는 데 도움이 될 수 있을 것이었다.

우리가 유족과 함께 하는 일이 항상 성공적으로 잘 풀린다면 그만큼 뿌듯한 일도 없을 것이다. 하지만 현실은 그렇지 못하다. 때로는 우리가 할 수 있는 것이 아무것도 없고, 우리가 하는 일이 잘못된 일로 보이기도 한다. 이런 말 하기는 정말 싫지만 내게는 그런 현실을 바꿀 힘이 없다. 스위스항공 사고에서 그런 사람이 한 명 있었다. 그 여성은 남편을 잃었다. 자기 아이의 아버지였다. 그 여성은 우리 카탈로그를 훑어보면서 남편의 소지품을 찾아냈고, 우리는 요구에 따라 그 물품을 그녀에게 보내주었다. 그런데 그녀가 우리에게 물품을 잘못 보냈다고 했다. 우리는 시스템을 되짚어보며 우리가 정확히 물품을 보냈는지 확인했고, 제대로 보낸 것이 맞았다. 이런 실랑이가 한동안 이어졌다. 심지어 나는 휴스턴으로 직접 그 여성을 초청해 모든 개인 소지품을 직접 살펴보게도 해주었다. 이는 "제가 대체 뭘 더 도와드리면 될까요?"라고 말하는 나만의 방법이다. 그럼 그녀는 도움을 사양하고 똑같은 요구를 다시 이어갔다. 1주기 추도식이 열렸을 때 그 여성은 참석하지 않았다. 그 여성이 연 안전협회가 부디 그녀와 그녀의 가족에게 효과가 있었기를 빈다.

가끔은 사람들이 원하는 것을 원하는 때에 해주지 못해 상황이 고약하게 돌아가기도 한다. 그렇지만 보통 결국에는 문제가 해결된다. 우리는 항상 중요한 것은 우리가 아니라 생존자 그리고 사망자의 가족이라는 점을 기억한다. 스위스항공 111편 사고 1주기 추도식에서 우리는 가족들 앞에 보석들을 가져와 알아보는 물건이 있는지 살펴보고, 쉽게 찾아갈 수 있게 해달라는 요청을 받았다. 나는 몇 가지 이유로 거기에 동의하지 않았다.

개인 소지품을 찾는 것은 단순한 과정이지만 사람의 여러 감정을 건드린다. 어느 사람이나 그 가족에 대해 몰랐던 무언가를 발견할지 모른다는 두려움, 잃어버린 줄 알았던 특별한 무언가를 되찾을 수 있을지 모른다는 희망, 행복했던 날에 대한 기억 등. 이런 물품은 그냥 찾아서 돌려주면 끝나는 대상이 아니다. 그 물품을 되돌려 받기를 원치 않는 사람도 있다.

우선 개인 소지품을 찾아와야 한다. 이것은 단순한 작업이 될 수도 있고, 수많은 장비가 동원될 때도 있다. 난파 잔해를 헤치며 돌무더기 아래 파묻힌 반지, 손목시계, 유심카드, 팔찌를 찾는 것은 아주 조심스럽고 고통스러운 작업일 경우가 많다. 그다음에는 모든 것을 우리 시설 중 한 곳으로 가지고 가거나 임시시설을 만들어야 한다. 관리의 연속성을 위해 모든 것을 목록으로 정리해야 한다. 일부 경우 물품이 젖어 있으면 (불을 끌 때 얼마나 많은 물을 사용하는지 생각해보자) 젖은 상태로 무게를 재고, 또 마른 상태로 무게를 재서 기록한다. 물품의 총무게가 조사에서 중요할 때가 있기 때문이다. 그다음에는 추가 손상을 막기 위해 동결건조하거나 자연건조하고 서로 붙어 있는 물품을 분리한다. 목록을 작성하는 동안에는 그 물건의 소유주를 확인하는 데 도움이 될 만한 것을 눈여겨본다. 어떤 것은 이름이 적혀 있어서 굉장히 쉽다. 어떤 것은 어렵다. 그래도 고생을 좀 하면 누구의 것인지 찾아낼 수 있다. 예를 들어 사진, 인쇄물, 필름, 테이프, 디스크, 메모리카드 같은 것이 많이 발견되는데, 우리는 우리가 찾아낸 이미지를 유족이 준 사진과 비교하거나, 결혼식이나 휴가 등 그 사람이 참석하고 있었다고 말해준 이벤트의 사진과도 비교해본다. 복구한 사진을 가족에게 돌려줄 수만 있다면 할 수 있는 일은 다 해본다. 심지어 몇 달 동안 해저에 떨어져 있었던 사진을 찾아와 돌려준 경우도 있었다. 우리는 독특한 것이 있으면 무엇이든 찾아내서 기록해둔다. 어떤 물품에는 여러 이름이 들어 있다. 어떤 것은 신원을 확인할 만한 특성이 전혀 없다. 그 후에는 모든 물품을 사진으로 촬영한다. 보통은 근접촬영으로 세세한 부위를 찍은 다음 물품 전체가 담긴 사진을 촬영한다. 이런 정보는 제대로 기록되었는지 점검이 필요하다. 그러고 나면 소유주를 찾을 수 있는 소지품의 목록이 나온다.

우리가 이 과정을 진행하는 동안 우리나 당국은 생존자와 접촉하거나, 아니면 대부분의 사건이 대량 사망 사고이기 때문에 사망자의 유족 중에서 누가 법적 친족인지 혹은 더 구체적으로는 누가 법적으로 소지품을 받을 권리가 있는 사람인지 먼저 확인하려고 한다. 법적 친족을 확인하는 일은 대부분 간단하지만 약 10~15퍼센트 정도에서는 그렇지 않아서 이 부분을 가려내기가 아주 어렵다. 최근친이 누구인지 아는 경우, 우리는 서로 다른 두 가지 결과로 끝날 수 있음을 설명한다. 가능한 첫 번째 결과는 '신원확인'이다. 이는 어떤 물품의 원소유주가 확실하게 밝혀졌다는 의미다. 두 번째는 '신원미확인'이다. 원소유주를 찾지 못한 경우로, 소유주가 실종되었거나 이 사고와 무관한 사람으로 여겨지는 경우다. 그래서 우리는 유족에게 이 과정에 참여하기를 원하는지 물어본다. 어떤 사람은 싫다고 하고, 어떤 사람은 신원확인과 신원미확인 과정 모두 참여하겠다고 하고, 어떤 사람은 신원확인의 과정에만 참여하고 싶다고 한다. 우리는 그들에게 최대한 많은 선택권을 부여하는 것을 목적으로 한다. 참여를 선택한 사람에게는 우리가 그들의 사랑하는 가족과 관련이 있다고 믿는 물품의 목록과 그 물품의 손상 상태에 대한 설명을 보내준다. 그리고 반납받고 싶은 물품이 어떤 것인지, 그 물품을 어느 수준까지 다듬거나 복구해주기를 원하는지, 어떤 식으로 반납받고 싶은지 물어본다. 우편으로 받을 수도 있고, 인편으로 받을 수도 있다.

이 과정이 진행되는 동안 신원미확인 물품의 카탈로그를 만든다. 같은 날에 우리는 모든 사람에게 카탈로그나 요즘 가장 선호되는 인터넷 링크를 발송한다. 하지만 정부에서 인터넷 접근을 통제하는 일부 장소에서는 인터넷 통신에 대한 불신이 있어서 인쇄물을 대신 보내준다. 그 다음에는 사람들에게 정해진 기간만큼 시간을 준다. 보통은 45일, 대형 사건인 경우에는 90일을 주어 그 안에 카탈로그를 꼼꼼히 살피고 사랑하는 사람의 것이라 믿는 물품이 있으면 소유권을 주장하도록 요청한다. 때로는 사람들이 바로 전화를 걸어 사랑하는 사람의 것이 분명한 시계나 어떤 것을 찾아냈다고 말한다. 그 물건의 시리얼 번호나 신원을 확인할 만한 또 다른 특성을 추적할 수 없는 경우, 우리는 다른 유족에게도 공평하게 기회를 주기 위해 확인 기간이 끝날 때까지 물품을 우리가 가지고 있어야 한다고 말한다. 그 기간이 끝날 때까지 한 물품에 대한 소유권을 주장하는 사람이 한 명밖에 없으면 우리는 그 사람에게 어느 수준의 정리와 복구를 원하는지, 그 물품을 어떻게 반납받고 싶은지 물어본다. 어떤 사람은 이런 기다림을 무척 힘들어하지만 우리가 달리 해줄 수 있는 것이 없다. 우리는 당사자의 요청이 있으면 매일 그 사람에게 전화를 걸어 아직 소유권을 주장하는 다른 사람이 나서지 않았다고 확인해준다. 한 물품을 두고 여러 사람이 소유권을 주장하고 나서는 경우는 어떤 결정을 내리기 전에 관련된 모든 유족에게 연락해서 상황을 설명하고 해결을 위해 노력한다. 보통은 어렵지 않게 해소된다. 예를 들면 어떤 사람이 한 물품을 알아보고 자기 며느리의 것이라 주장했는데, 그 며느리의 친정 가족도 카탈로그에서 그 물품을 알아보고 소유권을 주장하는 경우다. 해결이 쉽지 않은 경우도 있다. 보석, 시계, 반지 등 누군가에게 특별한 물건이 세상에 얼마나 존재할지 생각해보자. 이것들 모두 개인적으로는 가치가 크지만 전 세계적으로 대량 생산되고 판매되고 있다.

이 과정을 우리 고객 회사에 설명하니 그들은 유족들이 물품을 더 자세히 볼 수 있도록 신원미확인 보석을 핼리팩스의 1주기 추도식으로 가져와달라고 요청했다. 물론 유족이 알아보는 물품이 있다고 해도 집으로 가져갈 수는 없다. 이 추도식은 유족이 물품의 소유권을 주장할 수 있는 90일 기간 도중에 열렸다. 모든 유족에게 사랑하는 사람의 물품을 되돌려 받을 수 있는 공평한 기회를 부여하기 위해 그 기간 동안에는 어떤 물품도 방출하지 않는다. 또한 모든 유족이 추도식에 오는 것도 아니고 오는 유족 중에서도 그때 보석을 보고 싶지 않은 사람이 있을 터다. 어떤 사람에게는 사랑하는 이에 대한 기억을 보여주었다가 다시 빼앗아 가는 것처럼 느껴질 수도 있다. 지금은 미망인이 된 한 여성이 있었다. 그녀는 남편의 가장 값진 물건인 황금색 티쏘Tissot 손목시계 조각을 찾아냈다고 확신하고 있었다. 우리가 갖고 있는 부분은 시계의 베젤과 밴드의 일부였다. 그녀는 자기가 그 시계를 가져갈 수 없다는 것을 받아들이지 못했다. 나는 그저 묵묵히 그녀의 말에 귀를 기울였고, 내게 말할 기회가 오자 간단히 이렇게 말했다. "부인께서 이것을 남편의 시계라 확신하시는 것은 충분히 이해합니다. 그곳에 앉아서 이 조각들을 자세히 보고 계시니까요. 문제는 제가 지금까지 본 황금색 티쏘 손목시계가 몇 개나 된다는 것입니다. 이 시계가 하나가 아니라는 것이죠. 지금 이 순간에도 추도식에 오지 못하고 집에서 사진으로 보고 있는 유족들이 있습니다. 부인께서 혹시 이 물품이 다른 사람에게 돌아가지 않을까 걱정하시는 것도 압니다. 그리고 지금 제가 하는 말이 도움이 되지 않으리란 것도 압니다. 하지만 저희로서는 모든 사람에게 공정하도록 소유권 주장 기간이 끝날 때까지 기다리는 것 말고는 방법이 없습니다. 만약 그 기간이 끝나도록 아무도 이 시계의 소유권을 주장하지 않으면 저도 마음 편하게 부인께 돌려드릴 수 있습니다. 만약 소유권을 주장하는 다른 사람이 나오면 연락해서 모두 한자리에 모여 이 문제를 해결할 겁니다." 그 후로 며칠 동안 그 여성과 나 사이에 이 대화가 몇 번이고 반복됐고, 대화 내용은 전혀 변하지 않았다. 그러다 어느 순간 그 여성이 시계를 쥐고 있다가 이렇게 말했다. "만약 제가 이걸 그냥 가져가버리면 어떻게 돼요?" 나는 그건 다른 사람에게 정말 불공평한 일이 될 것이고, 부인이 그럴 분으로 보이지는 않는다고 말했다. 그 여성은 물품을 내게 다시 돌려주었다. 아마도 남편이 떠난 이후로 그 여성이 한 일 중 가장 힘든 일이 아니었을까 싶다.

나는 '원래 시스템이 그래서……' '법적인 절차 때문에……' 등의 말은 쓰지 않으려 노력한다. 유족의 입장에서 보면 이 부분은 지극히 개인적이고 감정적인 과정인데, 시스템이니 법적 절차니 하는 말은 관료주의적 절차를 위한 관료주의적인 단어이기 때문이다. 그 대신 나는 똑같은 상실을 겪은 까닭에 당연히 똑같은 기회를 받을 자격이 있는 다른 사람도 있다고 설명한다. 때로는 이렇게 여러 번 대화를 나눠야 하는 경우도 있고, 그런 경우는 실제로 그렇게 한다. 사람들은 다시 돌아와 우리에게 감사를 표할 때가 많다. 우리가 무슨 말을 했는지 정확히 기억은 나지 않지만 우리가 자기 말에 귀를 기울여주고, 가능한 경우는 원하는 것이 무엇인지 물어봐주고, 무언가를 말할 때는 그 이유도 함께 얘기해주었던 것을 기억한다. 결국 남은 시계 조각에 대해 소유권을 주장하는 다른 사람이 나서지 않아 우리는 그것을 보석 상자에 포장해 그 여성의 요구대로 돌려주었다. 그 여성한테 그냥 주면 될 것 아니냐고 말할 사람도 있을 것이다. 하지만 일이 항상 그렇게 돌아가는 것은 아니라서 자칫 더 해를 끼칠 수도 있다.

　마침내 교통안전위원회 조사관들이 몇 년을 쏟아부어 창고 안에서 금속 프레임에 수천 개의 비행기 잔해 조각을 이어 붙여 비행기를 재구성하고서야 화재를 일으킨 원인을 정확히 찾아낼 수 있었다. 테러리스트가 숨겨놓은 폭탄 때문이라는 둥, 다이아몬드를 찾아내지 못한 것으로 보아 다이아몬드가 애초에 비행기에 실려 있지도 않았다는 사실을 감추기 위해 누군가 비행기를 추락시킨 것이라는 둥 온갖 추측이 난무했다. 하지만 4년 반 동안 5700만 캐나다달러의 비용이 들어간 수사에서 나온 무려 338쪽 분량의 최종 보고서에서는 비행기에 새로 장착했던 기내 엔터테인먼트 시스템에 기술적인 문제가 생겨 불이 시작됐고, 이 불이 항공기 배선의 핵심 구간을 태우고 조종석을 연기로 채웠던 것이라고 결론 내렸다.

9

쉬운 해답은 없다

○

내가 보기엔 여느 비행기 추락 사고와 비슷했다. 사람들이 생각하듯 구덩이에서 연기가 피어오르고 있지도 않았고, 항공기의 잔해로 알아볼 만한 것도 없이, 산산이 조각난 비행기 잔해가 들판에 흩어져 있었다. 금속, 천, 비행기 단열재(단열재 조각은 항상 나온다), 그리고 유해 일부가 있었다. 이 모든 것이 제트여객기가 엄청난 속도로 지면에 충돌했다는 보고 내용과 일치했다.

비행기의 종말을 야기한 원인이 항상 눈에 잘 보이는 것은 아니지만 비행기가 어떻게 추락했는지에 관한 단서는 항상 존재한다. 생크스빌 들판에 흩어져 있는 작은 조각과 깊은 구멍은 비행기가 거의 온전한 상태로 땅에 충돌했음을 말해준다. 만약 잔해들이 큰 조각으로 아주 넓은 지역에 걸쳐 흩어져 있었다면 공중에서 해체되었거나, 일종의 폭발이 있었다는 얘기가 된다. 폭탄으로 터트린 경우라도 상당한 크기의 동체 조각이 땅에 떨어진다. 로커비 마을에 팬암항공 비행기가 추락했을 때 조종실과 항공기 앞부분은 거의 온전했던 것을 기억하는가? 폭탄으로 비행기를 완전히 산산조각 내려면 동체 전체를 폭탄으로 도배해놓아야 한다. 테러 집단이 들키지 않고 이런 일을 하기는 무척 어려울 것이다.

하지만 이것은 평범한 비행기 추락 사고가 아니었다. 이 비행기는 밝고 화창한 2001년 9월 11일 아침 8시에 샌프란시스코를 향해 뉴어크에서 이륙하자마자 4명의 알카에다 테러리스트에게 납치된 유나이티드항공 93편이었다. 이 비행기에서 궁극의 용기를 보여주는 행동이 있었다. 비행기의 통제권을 되찾기 위해, 적어도 테러리스트들이 비행기로 미국 국회의사당 건물을 덮치는 것은 저지하기 위해 승객들이 조종실을 급습한 것이다. 백악관 지하의 안전벙커에서 부통령 딕 체니는 벌써 비행기가 워싱턴에 도달하기 전에 격추시킬 권한을 군대에 부여한 상태였다. 항공기의 통제권을 빼앗기 위해 몸싸움을 벌이는 동안 유나이티드항공 93편은 펜실베이니아 섕크스빌 근처의 들판에 그대로 처박혔다. 생존자는 없었다.

첫 번째 비행기가 맨해튼에 있는 세계무역센터에 충돌했다는 통지가 뜬 후로 나는 펜타곤으로, 섕크스빌로, 뉴욕으로 정신없이 돌아다니느라 거의 한 달이 지나서야 집으로 돌아갈 수 있었다. 그날 9월 11일 아침에 나는 직장에 출근하려고 내 SUV를 차고에서 후진으로 빼고 있었다. 그때 아내가 달려 나와 민간항공기가 세계무역센터에 충돌했다고 말했다. 대부분의 사람에게 첫 번째 충돌은 그냥 어쩌다 일어난 사고에 불과한 것으로 여겨졌다. 비행기 추락 사고는 내가 툭하면 맡는 분야였고, 항공기가 상징적인 건물로 날아들어 충돌한 전례도 없지 않았다. 제2차 세계대전 말미에 군인들을 태우고 라과디아공항으로 향하던 B-25 폭격기가 두터운 구름을 뚫고 착륙을 시도하다 엠파이어스테이트빌딩에 충돌했다. 이 사고로 탑승하고 있던 3명과 건물 안에 있던 11명이 사망했다. 직장으로 차를 몰고 가는데 라디오에서 그것이 민간항공기라는 뉴스를 내보내는 순간 정부 연락 담당자, 미국 연방재난관리청 관료, 국방부로부터 비상호출이 날아오기 시작했다. 그 비행기가 상업용 항공기이고, 단순한 사고가 아니며, 더 많은 충돌이 있을 가능성이 높다는 경고였다.

내가 사무실에 도착한 시간에는 또 다른 비행기가 세계무역센터의 두 번째 건물에 충돌한 상태였다. 순식간에 삶이 바뀌어버렸다는 것이 분명해졌다. 나는 전화에 착 달라붙어서 연방재난관리청 공무원, 주 검시관, 재난 현장에 파견할 케니언 직원들과 통화를 했다. 당시 나는 케니언에서 최고운영책임자였다. 최고경영책임자가 업무차 멕시코에 가서 그대로 발이 묶여버렸기 때문에 내가 이곳을 책임져야 했다. 당시에 미국에서 장비를 완전히 장착한 이동식 시체안치소는 두 대밖에 없었는데, 연방재난관리청에서 한 대, 우리가 나머지 한 대를 갖고 있었다(연방재난관리청에서 추가로 한 대 더 만든 지금도 미국 전역에 세 대밖에 없다). 미국 내 모든 항공편의 운항이 금지됐지만, 연방재난관리청에서 아직 운항이 허가된 몇 안 되는 항공기 중 하나를 휴스턴으로 보내 우리 팀을 태워주었다. 연방재난관리청의 이동식 시체안치소가 뉴욕으로 향했다. 공격의 표적과 규모로 보아 그곳에는 수만 명의 사망자가 발생했을 것으로 추정되었다. 연방재난관리청에서는 우리가 워싱턴으로 향하기를 원했다. 하지만 우리 임무는 생존자를 구출하거나 추적하는 것이 아니었고, 비행기에 냉동트럭 두 대를 싣기는 어려웠기 때문에 우리는 차를 직접 몰고 그곳에 24시간 안으로 도착하겠다고 말했다. 그날 오후 우리는 키트를 꾸려서 호송차를 타고 떠났다. 그리고 나는 떠나기 전에 집에 들러 딸의 얼굴을 보았다. 집에 다시 오기까지 시간이 걸릴 것임을 알 수 있었다. 딸에게 모두 잘될 거라고 말해주고 싶었다. 밤새 미국의 남동부를 가로질러 케니언의 응급 시체안치차량과 검정색 SUV 차량을 몰아 펜타곤으로 향했다. 펜타곤은 그 전에도 여러 번 갔던 곳이고 당시 내 동료 몇 명도 그곳에서 일하고 있었다.

운전은 20시간 넘게 걸렸다. 가끔 기름을 채우고 좀 쉬려고 차를 멈추면, 사람들이 기름값을 대신 계산해주겠다고 나섰다(나는 항상 정중하게 거절했다). 그 사람들은 한밤중에 검정색 SUV를 타고 텅 빈 도로를 움직이는 팀이라면 사고 현장 세 곳 중 한 곳으로 가는 것이 분명하다고 생각했기 때문이다. 이것은 충격을 받은 사람들이 무기력과 충격을 극복하고 자기도 무언가 기여하고 있다고 느끼고자 하는 소박한 방법이었다. 차로 이동하는 중에는 공격받은 정부의 시스템을 집어삼킬 현장의 혼란을 미리 파악하기 위해 계속 통화를 했다. 다행히 나는 버지니아주 검시관과 군대 검시관을 모두 알고 있었다. 주 검시관은 마르셀라 피에로였다. 베스트셀러 범죄소설 작가 퍼트리샤 콘웰의 가장 인기 있는 등장인물인 닥터 케이 스카페타가 바로 마르셀라를 모델로 해서 만들어낸

인물이었다. 마르셀라는 자기네 사무실이 펜타곤에서 온 사망자들을 다루게 되지 않을까 예측하고 있었다. 펜타곤 건물이 버지니아주에 있기 때문이다. 하지만 그 건물이 연방 재산이었기 때문에 나는 군대검시 관에게 재확인해보았다. 그의 말로는 국방부에서 처리를 담당할 것이라고 했다. 나는 주의 관료와 연방의 관료 사이에 소통이 안 되고 있음을 깨달았다. 비상상황에서 몸집이 큰 관료 체계가 제대로 작동하는 경우는 드물다.

나는 다시 마르셀라에게 전화를 걸어 원한다면 그녀의 인력은 이 일에서 손을 뺄 수 있다고 충고해줬다. 이것은 광범위한 연락처 목록을 가지고 독립적으로 활동하는 데 따르는 이점 중 하나다. 나는 관련된 사람을 모두 알고 있고, 정부 기관의 관료주의에 붙들릴 일도 없다. 내가 워싱턴에 도착할 즈음에는 우리의 행군 대열도 바뀌어 있었고, 이동식 시체안치소를 서둘러 섕크스빌로 이동시켜달라는 요청을 받았다.

섕크스빌에서는 서머싯카운티 검시관 윌리 밀러가 일을 맡고 있었고, 미국 보건복지부의 집단사망자관리단, 그리고 우리의 장비와 물류가 그를 뒷받침해주었다. 집단사망자관리단은 오클라호마시티 폭탄테러 사건 직후인 1995년에 만들어졌다. 이 관리단을 창설하게 된 원동력은 뉴욕의 장례지도사 톰 셰퍼드슨이었다. 우리는 오클라호마에서 처음 만났을 때는 그리 잘 지내지 못했다가 나중에는 아주 좋은 친구가 됐다. 나는 그가 살아 있었다면 조국을 위해 아주 훌륭한 일을 했을 것이라 믿지만 슬프게도 그는 2003년에 삽으로 눈을 치우다가 심장마비가 와서 세상을 뜨고 말았다. 그가 정말 그립다. 집단사망자관리단은 케니언과 비슷하다. 그리고 거기서 사용하는 장비 목록과 작업 방식은 케니언에서 확립해놓은 방식을 따른 것이 많다. 수사는 당연히 FBI가 맡았고, 미국 연방교통안전위원회에서 지원했다. 나는 사람들이 필요한 것을 얻을 수 있게 조치하고, 기존의 사고로부터 배운 교훈을 바탕으로 윌리와 FBI를 도우며 시간을 보냈다.

나는 섕크스빌에 이틀만 머물고 다시 뉴욕으로 호출되어 갔다. 그때는 미국을 상대로 얼마나 대규모의 공격이 감행되었는지 분명하게 드러나 있었고, 미국 전체가 충격에 빠져 있었다. 나는 세계무역센터의 잔해가 있는 곳으로 가라는 요청을 받았다. 모두 그곳을 그라운드제로Ground Zero라고 불렀다. 내가 도착했을 때는 밤이었다. 나는 생각지도 못한 기습공격에 당한 도시의 으스스한 폐허를 지나쳐 걸어갔다. 카페의 탁자 위에 놓인 절반쯤 차 있는 오렌지주스 컵, 음식을 담은 접시, 의자에 걸어놓은 재킷이 그대로 있었다. 건물이 무너질 때 사람들은 목숨을 구하기 위해 말 그대로 스프링처럼 벌떡 일어나 그대로 달아났다. 현대적인 도시가 유령의 도시처럼 변해버린 모습을 처음 보는 것도 아니었다. 그리고 슬프게도 이것이 마지막도 아니었다.

세계무역센터에 본부를 두고 있던 회사들은 수천 명의 직원을 순식간에 잃어버렸고, 가족과 사별하고 충격을 받은 수많은 유족을 자신들이 감당해야 한다는 사실을 깨닫게 됐다.

우리는 몇 가지 다른 임무를 맡아 해결하기 위해 노력 중이었다. 그중 가장 큰 임무는 수백 명의 직원을 잃은 회사들을 대신해 유족지원센터를 여는 것이었다. 우리는 또한 콜센터와 뉴욕시 소방국을 위한 유족지원센터도 제공했다. 뉴욕시 소방국 역시 수십 명의 소방관을 잃었다. 그 중에는 소방대장도 포함되어 있었다. 나는 9·11테러에서 사망한 영웅적인 소방관 한 명을 여러 해 전에 우연히 만난 적이 있었다. 그는 오클라호마시티 폭탄테러 사고의 잔해 수색을 돕는 데 자원했다. 사고에 대응하는 동안에 나는 많은 시간을 질문에 답하고, 진행 과정에 대해 대화하고, 행동 지침을 알려주면서 보냈다. 가끔은 내가 군복무 중이나 긴급구조 업무를 하면서 알고 지냈던 사람들이 사망했음을 알리는 전화를 받기도 했다.

수많은 대기업에서 서둘러 콜센터를 차리고, 또 부상을 당하거나 실종된 직원을 찾기 위해 병원을 조사하는 인원들을 투입하고 있었다. 우리는 이런 일을 업으로 하는 사람이기 때문에 케니언에서는 이미 이런 유형의 일에 잘 훈련된 전화상담사를 갖춘 콜센터를 운영하고 있었다. 이번 경우, 희생자의 가족 대다수가 같은 지역인 뉴욕 대도시권 지역에 살고 있었기 때문에 우리의 주 임무는 그들에게 관련 정보를 제공해서 그들이 막 겪은 사고에 대한 처리 절차를 시작할 수 있게 해주고, 앞으로 어떤 일이 일어날지 감을 잡게 해주는 것이었다. 우리는 간략한 보고회를 열었다. 그리고 검시관 사무실에서 사람을 뽑아 와서 사망한 가족의 시신이 현재 어떤 상태인지 설명하게 했다. 우리는 쌍둥이 빌딩의 충격적인 붕괴 뒤에 숨어 있는 물리학을 설명해줄 수 있는 구조공학자에게도 전화를 걸었다. 도시 외곽에 사는 유족들이 도착하기 시작하자(이들은 직접 차를 몰고 오거나 항공편이 다시 열린 후에는 비행기를 타고 왔다) 우리는 그들이 투숙할 호텔을 알아봐주고, 앞으로 있을 일을 미리 알고 충격을 가라앉힐 수 있도록 정기 보고회에 참여하게 했다. 예를 들면 시신의 조각을 수습하는 데 몇 년의 시간이 걸릴 수도 있고, 시신을 아예 수습 못할 수도 있고, 어떻게 죽었는지 확실히 알기는 불가능하리라는 등등의 내용이다. 나는 회사의 최고책임자들에게 사망진단서는 언제 요청할 수 있는지, 급여 지급은 언제 중단해야 하는지, 시신이 아직 나오지 않아 아무런 물리적 증거가 없다며 가족의 죽음을 받아들이지 않는 유족의 행동이 무엇을 의미하는지 자세히 설명했다. 이것은 어려운 과정이 될 수 있다. 논리적으로 따지면 생존자는 더 이상 없다. 그 폐허만 봐도 분명하다. 사망진단서가 나왔다는 것은 보험금 지급을 요청할 수 있다는 의미다. 하지만 많은 유족에게 이것은 논리적인 문제가 아니라 감정적인 문제다. 사망진단서와 보험금 지급은 시신이 발견되지도 않았는데 다른 누군가가 당신이 사랑하는 이가 죽었다고 말하는 것이기 때문이다.

캔터피츠제럴드는 최악의 타격을 받은 기업 중 한 곳이다. 우리는 이 회사와는 일하지 않았다. 캔터피츠제럴드는 금융서비스 기업이었다. 이곳의 최고경영책임자 하워드 러트닉은 자신의 형제와 658명의 직원을 잃었다. 이 회사는 직원의 가족을 고용하는 정책을 쓰고 있었기 때문에 유족이 여러 명의 가족을 잃게 되면서 피해가 더 심각했다. 이들의 사무실은 쌍둥이빌딩 북쪽 건물의 101층과 105층 사이에 있었다. 납치된 비행기가 충돌한 곳 바로 위다. 그날 사무실에 있었던 사람 중에 살아남은 사람은 없었다. 러트닉이 죽을 것이 뻔한 이 상황을 피할 수 있었던 것은 비행기가 충돌하던 시간에 처음 유치원에 등원하는 그의 다섯 살배기 아들을 데려다주었기 때문이다. 인력의 3분의 2가 사라졌고, 영업을 계속할 방법도 없어서 캔터피츠제럴드는 그대로 도산할 것처럼 보였다. 러트닉은 회사를 구하기 위해 어려운 결단을 내렸다. 전국 방송에서 흐느끼면서 회사의 도산을 피하기 위해 사망한 직원의 급료 지급과 의료보험을 유예할 것이라며, 그 대신 회사가 미래에 거둬들일 수익 중 25퍼센트를 5년간 희생자의 유족에게 지급하겠다고 약속했다. 한 가족당 10만 달러에 해당하는 액수였다. 이런 행동이 유족의 분노에 기름을 부었다. 유족들은 마음의 준비가 되어 있지 않았다. 러트닉은 그런 식으로 말하면 모든 사람이 사망했으니 자기는 그다음 단계로 넘어가겠다는 의미가 된다는 사실을 놓치고 있었다. 모든 가족이 그렇게 생각하고 있는 것은 아니었다. 솔직히 업무적인 판단이야 내릴 수는 있지만 훨씬 나은 방법도 있었다. 세 자녀를 둔 미망인 수전 슬리웍이 ABC 뉴스에 나와 분통을 터트렸다. "내 남편이 죽었다는 소식을 하워드 러트닉의 입으로 듣고 싶진 않아요. 세상 사람들이 다 보는 텔레비전을 통해 남편의 사망 사실을 알고 싶지는 않다고요." 하워드 러트닉이 누구의 마음을 다치게 하고 싶었던 것은 아니라 생각한다. 그 반대일 것이다. 아마 그도 유족의 반응에 충격을 받지 않았을까 싶다.

하지만 이런 교훈을 미리 알지 못한 채, 겪고 나서야 배우게 되면 유족이나 그 교훈을 배우는 사람 모두에게 아픈 상처를 줄 수 있다. 말레이시아항공에서 MH370편 여객기를 잃고 유족에게 큰 고통을 안겨주며 배운 교훈이 있다. 이런 일을 할 때는 유족에게 사망진단서 발부 여부의 선택권은 제공하지만 그렇다고 시신 수습 활동이 중단되지는 않는다고 먼저 설명해야 한다는 것이다. 일부, 아니 사실 대부분의 유족은 새로운 삶으로 넘어갈 수 있도록 이런 과정을 거치고 싶어 한다. 다만 그 선택을 내리는 사람은 반드시 그들이어야 한다.

집을 떠나온 지 거의 한 달 만에 나는 텍사스의 내 가족에게 돌아갈 수 있었다. 그러나 일주일이 채 지나기도 전 한밤중에 호출을 받았다. 이탈리아에서 사상 최악의 항공 사고가 일어났기 때문이다. 110명을 태우고 코펜하겐으로 향하던 스칸디나비아항공의 여객기가 안개로 앞이 보이지 않는 밀라노의 한 공항에서 소형 자가용 제트항공기와 충돌한 것이다. 이번에도 처음에는 또 다른 테러 공격이 아닌가 하는 두려움이 있었다. 미국의 아프가니스탄 침공이 있고 불과 며칠 만에 일어난 일이었고, 미국은 이탈리아에 공군기지를 두고 있기 때문이다. 이 경우는 그냥 사고였다. 자가용 제트항공기의 조종사가 자기네 비행기가 활주로 끝에 있다고 했기에, 관제탑에서 스칸디나비아항공 비행기의 착륙을 허가했다. 하지만 사실 그 비행기는 활주로 중간에 있었다. 나는 다시 현장으로 출발했다. 2001년의 나머지 시간은 이탈리아와 뉴욕을 오가다 중간에 집에 잠깐씩 들르면서 보냈다.

나는 일 때문에 밖으로 나다니는 일이 많다 보니 매년 꼭 시간을 내어 딸과 함께 여행을 하려고 했다. 아내는 여행을 좋아하지 않아서 깉이 가지 않았다. 나는 방학 때 딸과 함께 알래스카도 가고, 아프리카 사파리도 가고, 유럽 일주도 했다. 하지만 이것은 그저 재미만을 위한 여행이 아니었다. 아파르트헤이트박물관과 나치 강제수용소 같은 곳을 찾아가 딸이 학교에서 배운 역사를 눈으로 직접 볼 수 있게 해주었다.

나는 딸이 운이 나빴던 사람들의 이야기나 저 끔찍한 일을 통해 우리가 얼마나 운이 좋은지 이해하기를 바랐다. 무엇보다 그냥 방치해두면 이런 일이 다시 일어나게 되리라는 것을 딸이 이해하기를 바랐다. 2002년 4월에는 드물게 혼자서 네팔 에베레스트산의 베이스캠프로 트레킹을 갔다. 베이스캠프는 해발 5600미터 높이에 있었다. 2001년에 있었던 네팔 왕실 대학살 사건과 내전 때문에 2002년에는 베이스캠프가 많이 비어 있었다. 안타깝게도 나는 베이스캠프에 도달하기 직전에 급성 고산병이 생겨서 하산해야 했다. 나는 완전히 통신이 두절되는 상황을 만들지 않기 위해 항상 위성전화기를 갖고 다니는데 어느 날 저녁에 그 전화기가 울렸다.

2001년 9·11테러로 뉴욕에서 거의 3000명의 사람이 죽었고, 뉴욕 수석검시관 사무실의 허슈 박사는 시간과 비용이 얼마가 들든 신원확인이 가능한 사람은 모두 확인하겠다고 맹세했다.

첫 번째 과제는 현재, 혹은 미래에 있을 DNA 신원확인 시도를 방해하지 않으면서 인간의 존엄성을 지키며 시신을 처리하고 보관할 방법을 찾는 것이었다. 장기적으로는 공격이 있었던 자리에 지을 예정인 기념관에 대중의 시선은 피할 수 있지만 가족은 접근할 수 있는 방식으로 시신을 보관하기로 계획이 잡혀 있었다. 그래서 얼리는 것보다는 방부 처리가 필요했다. 검시관이 회의를 요청했다. 나는 바로 비행기 예약을 새로 하고 집으로 향하는 대신 곧장 뉴욕으로 날아갔다. 나는 짐을 가볍게 하고 여행하는 것이 불가능하다. 어디를 가고, 무엇을 하든 항상 정장과 업무에 필요한 것을 챙겨서 다니기 때문이다.

그곳에는 훌륭한 전문가가 많았다. 우리는 함께 화학약품을 사용하지 않고 시신을 보존처리하고, 세균이 살 수 없게 체액을 모두 제거하고, 시신을 진공으로 봉인하는 계획을 세웠다. 사실상 일종의 미라를 만드는 셈이었다. 우리는 수석검시관 사무실이 '추모 공원'이라고 이름 붙인 지역에서 일했다. 검시관 사무실 야외부지에 냉동트럭과 작업 공간을 마련해놓은 곳이었다. 검시관 사무실은 이스트강을 바로 뒤에 두고 있는 정체불명의 베이지색 건물이었다. 각각의 트럭으로 이어지는 계단 옆에는 장례식장과 비슷하게 꽃을 장식해놓았고, 깃대에는 성조기를 걸어놓았다. 과학자와 기술자에게 그들이 밤낮으로 대하고 있는 존재가 테러 공격으로 살해된 수천 명 미국인의 유해임을 일깨워주기 위한 것이었다. 그 성조기 중 하나가 우리 휴스턴 본사에 걸려 있다. 이 깃발은 그 운명적인 시간에 우리가 했던 일이 무엇이었는지 떠올려주는 상징이다.

우리는 언젠가 DNA 검사 기술이 2001년보다 훨씬 발전해서 2001년에는 불가능했던 검사도 가능해질 것임을 알았고, 아직 사랑하는 이의 시신을 한 조각도 찾지 못한 간절한 유족이 있다는 것도 알았다. 그래서 사건 발생 13여 년 만인 2014년 5월의 어느 흐린 날 아침, 우리가 보존해 두었던 7930명의 시신이 관 크기의 금속 상자 세 개에 담겨, 세계무역센터의 화강암 광장에 새롭게 지어진 기념관 내부의 특별 저장소로 엄숙한 의식 속에서 이동됐다. 그곳에는 슬픔에 잠긴 유족이 뉴욕의 주요 관광지로 자리 잡아 소란스러워진 환경을 벗어나 조용히 찾아가 볼 수 있는 '생각의 방reflection room'이 마련되어 있다. 물론 이것에 관해서도 논란이 있었다. 일부 유족은 이곳이 망자가 존엄성을 지키며 마지막으로 편히 쉴 수 있는 장소가 아니라 느꼈다. 그래도 지지하는 사람이 더 많았다. 쉬운 해답이 없는 경우가 종종 생긴다. 나는 검시관 사무실에서 이곳을 최종의 장소로 고려하지는 않는다고 생각한다. 그들이 언젠가 더 많은 시신을 가족의 품에 돌려주고 비명횡사한 사람들의 신원을 모두 밝힐 수 있으리라는 희망의 끈을 놓지 않고 있기 때문이다. 이 분야에서 일하는 많은 사람의 인내심과 정신이 이러하다. 사망자의 유해는 훗날 DNA 검사 기술이 더 발전해서 심하게 손상된 유해의 신원을 마침내 확인할 수 있는 날이 올 때까지 뉴욕 검시관 사무실의 관할 아래 그곳에 머물게 될 것이다.

9·11테러 이후 아프가니스탄 침공과 탈레반의 붕괴는 연이어 빠르게 일어났다. 당시에는 명확한 승리처럼 보였지만 21년이 지났음에도 전쟁은 아직 진행 중이다.● 9·11테러의 극적인 공격 이후로 자신의 은신처에서 쫓겨난 알카에다는 자신이 아직 건재함을 보여줄 필요가 있었다. 이들은 새로운 표적을 알아보기 시작했다. 공격하기는 쉽지만 전 세계에 충격파를 안겨줄 수 있는 표적이 필요했다. 그리고 2002년 10월에 거기에 어울리는 완벽한 표적을 찾아냈다. 관광객의 천국 발리다.

술집, 클럽, 외국인 관광객으로 가득한 쿠타 해변에서 어느 날 밤 연속적으로 세 개의 폭탄이 터졌다. 폭탄 장치 하나는 아일랜드 술집에 있던 자살폭탄 테러범의 배낭에 들어 있었다. 또 하나는 바깥 도로에 주차되어 있던 자동차 트렁크에, 그리고 그보다 작은 세 번째 폭탄 장치는 미국 영사관 바깥에 놓여 있었다. 총 202명이 살해당했다. 그날 밤 가장 많은 희생자가 나온 국가는 호주였다. 사실 이것은 호주가 당한 9·11테러였다. 발리는 호주 사람에게 아주 인기가 많은 관광지였다. 아름답고 안전하고, 고국으로 돌아가는 항공편의 연결도 좋았기 때문이다. 호주 사람은 발리를 거의 자기네 나라의 일부처럼 여길 정도였다. 당시에는 세상 어느 누가 호주 사람을 공격하겠느냐는 순진한 생각이 퍼져 있었다. 스위스처럼 호주도 중립국으로 여겨졌기 때문이다. 이 폭탄테러

● 미국의 철군 결정 이후로 2021년 8월 15일에 탈레반이 수도 카불에 진입하여 아프가니스탄을 다시 접수했다.

는 세계무역센터 건물 공격처럼 기습적으로 이루어졌다. 알카에다는 이 살육이 수십 개국이 참여한 군사작전인 아프가니스탄 침공을 호주가 지지한 것에 대한 복수라고 말했다. 이 공격은 발리라는 섬에 충격을 주기 위해 계산된 부분도 있었다. 발리가 속한 인도네시아는 거대한 이슬람 국가이고 중동 전체보다 더 많은 이슬람교도가 살고 있지만 발리 자체는 불교 지역이다. 이 공격에는 이슬람 세계에서 평화로운 민주주의의 등대 역할을 하고 있다는 자부심을 갖고 있는 인도네시아 자체에 모욕을 주려는 의도도 있었다.

폭탄이 터졌을 때 홍콩에서 학회에 참석하고 있던 나는 바로 케세이퍼시픽항공편에 뛰어올랐다. 일군의 남성을 제외하면 비행기는 거의 텅 비어 있었다. 거의 비슷하게 차려입은 옷을 보아하니 분명 FBI 사람들이었다. 나를 제외하면 그 비행기에 탄 사람은 그들이 유일했다. 이 비행기가 돌아갈 때는 부상자와 겁에 질려 섬을 빠져나오려는 관광객 무리를 대피시키느라 꽉 찰 것이었다. 발리의 병원은 사람으로 넘쳐났다. 이들은 이런 대학살에 대응할 일이 한 번도 없었을 것이다. 화상을 입은 사람이 너무 많아서 일부 부상자는 그을린 살을 식히기 위해 호텔 수영장에 들어가 있어야 했다. 그저 시신을 가져다 두는 장소에 불과했던 시체안치소는 이미 꽉 차 있었고, 공간만 있는 곳이면 아무데나 시신을 쌓아두었다. 시신은 시트로 싸여 있는 경우도 있었지만, 아무것도 덮이지 않은 경우가 많았다. 드디어 냉동트럭이 반입됐을 때도 시신이 너무 많아 팔다리가 뒤쪽으로 삐져나왔기 때문에 일꾼들이 그 부분을 꾸역꾸역 안으로 욱여넣어야 했다. 참혹한 현장이었다.

더 큰 문제는 활동이 통일되지 않았다는 점이다. 관련된 모든 국가가 스스로 알아서 일을 처리하려 했지만 서로 누가 누구인지 모르는 상황에서 그것은 불가능했다. 그 결과, 20여 개국에서 온 법의학 전문가가 동일한 신체 부위에서 뼈와 조직의 표본을 채취하는 상황이 벌어졌다. 이로써 수많은 조직이 불필요하게 채취되고 검사받게 되었는데 이는 자원 낭비이고, 슬픔에 빠진 유족에게 상처를 주는 행동이었다. 많은 이가 사망자의 시신 대퇴골에서 표본을 채취하고 싶어 했다. 당시 내가 한 동료에게 말했던 것처럼 그렇게 하면 오늘은 키가 180센티미터였던 사람이 내일은 150센티미터, 금요일에는 120센티미터가 될 수도 있다. 이런 상황에서 도움 요청을 받을 때마다 내가 제일 먼저 신경 쓰는 일 중 하나가 이런 혼란스러운 경쟁을 방지하는 것이다. 역설적이게도 자살폭탄테러의 물리학 때문에 폭탄테러범의 신원확인이 보통은 제일 쉽다. 폭발의 힘이 테러범의 몸은 갈가리 찢어놓지만 머리는 온전히 남겨놓기 때문이다.

케니언은 호주 연방경찰에서 직접 법의학 신원확인을 한 뒤에 시신을 본국으로 송환해달라는 요청을 받았다. 우리는 항상 시신의 취급과 관련된 그 지역의 관습과 종교적 신앙을 먼저 파악한 후에 일을 시작한다. 사망자에 대한 종교와 문화, 그 가족, 사망이 발생한 장소 등은 중요하게 알아두어야 할 부분이다. 나 자신의 종교와 문화는 중요하지 않다. 하지만 경험 부족이나 스트레스 때문에 사람들은 자신의 종교나 문화에 기대어 결정을 내리거나 계획을 세우는 경우가 많다. 이것이 문제를 일으킨다. 의도한 바는 아니나 문제가 생긴다.

발리에서 우리는 호주를 위해 일했고, 다른 나라는 그들의 방식으로 일을 처리했다. 어느 날 다른 대사관에서 나온 직원 한 명이 내게 다가왔다. 그들은 자국민의 본국 송환을 처리하고 있었다. 그는 시신을 옮길 트럭이나 운전사를 도저히 찾을 수 없다고 말했는데, 틀림없이 우리가 트럭과 운전사를 독점하고 있어서 그런 것이라 여기고 있었다. 나는 우리가 고용한 사람은 몇 명 되지 않아서 남는 운전사가 많을 거라고 말해주었다. 그러고서 그에게 트럭과 운전사를 고용하러 갔을 때 산야시 sanyasi 혹은 사두 sadhu 라는 수도승을 함께 데리고 갔느냐고 물어봤다. 그는 자기네 국민은 불교도도 힌두교도도 아니라고 말했다. 그렇게 생각할 수 있는 부분이었다. 나는 그에게 이곳은 발리라고 설명해주었다. 이곳에서는 죽은 자가 산 자에게 막강한 힘을 휘두를 수 있다고 믿기 때문에 제대로 공경하거나 기도를 하지 않고 죽음에 대해 이야기하거나 시신을 옮기면 죽은 자의 영혼이 그 장소(이 경우는 트럭)에 남아 산 자에게 훼방을 놓는다고 여긴다. 나는 그에게 이 지역의 문화 규범 안에서 처리하면 일이 잘 풀릴 거라고 말해주었다. 당연히 그는 그렇게 했다. 나는 이런 문제를 생각보다 훨씬 더 자주 접하게 된다. 그 이유를 모르겠지만 사람들은 항상 자기네 문화나 종교만 중요하게 여긴다.

호주 경찰은 자국민의 개인 소지품을 다시 호주로 가지고 가서 자체적으로 법의학 검사를 하기로 결정했다. 어쨌거나 결국 대규모 범죄 현장인 셈이니까 말이다. 그들이 일을 마친 후에는 우리가 개인 소지품을 보관했다. 우리는 이 개인 소지품들을 미국으로 가져가서 처리했다. 그 작업이 마무리되면 다시 호주로 돌아간 이 물품들을 경찰이 가족에게 인도하게 될 것이었다. 사실 나는 이 개인 소지품을 미국으로 돌아가는 상업용 비행기를 타고 직접 가지고 갔다. 휴스턴으로 향하는 비행기로 갈아타기 위해 보안검색을 통과할 때 교통안전청 직원이 폭발물 검사를 해보려고 했다. 나는 빈정대거나 하는 일 없이 정중하게 이 증거물 가방에 폭탄테러 사고에서 사망한 사람들의 소지품이 들어 있기 때문에 검사에서 양성이 나올 것이라 설명했다. 살인범을 법의 심판대에 올리는데는 몇 년이 걸렸다. 이 공격을 지휘한 범인은 2010년 자카르타에서 경찰과의 총격전으로 사망했다. 하지만 발리 사건은 테러리스트의 공격 방식에 어떤 패턴을 만들어냈고, 이 패턴 때문에 오래도록 케니언의 대응팀은 전 세계로 불려 다녔다.

동 트기 전의 2013년 1월 어느 날 알제리와 다국적 노동자들이 알제리 사하라 사막 가장자리에 있는 인아메나스의 거대한 천연가스 공장을 가동하기 위해 준비하고 있었다. 그때 총잡이가 가득 올라탄 수십 대의 픽업트럭이 AK-47 소총을 쏘아 자신의 도착을 알리며 접근했다. 알카에다와 연계된 집단 출신의 이 전사들은 800명이 넘는 노동자를 인질로 삼았다. 이들은 즉각적으로 외국인을 알제리인과 분리하기 시작했다. 아랍어를 말하는 사람에게는 이슬람 기도문을 암송해서 자신의 신념을 증명할 것을 명령했다. 유럽 노동자와 필리핀 노동자를 포함한 외국인은 손발을 묶고, 입에 재갈을 물렀다. 그리고 그중 일부의 몸에는 폭탄을 묶었고 일부는 가스 공장의 금속파이프에 묶었다. 테러리스트의 목적은 가스 공장을 거대한 폭탄으로 바꾸어놓는 것이었다. 이 공격은 유럽으로 가는 연료 공급을 차단하고 테러 행위의 씨앗을 지역에 심기 위해 설계되었지만, 이 무리를 이끈 알제리 테러리스트 모크타르 벨모크타르는 인질을 지렛대로 삼아 알카에다에 총을 겨누고 있는 프랑스 군대, 그리고 이웃한 말리의 다른 종교적 극단주의자들의 전진도 늦추고 싶어 했다.

그러나 알제리 육군이 신속하게 현장을 포위하며 대응을 했다. 총잡이들이 사격을 시작하자마자 이들은 바로 달려가 공장의 가동을 중지시켰다. 테러리스트들은 기계에 대해 잘 알지 못했기 때문에 공장을 재가동시켜 폭탄으로 삼아 산산조각 낼 수 없었다. 안타깝게도 아무도 포로를 구출할 생각 따위는 없었다. 대응자들은 앞으로 테러리스트가 두 번 다시 이런 일을 할 생각이 들지 않도록 자신의 무력을 보여주고자 했다. 이들의 나라는 1990년대에 종교적 극단주의자들(모크타르 벨모크타르도 이 중 한 명이다)에 의해 쪼개졌고, 이곳 인아메나스에서 이들은 어떤 희생을 치르더라도 저들을 박살 내고 말겠다는 결의에 차 있었다. 비록 그것이 인질도 함께 죽어야 한다는 의미라도 말이다.

대학살은 신속하게 이루어졌고, 모두 끝났을 무렵에는 40명의 외국인 인질과 29명의 테러리스트가 죽었다. 테러리스트들은 일부 인질을 총이나 폭탄으로 사살했다. 일부는 침대 밑에 숨었다가 나중에 혼란을 틈타 몰래 나와서 군인들이 공장을 한 칸 한 칸 수색하는 동안에 사막으로 달아났다. 한편 육군의 공격용 헬기는 움직이는 것은 무엇이든 사격했다. 심지어 테러리스트와 인질을 함께 싣고 가는 픽업트럭도 공격 대상이 됐다.

실종자의 목록을 작성하고 사망자의 본국 송환을 관리하는 일을 케니언에서 담당하게 됐다. 나는 알제리의 수도 알제로 가 시체안치소에서 작은 팀과 함께 일했다. 말이 시체안치소지 실제로는 알제의 묘지에 매장하기에 앞서 시신의 몸을 씻기기 위해 데려오는 방에 불과했다. 놀랄 일도 아니지만 그 현장은 혼란 그 자체였다. 여러 국가에서 파견된 경찰대원들이 일부는 함께 작업하고, 일부는 자체적으로 일을 진행하고 있었는데, 이런 상황을 처음 접하는 사람이 많았다.

한번은 한 경찰관이 심한 외상을 입은 생존자(이 사람도 인질이었다)를 알제 시체안치소의 즐비한 시체 사이로 데리고 와서 그에게 육안식별로 시신의 신원확인을 요청하는 것을 보았다. 이런 일은 몇 가지 이유로 해서는 안 된다. 가장 큰 이유는 육안식별은 신뢰성이 떨어지기로 악명이 높기 때문이다. 우선, 만약 시신이 누군가가 눈으로 보고 신원을 확인할 수 있을 거란 생각이 들 정도로 온전한 상태라면 분명 다른 형태의 신원확인 방법도 가능한 상태일 것이다. 둘째, 이 가엾은 사람은 방금 우리가 상상할 수 있는 최악의 시련을 겪은 사람이다. 그런 사람을 시체안 지소로 데리고 와서 다시 그 상황을 떠올리게 하는 것은 그 사람에게 전혀 도움이 되지 않는다. 게다가 나는 영국의 검시관으로부터 자신은 그런 형태의 신원확인 방식을 받아들일 수 없으며, 그 이유는 누구보다도 내가 잘 알 것이 아니냐는 전화를 받았다. 나는 그런 식으로 신원확인을 하려는 사람은 내가 아니라 그녀의 나라에서 보낸 경찰이라고 설명했다. 그러자 그녀는 그 사람한테 그 일을 멈추라고 말해달라고 했다. 나는 그 경찰과 대화를 나누며 기존에 확립되어 있는 법의학적 방법을 사용할 것을 제안했다. 그 경찰은 전에 이런 일을 해본 적이 없었고, 시신을 돌려받아야 한다는 강한 압박에 시달리고 있었다. 그는 내 제안을 따랐고, 모든 시신은 법의학적인 신원확인 절차를 거치게 됐다.

2015년에 튀니지에서 또 다른 공격이 일어났다. 발리나 인아메나스의 경우보다는 저급한 기술이 사용됐지만 여전히 치명적인 공격이었다. 수스의 지중해식 리조트에서 한 총잡이가 단독으로 비치파라솔 안에 AK-47 소총과 탄창 4개를 숨기고 들어와 해변을 따라 걸으면서 외국인 관광객들을 쏘아 죽였다. 그러고는 호텔로 가서 눈에 보이는 사람들을 닥치는 대로 죽였다. 총잡이는 현장에서 달아나다 경찰 부대와 맞닥뜨렸고, 경찰은 그를 총격으로 사살했다. 우리가 맡은 과제는 유족지원센터를 차리고 개인 소지품을 찾아서 소유주의 신원을 확인하고, 시신의 본국 송환을 보조하는 일이었다. 이 경우 우리가 도왔던 가족도 이 공격의 생존자인 경우가 많았다.

총격이 끝난 이후에 튀니지 경찰은 해변에서 모든 개인 소지품을 수거했다. 지역 경찰은 휴대폰, 태블릿 등 이 모든 것을 개인 소지품이라 여기고 가족에게 돌려주라며 우리에게 보냈다. 하지만 수사를 지휘하기 위해 날아온 영국의 대테러 대응반 경찰은 이것을 범죄 현장 증거물이라 여겼다. 휴가를 즐기는 사람 중 누군가가 사건이 발생하기 며칠 전에 공격을 연습하는 모습을 촬영하고도 깨닫지 못했을 수 있기 때문이었다. 아니면 공격 장면이 담긴 사진을 촬영한 후에 휴대전화를 버리고 달아났거나 죽임을 당했을지도 모를 일이었다. 하지만 튀니지 측에서는 그 물건들을 경찰에게 주지 않고 우리에게 줬다. 이것은 정부와 일할 때 겪는 어려움 중 하나다. 여러 가지 일에서 함께 일을 잘 해놓고도 사망자와 관련된 문제에서는 완전히 새로운 상황을 만든다. 우리는 유족들에게 연락을 취해 영국 경찰에서 무엇을 원하는지 설명했고, 유족들은 그 요청을 승낙했다. 역시나 이번에도 선택의 문제다.

우리가 테러 공격에 대응해서 활동한 곳이 먼 곳만은 아니었다. 광신도는 장소를 가리지 않고 어디서든 공격을 감행할 수 있다. 이런 공격이 있고 나면 공황과 슬픔이 잠시 잔물결을 일으키지만, 요즘에는 하도 자주 일어나다 보니 거의 일상화되다시피 해서 그저 현대사회에서 끝없이 흘러나오는 뉴스의 한 꼭지에 불과해졌다. 2017년 이후로 우리는 런던 브리지를 대상으로 발생한 두 번의 치명적인 공격에 대응해 일을 처리했다. 이곳은 도시로서 보나, 국가로서 보나 정서적 중심지였고, 인파가 몰리는 곳이어서 극단주의자의 관심을 끈 것으로 보인다. 첫 사건은 세 명의 남자가 차량으로 다리를 건너던 인파를 덮친 후에 차에서 뛰어나와 다리 여기저기에서 사람들을 칼로 찌른 사건이었다. 두 번째는 2019년에 테러 공격을 음모한 혐의로 7년 동안 복역했던 알카에다 지지자가 일으킨 사건이었다. 그는 수감자 갱생 모임에 참석하고 있다가 자신의 사회 복귀를 도우려던 바로 그 사람들을 칼로 찌르기 시작해 그중 두 명을 죽게 만들었다. 그가 경찰에게 총을 맞아 사망하기 전, 그 모임이 진행되었던 피시멍거스홀의 벽에서 떼어낸 일각고래 어금니를 휘두르는 남성에게 쫓기는 장면은 사람들의 기억에 남았다. 우리는 그 일각고래 어금니는 다루지 않았다. 사망자의 소유물이 아니었기 때문이다.

10

자신을 의심하지 않는 법

○

나는 대량 사망 사고에 대한 대응을 정삼각형의 형태를 유지하며 일하는 것이라 비유한다. 그리고 나는 이런 상황에서 모든 각도가 같은 완벽한 정삼각형을 유지해야 한다. 즉, 항상 염두에 두면서 균형을 유지해야 하는 세 가지가 있다는 의미다. 첫 번째 각도는 죽은 자다. 이들도 품위와 존엄, 정체성을 지킬 권리가 있다. 두 번째 각도는 산 자다. 사고의 생존자, 유족, 그리고 학생을 잃은 학교나 많은 거주민을 잃은 마을 같은 공동체 등이 여기에 해당한다. 세 번째 각도는 사고 조사다. 범죄의 경우 생존자와 유족은 누군가에게 책임을 묻기를 원한다. 사고의 경우 똑같은 사고가 다시 일어나지 않도록 막기 위한 변화가 이루어질지 알고 싶어 한다. 때로는 이 세 가지의 이해관계가 서로 충돌하는 바람에 균형을 이루기 어렵다. 스코틀랜드 상공에서 폭탄테러를 당한 팬암항공 103편 사고를 예로 들어보자. 유족들은 사망자의 시신을 최대한 빨리 수습하기 원했지만 앞뒤 보지 않고 달려들어 짜임새 없이 시신을 수습했다면 조사관들이 이 공격에 리비아가 관여되어 있음을 알게 해준 작은 마이크로칩 같은 증거를 놓치고, 결국 두 명의 범인에 대해서도 기소와 유죄 판결이 이루어지지 않았을 가능성이 높다. 이런 부분 때문에 전체적으로 어떻게 절차가 진행되는지 설명하고 질문에 답해주는 것이 대단히 중요하다. 정보를 제대로 전달하려면 맥락이 필요할 때가 종종 있는데 대량 사망 사고에서는 그런 맥락을 전달하기가 어려울 수 있다.

나는 유족 그리고 대중에게 전달할 정보에 관해서는 지극히 신중하게 접근한다. 진실은 언제나 드러나기 마련이라 그 무엇도 숨기려 하지 않지만 대신 맥락이 분명하게 전달될 수 있도록 노력한다. 예를 들어 내게 이런 질문이 들어왔다고 해보자. "비행기가 추락하는 순간에 제가 사랑하는 사람이 살아 있었을까요?" 그럼 나는 '살아 있다'라는 말의 정확한 의미가 무엇인지 확인해야 할 것이다. 만약 숨을 쉬는 등 육체적으로 살아 있었느냐는 의미라면 부검 결과에 따라 그 사람은 살아 있었을 수도 있다. 하지만 의식이 깨어 있었는지 혹은 무슨 일이 벌어지는지 인식하고 있었는지라는 의미라면 얘기가 달라진다. 비행기가 추락할 때는 엄청난 중력가속도나 산소 결핍 때문에 육체적으로는 살아 있더라도 무의식 상태에 빠져 상황을 인식하지 못한다. 명확함은 중요하다. 범죄나 테러 사건의 경우에는 대응을 문서화하는 것이 특히 필수적이다. 허위 정보를 뿌리고 다니며 갈등을 부추겨 다른 사람들의 사기와 단합을 갉아먹는 것으로 먹고사는 사람들이 있다. 이들은 우리가 우리 자신을 의심하기를 원한다. 나는 사람들의 주목도가 무척 높은 사고에 관여해왔기 때문에 음모론과 그로 인해 야기되는 고통을 목격하는 경우가 많다.

내가 섕크스빌에서 유나이티드항공 93편의 잔해를 살펴보고 있을 때도 사람들은 인터넷 대화방에 모여(당시는 인터넷 채팅이 보급된 지 그리 오래지 않은 2001년이었다) 비행기가 격추된 것이고 정부가 숨기고 있는 것이 있다고 말하는 사람들이 있었다. 사람들은 난파 비행기의 잔해를 보며 비행기가 추락했을 때 보여야 할 모습이 보이지 않는다고 말했다. 나 같은 사람의 눈에는 고속 충돌을 말해주는 구덩이들이 완벽히 정상적으로 보이는데 말이다. 그들은 어떤 비도덕적인 이유로 정부가 비행기를 폭파시킨 것이 분명하다고 얘기했다. 이 이야기는 머지않아 9·11테러 음모론으로 발전했다. 조지 부시 대통령이 자신의 아버지 부시 대통령의 살해 음모를 꾸몄다는 사담 후세인에게 복수할 구실을 만들기 위해 딕 체니 부통령과 함께 3000명의 미국인을 폭탄으로 날려버리기로 음모를 꾸몄다는 것이다. 이 음모론은 아직까지도 돌고 있다. 인터넷은 역사상 전례가 없었던 수준으로 이 음모론을 키웠다. 이런 음모론은 일부 사실적 요소를 가져다가 왜곡한 후에 그것을 바탕으로 세상에 존재하지 않는 거짓 실재를 구축한다.

나는 전에도 이런 현상을 목격했다. 미국 육군 전사자 예우 담당국 제54 병참중대 지휘관으로 있을 때 나는 미국 공군 CT 43편 추락 사고에 대응한 적이 있다. 이 비행기에는 전후 발칸 지역의 무너진 경제를 재구축하는 데 도움을 줄 무역사절로 빌 클린턴 대통령의 상무장관 론 브라운이 타고 있었다. 추락 사고 얼마 전에 나는 그 전해 12월부터 근무했던 보스니아에서 순환교대 근무를 마치고 버지니아의 포트리로 돌아와 있었다. 나는 포트리에 아직 있었던 내 부대를 지휘하러 돌아오며 보스니아에 팀 하나와 장교 한 명을 담당자로 두었다. 추락 사고가 나자 육군은 나를 바로 되돌려 보냈다. 나와 나에게 배정된 병사들의 임무는 시신을 수습하고 처리해서 공군이 그 시신을 델라웨어의 도버에 있는 전사자 안치소로 항공 수송하도록 하는 것이었다. 그곳에서 군대검시관이 신원확인 과정을 마무리하면 사망자의 시신은 가까운 유족에게 전달될 것이었다.

이 비행기는 착륙을 시도하다 실패하여 다시 상승하다가 크로아티아 두브로브니크에 있는 활주로 바로 너머에 있는 산에 충돌한 것으로 보였다. 이 활주로는 착륙이 까다롭기로 악명 높은 곳이었고, 날씨가 좋지 않을 때는 더 심했다. 어떤 추락 사고에서는 사망자의 시신이 대부분 온전히 보존되는데 이는 추락의 역학, 추락 속도, 고도 등에 달려 있다. 이 일은 정치적으로는 예민한 사고였지만 시신 수습은 쉬운 편이었다. 우리는 크로아티아 두브로브니크 공항에 베이스를 차리고 거기서 대응 작업을 수행했지만, 사실 추락 사고의 잔해와 사망자 시신은 크로아티아와 보스니아헤르체고비나의 국경에 흩어져 있었다. 정상적으로는 이 국가들에서 완전하고 총체적인 관할권을 갖는 것이 맞다. 다만 데이턴 협정이라는 것이 있기는 해도 이 협정에는 비적대적인 항공기 사고의 가능성이 언급되어 있지 않다. 물론 이 두 국가와 다른 국가들은 선혈이 낭자한 국지전에서 벗어난 지 불과 몇 달밖에 되지 않은 상태였다. 그래서 미국이 관할권을 가졌다. 처음에 크로아티아 당국자들은 자국민 두 명의 신원이 확인될 때까지는 사망자 시신을 보내줄 수 없다는 입장을 고수했는데, 이 문제는 워싱턴과 크로아티아의 수도 자그레브 사이에서 논의되고 있었다. 우리는 운이 좋아서 크로아티아에서 자국민에 대해 확보하고 있는 기록을 이용해 현장에서 두 명의 크로아티아인을 확인하고 보내줄 수 있었다. 그리하여 나머지 33명의 사망자 시신도 집으로 돌려보낼 준비가 됐다.

프라이버시를 보호하고 미군의 장례 원칙을 지키기 위해 시신 수송 상자의 바깥쪽에는 이름을 표시하지 않는다. 그리고 평등하게 대우할 수 있도록 임시 ID가 표시된 하나밖에 없는 목록을 나와 내 고참 하사관이 보관한다. 이렇게 처리하면 도버에 도착한 비행기에서 각각의 상자를 내릴 때마다 평등한 대우가 이루어지고, 백악관에서 어느 사망자를 더 우대했다는 비난을 받지 않게 된다. 이 부분은 내가 펜타곤과 여러 번 통화를 하면서 논의한 부분이다. 그런데 수송 상자를 비행기에 싣기 직전에 항공기를 지휘하던 대령이 어느 상자에 브라운 상무장관의 시신이 있는지 물었다. 나는 그것은 내가 대답할 수 없는 부분이라 말했다. 그는 자신의 계급과 나의 계급을 상기시켰고, 물론 그의 계급이 훨씬 높았다. 나는 그에게 그 부분은 펜타곤과 얘기해보시라 말했다. 내가 소통하고 있는 당사자가 펜타곤이었기 때문이다. 그는 내 경례에 답하지도 않고 자리를 떠버렸다.

미국으로 돌아온 지 얼마 지나지 않아 펜타곤으로 와서 보고하라는 연락을 받았다. 그리고 거기서 교훈을 배우게 됐다. 법의학자 중 한 명이 상무장관의 머리에서 총상의 가능성이 있는 상처를 발견했다고 했는데 완전한 조사가 이루어진 것이 아니었다. 이는 군대검시관이 무언가를 은폐하려는 것이 아니라 시신을 내보내기 위해 노력하다 저지른 오류였다. 총상이 아니었다. 광기 같은 분노가 분출됐다. 당시 의회의 흑인 의원 모임인 블랙코커스Black Caucus의 수장 맥신 워터스를 비롯한 원로 정치인들이 추가적인 수사를 요구했다(론 브라운 역시 흑인이었다). 대답은 모두 한결같았다. 사고였다고 말이다. 조종사는 그곳에 착륙을 시도하지 말았어야 했다. 대표단의 압력이 있었든 없었든, 회항했어야 할 상황에서 착륙을 시도하다가 나이 많은 사람들과 조종사들을 포함한 많은 목숨을 잃는 유사한 시나리오가 펼쳐진 것이다. 그럼에도 사건의 진실을 은폐하고 있다는 온갖 책이 쏟아져 나왔고 오늘날까지도 그 의혹은 계속 이어지고 있다. 나 같은 사람이 글이나 말을 전할 때 맥락을 명확히 해야 하는 이유도 이 때문이다.

음모론이 완전히 황당하기만 하다는 뜻은 아니다. 설득력이 있는 음모론을 보면 진실과 공명하는 부분도 있고, 항공의 역사를 조사해보면 이상하게 들리기는 하지만 비행기에서 살인 사건이 일어났던 사례도 존재한다.

1987년에 퍼시픽사우스웨스트항공사의 캘리포니아 항공권 판매 대리업자인 데이비드 버크가 기내 음료 영수증으로 69달러를 횡령했다가 파면당했다. 그러자 그는 복수로 자신을 해고한 매니저를 죽이기로 결심했다. 그 매니저는 로스앤젤레스에 있는 집에서 샌프란시스코로 회사 비행기를 이용해 매일 출퇴근하고 있었다. 자신의 보안 신문승을 이용해 권총을 몰래 숨긴 버크는 비행기에 탑승했고, 자기 좌석의 토사물 봉지에 이런 메모도 적어놓았다. "이봐, 레이. 우리가 이런 결말을 맞이하게 된 것은 일종의 아이러니라 생각해. 내가 우리 가족을 봐서 자비를 베풀어달라고 부탁했지. 기억해? 하지만 나는 아무런 자비도 받지 못했어. 그러니 당신에게도 자비는 없어." 그런 다음 그는 자신의 전직 상사를 총으로 두 번 쏘았다. 조종사들도 총소리를 들었다. 승무원이 조종실에 들어왔고, 기장이 "뭐가 문제예요?"라고 묻는 순간 버크가 뒤에서 승무원의 머리를 쏘고 조종실로 들어오며 이렇게 말했다. "내가 문제야." 그리고 그는 두 명의 조종사도 죽였다. 비행기는 샌루이스오비스포의 카유코스 위쪽 바위 비탈에 그대로 처박혔다. 그날 아침 통근 비행기에 타고 있던 43명의 탑승자가 전원 사망했다.

이 이상한 비극에도 으스스한 전례가 있었다. 1964년에 빚에 시달리며 우울증에 빠져 있던 필리핀의 전 올림픽 국가대표 요트선수 프란시스코 곤잘레스는 샌프란시스코의 창고에서 일하다가 가장 좋은 자살 방법으로 357 매그넘 권총을 숨기고 네바다 리노에서 샌프란시스코로 가는 퍼시픽에어라인항공 773편에 타기로 결정했다. 그는 그 총으로 조종사 두 명을 죽일 생각이었고, 실제로 그렇게 했다. 그 비행기는 탑승한 44명의 승객 및 승무원과 함께 추락했다. 조종실 음성 기록 장치에 녹음된 마지막 말은 조종사 중 한 명이 외치는 소리였다. "총에 맞았다. 우리 모두 총에 맞았다. 맙소사. 살려줘!"

　재난 뒤에는 항상 음모론이 들끓는다. 차이가 있다면 9·11테러 이후로는 인터넷 때문에 왕년의 음모론자는 꿈도 꾸지 못했던 사람에게까지 음모론이 퍼질 수 있다는 점이다. 음모론이 매력적으로 느껴지는 이유는 낡은 규칙이 물러나고 빠른 속도로 변화하는 세상, 하루가 멀다 하고 새로운 위협이 등장하는 세상에 압도당하는 기분을 느끼는 사람들이 마치 자기가 남들은 모르는 내부정보를 알고 있는 듯한 느낌, 자신이 상황을 통제하고 있는 듯한 느낌을 받을 수 있기 때문이다. 이들은 테러집단, 적대적 정부, 선거의 우위나 지정학적인 우위를 차지하려는 정치인의 무기로 활용된다. 그리고 문지기 역할을 하던 올드 미디어가 무료 온라인 광고로 수입이 줄어들어 영향력이 적어지면서 이를 촉진했다.

　정부가 대응을 하도 엉망으로 해서 1000명이 넘는 사망자가 발생한 허리케인 카트리나 때문에, 내가 뉴올리언스에서 시신을 수습하는 동안에도 음모론은 이미 판을 치고 있었다. 일부 거주자는 흑인을 도시에서 몰아내려고 제방을 일부러 폭파한 것이라고 주장했다. 그리고 엉뚱하게도 케니언은 꾸준히 활동하는 한 음모론자가 말하는 '카트리나 바이러스Katrina virus'로 사망한 시신을 숨기는 일에 공모했다는 비난까지 받았다. 도저히 정상으로 보이지 않는 그의 소송 협박 편지에 따르면 이 바이러스는 2050년까지 인류를 쓸어버리기 위해 만들어진 것이다. 그렇게 인류를 몰살하려는 이유가 무엇인지는 지금까지도 모르겠다.

　반대로 실제 바이러스로 일어난 코로나바이러스감염증-19로 세상이 고통받고 있는 요즘에는 이 바이러스가 5G 기지국 때문에 생겼다거나, 코로나바이러스 백신이 빌 게이츠가 시민들의 움직임을 추적할 마이크로칩을 심기 위해 사용하는 것이라는 등의 소문이 나돌고 있다.

우리는 '탈진실의 세계post-truth world'에 살고 있다. 이 세상에서는 사람들이 뉴스보다 트위터에서 만난 낯선 사람을 더 신뢰한다. 그래서 학교 교실에서 총에 맞아 사망한 1학년 초등학생을 둔 슬픔에 빠진 부모는 어느새 정부가 사람들의 총기를 빼앗을 구실을 만들기 위해 비밀 세력이 돈을 주어 고용한 재난 전문 배우Crisis Actor가 되어버린다. 하지만 내 경험으로 볼 때 새롭게 등장하는 이 새로운 음모론 중 상당수는 낡은 음모론을 새로운 미디어 플랫폼에 각색해서 올린 것에 불과하다.

내가 처음 경험한 대량 사망 사고는 오클라호마시티 폭탄테러 사건이었다. 뮤러 연방정부청사는 백인우월주의 소설인 《터너의 일기The Turner Diaries》에 영감을 받은 육군 참전용사 티모시 맥베이에게 파괴됐다. 이 소설을 보면 한 백인이 사제폭탄으로 FBI 본부를 폭파하는 장면이 나온다. 맥베이는 1993년에 연방정부에서 텍사스 웨이코의 다윗파 본부를 급습했던 것과 그 전해에 아이다호의 루비리지에서 랜디 위버를 체포하려고 시도하는 동안 위버의 아들, 개, 아내를 총으로 쏜 것을 앙갚음하려고 공격을 감행했다. 슬프게도 이 체포 시도 과정에서 집행관이었던 윌리엄 디건 보안관도 함께 사망했다. 사실 뮤러 연방정부청사는 웨이코 급습 사건의 끔찍한 결말이 있고 2주년이 되는 날에 폭파됐다. 법집행 행위가 비극적으로 어긋나면서 생긴 사망은 연방정부가 본질적으로 독재라는 피해망상에 빠진 미국인, 즉 소버린 시티즌^{sovereign} ^{citizen}의 격정에 불을 질렀다. 이들과 이들의 신념은 전 세계 테러 활동과 테러와의 전쟁에 가려져 잘 드러나지 않지만 결코 사라지지 않았다. 그들은 다시 돌아와 숫자를 불리고 있으며, 이들의 음모론은 가끔 세상이 돌아가는 방식에 대한 다른 비합리적 개념과 합쳐지기도 한다. 온라인 혐오가 불이 번지듯 퍼져나가고 있고, 음모론이 판을 치고, 극단주의자가 잘 속아 넘어가는 대중을 무기화하는 데 성공하고 있는 것을 보면 어느 날 내가 다시 연방 건물에서 미국인의 시신을 수습하고, 다른 테러리스트 공격에 대응할 날이 오지 않을까 두려워진다. 그저 장소와 시간만 달라졌을 뿐 새롭지 않다.

재해의 첫 번째 피해자

○

　　　현대에는 머지않아 죽을 사람이 마지막 작별인사를 나눌
수 있는 방법이 많다.

　　세계무역센터에 발이 묶였던 사람들은 가족에게 사랑과 용서 혹은
도움을 간청하는 메시지를 보냈다. 9·11테러에서 유나이티드항공 93편
의 탑승객들은 죽음이라는 운명을 앞두고 마지막 말을 문자메시지로 세
상에 보냈다. 2013년 브라질의 한 나이트클럽 화재로 사망한 10대들의
시신을 소방관들이 잔해에서 꺼내보니, 구조와 수습 작업이 이루어지는
동안 그 부모들이 미친 듯이 걸었던 부재 중 전화로 휴대폰이 켜져 있었
다. 2017년 런던의 그렌펠타워에서 화염에 휩싸이기보다 차라리 뛰어
내려 죽음을 선택한 한 아프가니스탄 남성은 뛰어내리기 전에 간신히
자신의 형에게 전화를 걸어 가슴 저미는 메시지를 남겼다. "안녕. 이제
우리는 이 세상을 떠날 거야. 부디 내가 형에게 실망스러운 동생이 아니
었기를 바라. 모두들, 잘 있어."

　　내가 2005년에 뉴올리언스에서 보았던 메시지는 첨단기술을 이용한

것이 아니었다. 허리케인 카트리나가 미국 걸프만을 강타하면서 폭풍 해일이 도시의 제방을 무너뜨린 후에 노부부가 딸에게 손으로 직접 쓴 편지였다. 그 집은 가난한 지역인 나인스워드에 있었고, 그 집 앞벽은 생존자를 찾아 나선 다양한 수색대가 남긴 낙서로 덮여 있었다.

그 편지는 노부부가 생각하기에 가장 안전한 보존 장소로 보였던 곳인 탁자에 놓여 있었다. 부부는 자신들이 살아남을 가능성이 점점 희박해지는 것을 깨달았다. 잘하면 구조를 받을 수도 있었겠지만 뉴올리언스의 수색 및 구조 작전은 그 자체로 하나의 거대한 재난이었기 때문에 이 노부부가 구조될 가능성은 없었을 것이다.

물이 차오르기 시작했을 때 노부부의 건강이 이미 악화되어 있었을지도 모른다. 푹푹 찌는 더운 날씨에 에어컨 및 다른 모든 전자장비는 폭풍으로 전기가 나간 상태였다. 이들에게는 바깥세상과 소통할 방법이 남아 있지 않았고 그 홍수 통에 밖으로 나갈 수도 없었다. 강물, 하수, 휘발유가 뒤섞인 고약한 냄새가 나는 흙탕물에는 뱀과 악어 등 그 물에 휩쓸려온 온갖 것이 돌아다니고 있었다. 구조대원들은 이 물을 '독이 든 검보gumbo●'라고 불렀다. 수영을 할 수 있다고 해도 그런 물에 희망을 걸어볼 생각은 나지 않았을 것이다. 이들은 병에 담긴 식수 공급도 제한되어 있었다. 텔레비전도 전화도 라디오도 없는 판국에 도움의 손길이 오고 있는지 알 방법도 없었다. 몇 분이 몇 시간처럼 느껴졌을 것이다. 손

● 닭이나 해산물에 오크라를 넣어 걸쭉하게 만든 수프.

전등이나 양초가 있었을 수도 있지만 그 압도적인 어둠을 밝히기에는 턱없이 부족했을 것이다. 물이 현관으로, 1층 계단으로 서서히 치오르자 노부부는 위층으로 떠밀려 올라갔다. 어쩌면 이들은 첫날밤 어둠 속에 밤새 앉아서 서로에게 이렇게 말했을 것이다. "내일은 구조대가 올거야." 그렇게 다음 날이 찾아왔다 다시 지나갔지만, 그들을 구하기 위해 나타난 사람은 아무도 없었다. 이들은 다락방으로 올라갈 생각을 해봤을 수도 있고, 실제로 그랬을지도 모르지만, 물이 계속 차올랐을 때 다락방에서 지붕을 뚫고 올라갈 도구가 없어 그 안에 꼼짝없이 갇힐 수밖에 없다는 것을 깨달았을 것이다.

희망이 점점 사라지는 것을 느끼며 노부부는 마지막 편지를 썼다. 나는 시신이 있지 않은지 그 집을 수색하다가 그 편지를 집어 들었다. 정확한 문장은 기억나지 않지만 단순하면서도 마음을 울리는 내용이었다. 우리는 온 집 안을 가득 채우며 한 가정집을 늪으로 바꾸어놓은 진흙더미 속에서 그들의 시신을 찾아냈다.

내가 사람들에게 강조하는 한 가지는 바로 지난번 재난을 대비하는데 모든 것을 걸지 말라는 것이다. 하지만 뉴올리언스의 거리에서 바로 그런 일이 일어나고 말았다. 이것이 홍수를 막기는커녕 텍사스에서 온 주 방위군, 위스콘신에서 온 공원경비원, 뉴욕의 소방대원, 그리고 온갖 민간경비 계약업자, 케이준 해군^{Cajun Navy}●, 주변 지역에서 온 자원봉사원 등 셀 수 없이 많은 목숨을 구한 이들의 숨통을 막아버렸다. 9·11테러 후 4년이나 지난 시점임에도 미국은 여전히 대규모 테러 공격을 대비하는 데 열을 올리고 있었다. 그래서 뉴올리언스의 중무장 병력은 나인스워드의 힘없는 생존자를 구하는 일보다 알카에다 전사들과 맞서 싸울 준비가 더 잘되어 있었다. 시신이 거리에 널려 있는데도 자동차와 군용 험비는 누구에게 보고해야 할지도 모르고, 스스로 조치에 나설 장비도 없어 그대로 그 앞을 지나갔다. 한 가엾은 여성은 프렌치쿼터에 있는 식당 바깥 도보에 묻혔다. 시신은 방수포로 덮였고 날아가지 않게 그 주변이 돌로 눌러 있었으며, 널빤지 조각에는 이런 무기력한 메시지가 적혀 있었다. "여기 베라가 잠들다. 우리 모두에게 신의 가호가 함께하기를."

전쟁의 첫 번째 희생자가 진실이라면, 자연재해의 첫 번째 피해자는 효율적인 조직이다. 뉴올리언스 거리마다 시신이 누워 있고, 탈진한 피난민들이 손에 잡히는 대로 건져낸 것을 가방에 담고 배턴루지의 거리를 정처 없이 걷는 동안에도, 이곳이 자연재해 지역이 아니라 전쟁 지역인 것처럼 가장 큰 관심은 정부에서 나온 대응요원의 안전에 쏠린 듯 보였다. 무장한 요원들은 여러 곳의 작업센터를 경호하기에 바빴다. 오해하지 않기 바란다. 경호는 분명 중요하다. 하지만 그 수준은 실제 위

● 미국에서 수색 및 구조 활동을 돕고 재난 구조를 지원하는 개인 보트 소유주로 구성된 비공식 자원봉사 단체.

협 수준에 어울리는 것이어야 한다. 경호요원은 사람을 돕는 방법에 대한 훈련이 되어 있어야 한다. 한 부부가 작업센터의 많은 경호 계약업자 중 한 곳을 찾아가 어떻게 하면 도움을 받을 수 있는지, 대피소를 어디서 찾을 수 있는지 물어보았다. 그 경호요원은 마치 자동응답기처럼 이렇게 소리 질렀다. "이곳은 보안구역입니다. 이곳에 들어오시면 안 됩니다." 한 가지 긍정적인 면이 있다면 내가 작업센터 중 한 곳을 들어가거나 나갈 때마다 내가 건물을 들락거리면서 정부 컴퓨터를 훔쳐 가지는 않는지 확인하기 위한 내 개인 컴퓨터에 대한 검증은 참 철저하더라는 것이다.

구조와 수습 작업은 국토안보부 관할이었다. 국토안보부는 9·11테러 이후에 부시 행정부에서 급하게 만든 조직이다. 이 조직은 9·11테러에 대응하여 핵 사고 대응팀에서 동식물검역소에 이르기까지 25개 정부 기관을 누더기처럼 이어 붙여 만든 부서다. 이 통제하기 어려운 혼종 기관 속으로 미국 연방재난관리청이 밀려 들어가게 됐다. 연방재난관리청은 경험 많은 재난 관리자들이 이끄는 조직으로, 클린턴 대통령 아래서 세계적 수준의 대응조직으로 변모했다. 이 연방재난관리청이 뉴올리언스의 홍수 재난 대응을 주도하는 임무를 맡았고, 이 조합은 시작부터 엉망이었다. 연방재난관리청은 재난 방지 기구 아래 소속된 재난 대응 기관으로서 2003년에 국토안보부의 일부가 되었다. 따라서 대부분의 자원이 다음에 발생할 인간에 의한 테러 공격을 물리치는 데 초점이 맞춰졌다. 끝으로, 미국은 자연재해에 대한 대비가 전혀 안 돼 있는 상태였다.

당시 연방정부에는 이동식 시체안치소가 하나밖에 없었는데, 그마저 9·11테러 이후에는 여전히 뉴욕에 있었다. 국유재산 편성을 담당하는 연방재난관리청에서 우리에게 연락을 한 이유도 그 때문이었다. 나는 우리의 이동식 시체안치소팀과 지원팀이 트럭으로 이동할 수 있다고 말해줬다. 연방재난관리청에서는 법의학 업무를 대량 재해 사망자 대응팀에서 담당할 것이라고 했다. 그래서 나는 작은 지원팀에 트럭을 딸려보내 시체안치소를 배턴루지로 가져가게 했다. 배턴루지는 뉴올리언스에서 북쪽으로 1시간 운전거리, 휴스턴에 있는 우리로부터는 4시간 정도의 운전거리였다. 그때만 해도 제방 붕괴로 얼마나 많은 사람이 죽었는지 아무도 모르고 있었지만 연방재난관리청에서 이미 2만 5000장의 시신 운반용 포대를 주문해놓은 상태였으므로 재난의 규모가 크다는 것은 분명했다.

내가 미처 대비하지 못한 부분은 시신 수습을 총지휘하는 사람이 없다는 사실이었다. 모두 다른 누군가가 그 일을 해주기를 기다리고 있었다. 나는 일주일 동안 시체안치소와 내 팀이 기지에서 기지로 이동하는 모습만 지켜보았다. 결국에는 우리가 휴스턴에 머물렀을 경우보다 훨씬 더 멀리까지 오게 됐는데 그동안 한 번도 장비를 설치해서 어떤 일을 해본 적이 없었다. 나는 시신이 수습되지 않았다는 이야기를 들었지만 그런 경우는 한 번쯤 있고 마는 일이겠거니 생각했다. 허리케인이 강타하고 7일 후 나는 그곳으로 직접 찾아가 회의를 요청했다. 그리고 연방

재난관리청에 내 인력을 휴스턴으로 철수하겠다고 말하고 필요할 때는 언제든 다시 부르라고 덧붙였다.

연방재난관리청, 군 당국, 공중보건국, 루지애나의 주 방위군, 주 경찰, 보건국에서 나온 사람으로 들어찬 그 회의에서 우리는 가정, 사무실, 병원을 수색할 방법에 대해 몇 시간 동안 토론했다. 시체가 있을 가능성이 있는 장소가 수천 곳이나 됐고, 대부분은 민간주택이었다. 육군에서는 집을 찾아다니며 문을 두드려 도움이 필요한 사람이 있는지 수색해보겠다고 했다. 당연한 얘기지만 죽은 사람은 문을 두드려도 대답하지 않는다. 주 당국에서 군 측에 집으로 들어가 시신을 수습할 수 있겠느냐고 묻자 불가능하다는 대답이 돌아왔다. 미국법전 10편에 따라 현역 군인은 그런 일을 할 수 없었다. 대량 재해 사망자 대응팀 역시 연방 소속이었기 때문에 그런 일을 할 수 있는 권한이 없었다. 사람을 구조하고 목숨을 살리느라 자원이 고갈되고, 많은 사람이 크나큰 재산 손실을 입고, 가족도 위험해지는 상황에서 주 당국은 연방정부의 대응을 기다리느라 7일을 그냥 흘려보냈다. 한때 프랑스 영토였던 루이지애나 주에서는 상황이 훨씬 복잡해졌다. 루이지애나의 법률 체계는 미국의 나머지 주처럼 영국 관습법이 아니라 프랑스 민법전에 바탕을 두고 있다. 간단히 말하면 각각의 행정구에서 자체적으로 사망진단서를 발급해야 하기 때문에 시신을 어디서 수습했는지가 중요하다는 말이다. 폭풍과 홍수는 법적 경계를 따지지 않지만 시신 수습, 신원확인, 시신 양도 등의 과정은 법적 경계를 반드시 따라야 했다.

수색이 쉽지 않을 상황이었다. 집마다 진흙이 들어차 있어서 시신이 그 속에 숨어 있기 십상이었다. 집주인이 끝없이 집 안으로 차오르는 물을 피해 다락방으로 갔다면 시신이 그곳에 있을 수도 있었다. 그리고 사람이 홍수에 휩쓸려 자기 집이 아닌 다른 곳으로 떠밀려간 경우도 있어서 올바른 집을 찾는 일조차 쉽지 않았다. 따라서 전면적인 수색은 현재로서 불가능하다는 판단이 내려졌고, 실종 보고가 들어온 건물과 시신 목격 신고가 들어온 건물부터 시작하기로 했다.

회의를 하다가 그 부분까지 얘기가 됐을 때 공중보건국에서 온 책임자가 우리에게 시신 수습을 할 수 있겠느냐고 물었다. "그렇습니다." 내가 대답했다. 다음에 어떤 질문이 들어올지 나는 정확히 알고 있었다.

질문은 이것이었다. "하루에 몇 구 정도 수습할 수 있습니까?" 이것은 결코 좋은 질문이 아니다. 그것은 우리가 수습할 시신을 하루에 얼마나 찾아낼 수 있느냐에 달려 있기 때문이다. 그래서 나는 그쪽에서 찾아서 우리에게 보내는 만큼 가능하다고 대답했다. "500구?" 그 여자가 물었다. 나는 "가능합니다"라고 대답했다. "5000구도 가능한가요?" "가능하죠." 내가 거듭 대답했다. "5000구의 시신을 가져오시면 저희도 5000구의 시신을 수습할 수 있습니다." 그럴 수 없음을 알고 한 말이었다. 여기까지 대화가 진행되고 나니 나하고 같이 일하는 두 사람이 마치 심장마비라도 찾아올 것처럼 답답한 표정을 했다. 나는 이 일을 하는 몇 가지 방식이 있다고 설명했다. 만약 어느 한 동네가 시신으로 가득 차 있으면 냉동트럭을 보내서 그곳에 있는 시신들을 수습할 것이다. 만약 그보다

적은 시신이 넓은 영역에 흩어져 있으면 팀을 트럭에 나누어 배치해 시신들을 중앙 시신집결소로 운반하게 할 것이다. 상대방이 언제 일을 시작할 수 있느냐고 물어, 필요한 인력을 데려와 실행 계획을 잡는 데 며칠이 걸릴 거라고 말했다. 그들이 동의했다.

그때 루이지애나주 보건국에서 온 루이스 카탈디 박사가 결국 폭발하고 말았다. 그가 내게 큰 소리로 말했다. "대체 당신은 누구고, 왜 아무도 당신에 대해 얘기하지 않았죠?" 나는 그에게 우리가 누구인지 설명하고, 연방정부에서 우리를 불러들였다고 말해주었다. 나는 예우 차원에서 그의 사무실로 메시지를 남겼지만 통신이 전반적으로 단절된 상황이었음을 생각하면 그는 그 메시지를 분명 받지 못했을 것이다. 그는 너무 오래 기다렸다며, 도움이 있든 말든 오늘 시신 수습을 시작해야겠다고 말했다.

내가 말했다. "좋습니다. 차를 가져와서 당신과 함께 가겠습니다." 그래서 나와 우리 대원 몇 명은 개인보호장비를 착용하고 군용트럭에 올라 카탈디 박사와 출발했다. 그리고 잦아들고 있는 홍수를 뚫고 중심가 병원 중 한 곳에 도착해 우리의 업무를 시작했다.

허리케인 카트리나는 뉴올리언스를 현대판 유령도시로 바꾸어놓았다. 차를 몰고 가면서 보니 죽어가는 도시의 신경계가 이상한 풍경을 드리우고 있었다. 물에 잠긴 나무들이 도시의 도로를 막고 있었고, 풀로 덮인 도로변에 자동차들이 버려져 있었다. 낡아빠진 구닥다리 차들이 아니라 갓 출시된 신상 차량이었다. 기름이 떨어지자 자동차 주인들이 아무데나 버리고 간 것이다. 고통에 시달리고 있는 도시를 따라 수백 킬로미터에 걸쳐 급유펌프는 바닥이 나 있거나 경찰에 징발된 상태였다. 이 지역의 핏줄이 말라 있었다.

거대한 동맥 역할을 하던 에어라인 고속도로가 깊은 침묵의 수로로 바뀌어, 루이지애나주의 늪지를 다니는 게 더 적합할 구조용 에어보트들이 갈색의 흙탕물에 잠긴 맥도날드의 노란색 간판을 지나 생존자를 찾아 돌아다니고 있었다. 홍수로 물이 넘친 도로를 배로 가로지르는 동안 배의 바닥이 물에 잠긴 자동차의 윗부분에 자꾸 부딪혔다. 악취가 진동하는 물속에 부풀어 오른 시신들이 얼굴을 아래로 한 채 떠 있었고, 버려지고 굶주린 개들이 반쯤 잠긴 집 옥상에서 처량한 소리로 울고 있었는데 지붕이 너무 뜨거워져 있는 탓에 발을 번갈아 들어 올리고 있었다. 최악의 타격을 받은 일부 지역에서는 목조가옥이 통째로 지반에서 뜯겨 나와 떠내려가고 가스관에서 가스 거품만 수면에 떠오르고 있었다. 어떤 경우에는 그 가스에 불이 붙어 마치 지옥 같은 장면을 연출했다. 나인스워드에서는 경찰서가 침수되는 바람에 다급해진 경찰이 약탈당한 슈퍼마켓 한 곳을 접수해서 그곳에 임시본부를 꾸렸다. 경찰들은 재활용 골판지상자 뭉치를 가져다가 경계선을 만들고 쇼핑카트를 일렬로 이어 붙여 임시변통으로 정문을 만들었다.

불길이 가든디스트릭트의 아름다운 목조가옥들을 집어삼켰고, 현장에 소방관들이 있었지만 수압이 약해 호스로 물을 뿌릴 수가 없었다. 히스테리에 빠진 언론은 약탈하고 구조헬기를 향해 총을 쏘는 폭도들에 대한 뉴스를 쏟아냈지만 우리가 스쳐갔던 대다수의 사람들은 "배가 고파요. 도와주세요"라고 적힌 골판지를 들고 집 밖에 앉아 있던 절망에 빠진 시민이었다. 약탈을 하다 붙잡힌 폭도들은 대부분 도움을 기다리다 지쳐 스스로 살아보겠다고 나선 사람들이었다. 이들 중 상당수는 결국 중앙버스터미널에 건립된 교도소로 갔다. 이곳은 루이지애나주에 있는 악명 높은 앙골라 교도소의 교도소장 벌 케인이 범법자 처리를 위해 차출되어 간 후에 설립한 곳이었다.

첫날에 우리는 카탈디 박사와 주요 병원 중 한 곳으로 가서 시신을 정리했다. 병원은 모두 대피해서 사람이 없었지만 육군이 사람들을 대피시키러 오기 전에 의료진이 사망한 환자들의 시신을 어디에 두었는지 정리한 목록을 남겨두고 간 상태였다. 카탈디 박사가 시신 한 구가 몇 층위 MRI실에 있다고 말했다. 우리는 병원 문들을 열어젖히고 발목 높이로 물에 잠긴 로비를 헤치고 들어갔다. 분명 중이층에도 사람들이 살아 있었던 것 같다. 버려진 담요, 사람의 배설물, "도와주세요"라고 적힌 골판지, 빈 통조림 등이 보였다. 그곳은 마치 온실 같았는데 지하에 있는 비상용 발전기가 홍수에 잠겨 버려 첫날부터 에어컨 가동이 중단되었기 때문이다. MRI실로 들어가는 문이 잠겨 있어서 카탈디 박사에게 우리가 문을 부수고 들어가기를 원하는지 물어보았다. 그가 고개를 끄덕이자 내가 문을 소방용 도끼로 내려찍기 시작했다. 나는 시신을 수습하지도 못하고 그곳을 떠날 생각이 없었다. 그때 경찰 중 한 명이 내게 큰 소리로 멈추라고 말했다. "잠깐만요. MRI 주변에 금속을 가져가면 안 됩니다." 나는 잠시 그 경찰을 바라보다 이렇게 말했다. "그럴지도 모르죠. 하지만 내가 보기에는 전력이 끊긴 것 같습니다. 그 정도 위험은 감수하겠습니다." 나는 벽을 통해 문의 개폐장치에 접근해서 잠긴 문을 열었다. 그리고 우리는 한 여성의 시신을 발견해서 판자에 실어 왔다. 뉴올리언스에서의 우리의 업무는 마침내 이렇게 시작됐고, 그 후로 몇 달간 지속됐다. 복싱데이Boxing Day● 쓰나미로 시작한 한 해가 사이프러스에서 일어난 비행기 추락 사고를 거쳐 허리케인으로 마감되고 있었다.

━━━

나는 항상 언론의 편이었고, 그들을 재난 대응의 파트너로 볼 때가 많았다. 남아프리카공화국 요하네스버그에 있는 아파르트헤이트 박물관으로 딸을 데리고 갔을 때 나는 '뱅뱅 클럽Bang Bang Club'이라는 사진작가 단체 덕분에 유명해진 사진들을 딸에게 보여주었다. 그 사진들은 첫 자유선거의 서곡이 된 아파르트헤이트 정책 이후의 폭력을 보여주고 있었다. 나는 처음에 사진작가들이 어떻게 공격받았는지 설명하고, 이어서 아프리카민족회의에서 사람들에게 설명하기를 이 사진들이 없었다면 이곳에서 벌어진 일이 세상에 알려지지 않아 없었던 일처럼 묻혀버렸을 것이라 했다고 말해주었다. 누군가에게 책임을 묻고 변화를 이끌어

● 영국 등에서 크리스마스 뒤에 오는 첫 평일을 공휴일로 지정한 것.

내는 데 자유로운 언론이 반드시 필요한 이유가 이것이라고 말이다. 그리다 이느 날 나는 적지 않은 실망을 맛보았다. 가탈디 박사와 내가 차로 이동하다가 시신으로 여겨지는 것을 보았다. 그리고 어떤 촬영팀에서 그것을 촬영하고 있었다. 그들이 시신을 촬영하고 있다는 사실이 불편했지만 나를 정말 화나게 만든 것은 그것이 아니었다. 우리가 다가가자 촬영팀은 달아나버렸는데, 가서 보니 그것은 버려진 시신처럼 꾸며놓은 마네킹이었다. 여기서 더 나쁜 일은 나중에 몇몇 다른 사진에서 그와 똑같은 마네킹을 보았다는 사실이다. 법집행을 담당하는 사람 중에 언론을 적으로 생각하는 이들이 있는 이유가 바로 이 때문이다. '시신'이 발견되었다는 뉴스가 나올 때마다 그 시신을 추적하기 위해 소중한 자원이 소모된다는 점을 언론이 좀 이해해주면 좋겠다. 가짜뉴스로 그렇게 자원이 낭비되지 않았다면 그것을 실제 사망자를 수습하는 데 사용할 수 있었을 것이다. 사망자의 사진에 관한 한 우리는 대단히 신중하게 접근한다. 언론이 우리와 함께 있을 때는 시신의 신원이 드러날 수 있는 내용을 보여주지 않는다. 우리는 사람들이 사랑하는 가족의 마지막 사진이 잡지나 신문기사에 실린 시신 사진이 되기를 원치 않는다. 대중은 누군지 몰라볼지언정 가족은 알아볼 수 있으니까.

허리케인 카트리나는 미국 역사상 가장 큰 피해와 사상자를 낳은 허리케인이다. 지금까지는 그렇다. 이 허리케인은 뉴올리언스의 80퍼센트 정도를 침수시켜 1800명의 사망자를 낳고, 1500억 달러의 피해를 입혔다. 도시를 뒤지고, 경찰의 보고에 대응하면서 우리는 비디오대여점,

자동차 뒷좌석, 교회, 재활센터, 치과 등 상상할 수 있는 온갖 장소에서 시신과 마주쳤다. 어떤 사람은 울타리에 매달려 있었고, 어떤 사람은 나무에 밧줄로 묶여 있었다. 아마도 구조를 기다리다 죽은 이를 이웃 사람들이 물이 차올라도 떠내려가지 않게 나무로 끌어올려두었을 것이다. 많은 시신이 병원 시체안치실이나 장례식장 등 일반적으로 시신이 있을 거라 예상할 수 있는 장소에서 발견되었다. 이런 곳들도 그 직원들이 이런 대도시에서 평범한 날에 나오는 만큼의 시신을 처리하기도 전에 다른 곳과 마찬가지로 대피가 이루어졌다. 그중 일부는 대피에서 살아남지 못하리라는 것을 알고 의사가 안락사시킨 아주 늙고 병약한 환자로 보였다. 경찰은 나중에 이를 살인 혐의로 기소했다. 재난 1년 후 메모리얼메디컬센터의 의사 1명과 간호사 2명이 살인 혐의로 체포, 기소되었는데, 배심원단에서는 이후 이 논란 많은 결정에 대해 유죄를 선고하지 않기로 결정했다. 이는 사회가 이렇게 심하게 붕괴되고 난 후에 어떤 판단을 내리기가 얼마나 어려운지 잘 보여준다.

하지만 다른 살인 사건에 대해서는 유죄 판결이 내려졌다. 이 재판에서 우리 케니언 직원 중 몇 사람이 목격자로 참석했다. 우리 쪽에서 나간 사람은 시신 처리 훈련을 받은 법의인류학자forensic anthropologist, 전직 경찰, 검시관 등이다. 이들은 대규모 재난과 대량 사망 사건이 사악한 사람들에게 사람을 죽인 후에 재난 희생자로 위장하거나, 시신을 숨기는 황금 같은 기회가 될 수 있음을 잘 알고 있다. 뉴올리언스의 댄지거 다리에서 그런 일이 일어났다. 제방이 무너진 직후 도시가 붕괴되고 있을 때 비번이었던 경찰 몇 명이 우연히 마주친 아프리카계 흑인 가족을 총으로 쏘았다. 아마도 이들은 뉴스에서 젊은 흑인 폭도들이 도시를 약탈하고, 흑인을 인종차별 없이 공정하게 대하지 않는 경찰에게 복수한다는 명목으로 구조대에게 총격을 가하고 있다는 뉴스가 끝없이 흘러나오는 바람에 흥분해서 이런 일을 저질렀을 것이다. 동기가 무엇이었든 이 경찰들은 17세 소년과 정신장애가 있는 40세 남성을 죽였다. 이들은 등에 총을 맞은 것으로 밝혀졌다. 거리에 남겨진 그 시신들을 케니언에서 다룬 까닭에 우리 직원들이 증언을 하기 위해 재판에 호출됐다. 우리는 그 시신에 의심스럽다는 표시를 해놓았다. 총상으로 죽은 사람과 물에 빠져 죽은 사람을 구분하기는 그리 어렵지 않다. 그 경찰들은 처음에는 자기네가 먼저 총격을 받았다고 주장했지만, 한 목격자가 이 경찰들이 무장도 하지 않은 사람에게 마치 총살형 집행관처럼 총을 쏘기 시작했다고 증언했다. 두 번의 재판 이후에 이 경찰관들은 유죄 판결을 받아 수감됐다.

우리는 총 775구의 시신을 수습했다. 그중 22구는 단 하루 만에 수습한 시신이었다. 한 사람 한 사람 모두가 비극이었다. 성리타요양원도 마찬가지였다. 그곳은 알루미늄 외장 시공을 한 깔끔한 복합 건물이었는데 우리가 도착했을 때는 마치 공포영화의 촬영장처럼 보였다.

건물은 약 100미터 거리의 물 때문에 남동부 교외 샐멧에서 이어지는 도로로부터 차단되어 있었다. 이곳은 늪지 가장자리에 있는 나무가 우거진 시골이었다. 바깥세상과 단절된 이 요양원은 허리케인이 강타한 뒤 그들의 암울한 비밀을 일주일 넘게 혼자만 간직하고 있었다. 우리는 한때 늙고 병약한 사람의 안식처였지만 지금은 사실상 해자에 둘러싸여 고립된 성이 되어버린 그곳으로 건너가기 위해 보트를 가지고 왔다.

안으로 들어가니, 홍수로 불과 30분 만에 물이 2미터 가까이 차오르자 노인 환자와 그들의 간병인이 마지막으로 필사의 몸부림을 쳤던 흔적이 보였다. 정면 유리에는 창문에 탁자를 못 박아놓고 전동 휠체어를 끼워놓았다. 접수창구에는 도끼가 놓여 있었고, 급하게 판자를 덧대어 놓은 문과 창문 옆에는 망치와 못이 놓여 있었다. 전동 휠체어의 바퀴는 운반차와 함께 잠겨 있었다. 아마도 혼란스러웠던 대피 마지막 순간에 그렇게 됐거나 차오르는 물을 막기 위한 일종의 바리케이드로 그렇게 해놓았을 것이다. 들것은 매트리스와 더불어 여전히 출입구에 놓여 있었다. 환자들을 어떻게든 그 위에 태워 보내려고 했을 것이다.

이 요양원의 소유주는 그저 그전까지 잘 넘겨왔던 것과 비슷한 또 하나의 열대폭풍이 다가오는 것이라 믿었다. 그래서 발전기, 식량, 식수 등을 비축해놓았고, 침대에 몸져누워 있는 80~90대의 병약한 환자들을 장시간에 걸쳐 힘들게 대피시키면 오히려 그것 때문에 사람이 죽을 수도 있다고 주장했다. 틀린 얘기는 아니었다.

이는 치명적인 오산이었고, 이들은 건물을 집어삼키며 차오르는 물에 전혀 대비가 되어 있지 않았다.

병실에 물이 차오르자 간호사와 직원의 도움으로 간신히 옥상으로 대피한 24명의 환자는 보트로 구조됐다. 하지만 침대에 누워 있거나 휠체어에서 일어서지 못하는 사람들은 도와달라고 소리만 지르다가 익사했다.

우리 팀은 마치 융단처럼 모든 것을 덮고 있는 30센티미터 깊이의 두터운 진흙을 헤치며 걸었다. 사방에서 모기가 구름처럼 떼를 지어 다녔다. 이곳이 한때 아주 깨끗하고 잘 관리되는 의료 시설이었다는 사실 때문에 이 쓰레기들이 더 두드러져 보였다. 노인 환자 중 한 명이 샤워커튼에 감긴 채 바닥의 두터운 진흙 속에서 발견됐다. 또 다른 노인 여성은 자기 휠체어에 걸쳐진 모습으로 발견됐다.

우리는 도시 곳곳의 다른 요양원과 노인 거주 시설에서 시신을 찾아냈다. 이들이 뉴올리언스에서 가장 취약한 시민이라 그럴 수밖에 없었다. 하지만 성 리타 요양원은 그중에서도 충격적인 현장이었다. 그곳에서 일어난 사망 때문에 오랫동안 법정 다툼이 있었고, 결국에는 소유주가 이겼다. 그는 자기네는 허리케인에 대비했지, 도시 제방이 붕괴되는 재앙 같은 상황까지는 대비할 수 없었다고 주장했다.

휴스턴의 애스트로돔 경기장과 뉴올리언스의 컨벤션센터의 찌는 더위 속에서 굶주림과 갈증에 며칠을 시달린 끝에 물에 잠긴 도시를 간신히 빠져나온 사람이라도 생존을 보장받을 수는 없었다. 마침내 육군 헬기가 탈진한 수천 명의 생존자를 루이암스트롱공항으로 실어 나르기 시작했을 때 의료팀에서는 당뇨, 고혈압 혹은 다른 만성 질환에 약 없이 며칠을 버텼지만 아직은 손쓸 수 없을 정도로 상황이 나쁘지 않은 사람들을 구하기 위해 환자분류센터를 설치했다.

뉴올리언스 외곽의 이 공항에서 지칠 대로 지친 의사들은 비닐봉지와 접착테이프로 즉석에서 장루 주머니colostomy bag를 만들었다. 그리고 목숨을 구하기에는 병세가 너무 악화된 사람들은 수화물 카트를 이용해 그나마 조용한 복도로 옮겼고, 그곳에서는 그들이 눈을 감을 때까지 자원봉사자들이 그 곁을 지켜주었다. 첫 며칠 동안에 많은 사람이 그곳에서 사망했다. 대피 첫날에만 헬기가 끝없이 사람들을 실어 날라, 1만 3000명의 사람이 그 공항을 거쳐 갔다. 많은 사람에게 그곳은 말 그대로 종착지가 되고 말았다. 처음 밀어닥친 재난에는 살아남았지만 그 뒤로 찾아온 혼란에 굴복하고 만 사람들의 시신을 수용하기 위해 공항에는 시체안치소가 추가로 설치됐다.

홍수 이후로 우리는 몇 달에 걸쳐 작업을 수행했다. 우리가 작업을 마무리 지을 즈음 새로운 허리케인 리타가 이미 걸프만에서 돌진하고 있었다. 그해는 그때까지 미국에 기록된 것 중 가장 활발한 허리케인 시즌이었다. 휴스턴으로 돌아오는 여정은 느리고 고되었다. 우리가 도시에 접근하는 동안 수십만 명의 사람이 폭풍이 지나는 경로를 피해 달아나고 있었기 때문이다. 뉴올리언스를 강타했던 허리케인 카트리나를 생각하면 이런 반응이 놀라운 일도 아니었다. 허리케인 리타로 사상 최대의 허리케인 대피가 일어났고, 무려 400만 명의 사람이 허리케인을 피해 앞다투어 피난길에 올랐다. 그리고 다시 몇 주 후에 허리케인 윌마가 카리브해와 플로리다를 덮쳤다. 홍수 기록에 따르면 나와 내 배우자가 현재 키웨스트에 소유하고 있는 집도 그때 피해를 입었다.

죽어가는 부모가 썼던 그 편지가 딸에게 전해졌는지는 알아내지 못했다. 우리는 그 편지를 당국에 전달했지만 그 혼란 속에서 도시의 길거리를 가득 채운 흙탕물에 유실되지나 않았는지 걱정스럽다.

12

죽음을 찾는 연습

○

　　　내가 항상 실종된 시신을 수습해서 밝은 곳으로 데리고
나오는 일만 했던 것은 아니다. 시신을 숨기는 일도 했다.
　　항상 신경 쓰이는 일 중 하나는 세상에 신원불명의 시신이 대단히 많
고, 실종된 사람도 그만큼이나 많다는 사실이다. 이런 문제가 생기는 데
는 최일선 대응 인력의 훈련이 부족한 것도 한몫을 한다. 시신과 그 시
신이 수습된 장소에는 수많은 정보가 들어 있다. 하지만 외국어를 배우
는 것과 마찬가지로 여기서도 정보를 찾아내고 이해하려면 기술과 연습
이 필요하다. 이는 미묘한 뉘앙스를 읽어내는 능력에 따라 아주 큰 차이
가 생긴다. 많은 경우, 이 정보에서 갈라져 나오는 수많은 잠재적 경로
를 샅샅이 추적해보겠다는 확고한 결의가 필요하다.
　　내가 학교에서 범죄학을 공부할 때 우리는 연쇄살인범의 심리를 이
해하려 노력하는 미국 FBI의 행동과학분석부에 대해 막 알기 시작했다.
이들의 연구는 대개 범행 현장과 사망자를 조사해 살인이 어떻게, 왜 일
어나게 됐는지 통찰을 얻는 식으로 이루어졌다. 초기 대응자에게는 작

업을 시작하기 전에 무언가를 알아낼 기회가 열린다. 나는 그런 기회를 대단히 중요하게 여긴다. 안타깝게도 그 기회는 제한되어 있고, 우리는 그 대가를 치르게 된다.

숨겨진 시신은 보통 살인의 희생자인 경우가 많은데 나는 법집행관에게 이런 시신을 수색하고 수습하는 방법을 훈련시키기도 했다. 나는 자신의 시신을 과학의 발전을 위해 기증한 사람의 실제 시신을 사용했다. 그리고 대부분의 살인자가 하는 방식으로 그 시신들을 숨겼다. 보통은 얕은 무덤을 파서 시신을 통째로 묻는다. 시신을 해체하려면 손이 많이 가고, 엄청나게 지저분해지기 때문이다. 내 경험으로 볼 때 살인자는 대체로 일을 힘들게 처리하려 하지 않는다. 하지만 이들은 어떤 패턴과 의도적이고 예측 가능한 행동을 보여준다. 그런 부분을 눈여겨보아야 한다.

다행히 현재는 시체농장body farm이 마련되어 있다. 이곳에서는 과학자들이 부패 과정을 연구할 수 있도록 수십 구의 시신을 공기에 노출시켜놓거나, 물에 담가놓거나, 부분적으로 덮어놓는다. 어떤 사람에게는 신성한 시신을 모독하는 섬뜩한 행위로 보일 수 있겠지만 이는 법의학 연구에서 정말로 중요한 부분이다. 이런 연구는 시신을 먹고 사는 세균이 방출하는 가스, 혹은 부패하는 살을 먹고 자라는 검정파리 구더기의 발육 단계 등을 관찰함으로써 법의학 전문가가 정확한 사망 시간을 특정하는 데 도움을 준다. 법정에서 다툴 때 사망 시간은 핵심 쟁점이다. 부패하는 시신에서 나오는 정확한 화학물질을 조사하면 경찰이 실종자를 찾아내는 데도 도움이 된다. 내가 이 일을 시작할 때만 해도 시체농장은 하나밖에 없었다. 이제는 전 세계적으로 사람이 별로 없는 한적한 장소에 6곳 정도의 시체농장이 설치되어 있다. 한 가지 어려운 점은 그 연구에 참여하는 법집행관이 거의 없다는 점이다. 연구를 통해서도 얻을 것이 많지만, 내가 보기에는 무엇보다 실습을 통해 얻을 것이 많다. 죽은 사람을 처음으로 접하는 일은 쉽지 않다. 특히 부패한 시신이나 외상을 입은 시신은 더 그렇다. 시신을 직접 볼 때 느끼는 충격, 냄새, 소리 등에 정신이 팔리면 그 현장의 핵심 요소나 세부사항을 놓칠 수 있다.

실제 현장 같은 환경에서 시신을 보는 것은 일반적인 경험이 아니기 때문에 사람들은 종종 잠시 어찌할 줄 모르고 얼어붙는다. 어떤 사람은 역겨움을 느끼고, 어떤 사람은 뒤로 물러나기도 한다. 하지만 반복적으로 그런 장면에 노출되다 보면 충격이 줄어든다. 만약 통제된 환경에서 시신에 처음 노출될 수 있다면, 마음의 준비도 어느 정도 가능하고 지원도 받을 수 있기 때문에 실제 상황이 닥쳤을 때도 그 현장을 더욱 잘 관리할 수 있게 된다. 쉽지 않은 일이라 생각한다. 우리 모두가 교감할 수 있는 또 다른 인간의 시신을 보는 것이기 때문에 시신을 보면 이 사람이 나일 수도 있고, 내가 아는 누군가일 수도 있다는 생각이 제일 먼저 든다.

가끔 새로운 시체농장을 열려고 할 때 지방 당국의 지지를 확보하기 위해 내게 이 시설의 중요성을 증언하는 글을 써달라는 요청이 들어온다. 아무래도 이런 연구시설이 흔한 것이 아니다 보니 지방 당국에서 이

시설을 우려할 수 있기 때문이다.

시체농장의 기원은 흥미진진하다. 첫 시체농장은 테네시주의 법의인류학자 빌 배스가 남북전쟁에 참전했던 윌리엄 샤이의 무덤을 조사해달라는 요청을 받은 후인 1972년에 세워졌다. 경찰이 그 무덤에서 누군가 건드린 것 같은 흔적을 보았는데, 그 안에 들어 있는 시신의 피부가 이상하게도 분홍색으로 온전해 보였다. 경찰은 살인자가 죽은 지 얼마 안 된 시신을 몇 세기나 된 무덤 안에 버린 것이라 믿었다. 하지만 치아와 옷을 분석해보니 그 시신은 실제로 윌리엄 샤이 중령이 맞았다. 잘 봉인된 철제 관과 뛰어난 방부처리 덕분에 믿기 어려울 정도로 잘 보존되어 있었던 것이다.

시신의 사후부패 과정에 대한 연구가 필요하다는 점이 분명해지면서, 공터와 얕은 무덤부터 물탱크와 자동차 트렁크 내부에 이르기까지 다양한 환경에서 시신이 어떻게 부패하는지 관찰하는 최초의 시설이 만들어졌다. 나는 여러 해 동안 일을 하면서 이것이 얼마나 필요한 시설인지 깨달았다. 한번은 강의를 마치고 한 형사와 대화를 한 적이 있었다. 그 형사는 내게 사진을 몇 장 보여주며 의견을 구했다. 북부캘리포니아 산악지대에서 심하게 손상된 상태로 발견된 시신의 사진으로, 시신은 곰의 공격을 받은 것으로 여겨졌다. 나는 그 시신이 곰에게 먹혔다는 데는 동의했지만 신경 쓰이는 부분이 있었다. 사진을 보니 목에 끈 자국이 분명하게 나 있었던 것이다. 이는 사람과 관련되어 있음을 의미했다. 나는 동물이 어떤 도구를 이용해 사람을 목 졸라 죽이는 경우는 한 번도 본 적이 없다.

실제 사체를 이용하는 연구와 교육에 혐오감을 느끼는 것은 이해하지만 이것은 보건과 법의학 교육 모두에서 정말 중요한 도구다. 신체 반응이라는 관점에서 보면 안면인식에 관여하는 신경계는 외상 기억 처리에 관여하는 신경계와 같다. 우리가 육안식별을 법의학적 신원확인의 수단으로 지지하지도 사용하지도 않는 이유가 바로 이 때문이다. 이런 방식은 제대로 작동하지 않는다. 나는 사람들에게 이 부분을 셀 수 없이 설명해야 했다. 신원을 확인하거나 현장을 처리하기 위해 사람에게 시신을 보여주면 정신적 외상을 받을 수 있고, 정신적 외상은 맥락 정보 처리 능력을 방해할 수 있다. 그럼 놓치는 것이 생긴다.

시신을 수습하는 것만큼이나 중요한 것이 그 사람이 어떻게 죽었느냐에 대한 정보를 수집하는 것이다. 사람들은 대체 무슨 일이 일어난 것인지 알고 싶어 한다. 사랑하는 이에게 구체적으로 무슨 일이 벌어졌는지 알지 못하는 불확실성을 감당해야 하는 가족을 보면, 사랑하는 이의 죽음에 관해 확실한 정보를 갖고 있는 가족과는 확연히 다른 경로를 걷는 것을 알 수 있다. 바꿔 말하면 누군가가 그냥 사라져버렸거나, 아무런 관련 정보를 얻지 못했을 때 가족들은 훨씬 힘든 과정을 겪는다.

가족 중 한 명이 어느 날 출근을 했는데 그냥 집에 돌아오지 않은 경우를 상상해보라. 무언가 일이 벌어졌다고는 하는데 그 외로 별 다른 설명이 없어서 아는 것보다 모르는 것이 더 많은 상황이 되면 정말 끔찍해진다. 이런 일이 일어나면 사람의 마음은 모르는 부분을 상상으로 채워

넣으려 하고, 그럴 때는 보통 실제 일어난 일보다 더 끔찍한 상황을 상상하게 된다.

우리는 파이크강 광산에 재진입하는 문제에 대해 얘기하면서 가족의 참여와 뉴질랜드 정부에서 고려해야 할 잠재적 결과에 대한 고려사항을 초안으로 작성하느라 시간을 좀 보냈다. 2010년 11월에 파이크강 광산에서 끔찍한 메탄가스 폭발 사고가 일어났다. 29명의 광부가 실종으로 분류되었는데 첫 폭발 이후로 몇 주에 걸쳐 다른 폭발이 세 번이나 일어나 모두 사망했을 것으로 추정됐다. 하지만 그들이 일하던 광산 지역으로 실제 가본 사람이 아무도 없으니 누구도 확실히 알 수는 없는 일이었다. 그곳에서 이제 거의 10년이 지난 지금 새로운 시신 수습 임무가 진행 중이다. 그 광부들의 시신을 절대 수습할 수 없을 거라 말하는 사람이 많았지만 가족들은 받아들일 수 없는 얘기였다. 재난이 있고 7년 후인 2017년에 노동당은 선거운동의 일환으로 파이크강 수습 기구 설치를 약속했다. 정부에서 자금을 대는 기관으로서, 그 광산에 재진입이 가능한지, 가능하다면 어떻게 진입할지 연구하게 될 기관이었다. 그러나 슬프게도 이 경우는 파이크강 폭발이 있기 불과 3개월 전에 산호세 광산 붕괴로 그 안에 갇힌 33명의 칠레 광부를 구조한 일과는 다른 이야기가 펼쳐질 것이다.

내가 걱정한 부분은 만약 수습팀이 그 안에 들어가 첫 폭발 이후에도 광부들이 살아 있었다는 증거를 찾아낼 경우 그 사실이 유족에게 미칠 영향이었다. 칠레 광부들처럼 이들도 캠프를 차렸다는 사실이 드러나면 어떻게 될까? 만약 경험이 부족한 사람이 그 임무의 책임을 맡아 유족이 견디기에는 너무 가혹한 진실이니 숨겨야 한다고 판단한다면? 이런 상황에서는 밝혀진 내용을 반드시 유족에게 하나도 빠짐없이 솔직하게 알려주어야 한다. 각각의 가족이 원하는 정보가 맞는다면 정치지도자, 언론, 세상에 알리기 전에 그들에게 먼저 말해주어야 한다. 광부들이 첫 폭발에서 살아남았다가 나중에 사망한 경우든, 첫 폭발에서 사망한 것이든 상관없이 말이다. 그렇게 하기 위해서는 정치적 간섭으로부터 자유로운 잘 훈련된 팀이 있어야 한다. 여기에 내가 숨겨놓은 메시지는 없다. 뉴질랜드에서 그런 정치적 간섭이 있었다고 암시하는 말이 아니다. 뉴질랜드는 아주 훌륭한 시스템과 인적 자원을 갖추고 있다고 생각한다. 단지 그런 일이 세상에서 일어날 수 있고, 때때로 일어나기도 한다는 의미일 뿐이다. 놀랍게도 유족들은 수습 작전에 참여하는 사람들과 대화를 나눠볼 기회가 없어서 올바른 정보를 얻지 못하는 경우가 너무 많다.

상무장관 론 브라운이 사망한 CT-43편 사고에서 시신을 수습하고 2년 정도가 지난 후에 나는 군대검시관으로부터 전화를 받았다. 그때 나는 더 이상 포트리에 있지 않았고 제54 병참중대의 지휘관도 아니었다. 내가 새로 배치된 곳은 캘리포니아였다. 그 군대검시관은 그 추락 사고에서 사망한 한 젊은 여성의 부모와 나눈 이야기를 전했다. 그 부모는 그녀의 시신이 발견된 장소 때문에 딸이 추락 사고에서 살아남아 도움을 구하려고 기어가다 추락 지점에서 몇백 미터 정도 떨어진 덤불 아래서 혼자 춥고 고통스럽게 죽어갔다고 믿고 있었다. 나는 그 부모의 마음을 이해할 수 있었다. 그들은 현장에 가보지 않았기 때문이다. 그들은 2년 동안 항상 이 고통스러운 생각을 하며 살았다. 어떤 사람은 그 추락 사고에서 살아남았지만 얼마 지나지 않아 부상을 극복하지 못하고 병원에서 사망했다. 나는 항상 이런 사람을 추락 사고 사망자라고 설명한다. 그저 다른 사람들과 사망 시간이 다를 뿐이다. 아무리 치료해도 결국에는 죽을 수밖에 없는 부상이 있기 때문이다. 어떤 사람은 같은 부상을 당했어도 다른 사람보다 오래 버틴다.

수습 작업의 일부로 우리는 거리, 해발고도 등의 정보를 담은 시신 수습 장소 지도를 작성해놓았다. 좌석배치도가 없어서 사람들이 비행기 안에서 있었을 위치는 알 수 없지만 수습 장소는 알고 있었다. 앞에서도 얘기했듯이 이 비행기는 산과 충돌해서 산과 작은 계곡이나 언덕에 조각으로 나뉘어 떨어졌다. 충돌할 때의 충격 때문에 예상대로 좌석과 시신이 충돌 지점 앞쪽으로 흩어져 있었다. 이 젊은 여성의 시신은 중력이 그녀를 붙잡아둔 곳에서 발견됐다. 나는 그녀의 부모에게 전화를 걸었고, 내가 작성해서 육군에 제공한 기록을 확인하며 시신 수습 지역을 함께 둘러보았다. 그들은 다른 사람처럼 안정성 향상뿐 아니라 미국에서 가족지원법이 정부 소유의 비행기에도 적용되도록 노력하는 모임에서 활발하게 활동하는 좋은 사람들이었다. 그럼에도 내가 이분들의 의문을 더 빨리 해소해주었다면 이분들이 겪어야 했던 고통을 막을 수 있었을 것이라 생각하니 안타까운 마음이 들었다.

실종된 사랑하는 이의 시신을 찾는 것은 인생에서 가장 근본적인 질문인 "제가 사랑하는 사람을 이제 영영 못 보는 건가요?"에 확실한 답변을 제공해준다. 그 질문에 자기가 듣고 싶은 대답이 돌아오지 않을 수도 있지만, 그 사실이 확인되면 적어도 서서히 그 사실을 받아들이게 된다. 하지만 시신을 찾지 못해서 실낱같은 희망이나 의심을 버리지 못하는 경우는 최악의 고문이 되고 만다.

대량 사망 사건이나 개별적으로 실종된 사람 너머에는 예전의 무력충돌이나 전쟁으로 인한 사망자가 있다. 우리는 변화의 시대에 살고 있고, 파괴적인 기술이 동원될 때도 있다. 이런 변화의 최전선에 DNA 신원확인이 있다. 시드니 레슬리 굿윈의 사례에서 보았듯이 이제 법의학은 머나먼 과거까지 파고들어 사망자의 신원을 확인할 수 있다. 이제는 전쟁으로 '무명용사'가 더 이상 생기지 않기를 바랄 뿐이다. 그리고 과거의 무력충돌로 생긴 무명용사가 실제로는 무명이 아닌 경우가 있다.

1950년에 시작해서 3년 후에 끝난 한국전쟁에서 약 7700명 정도의 미군 병사가 여전히 전투 중 행방불명자로 분류되어 있다. 그중 일부의 유해가 최근에 조국으로 돌아왔다. 늦게나마 이들이 본국으로 송환될 수 있었던 것은 북한과 미국의 관계가 잠시 해동기를 맞이하면서 부수적으로 찾아온 결과였다. 이것은 미국 육군이 여러 해에 걸쳐 계획하고 시도했던 일이다. 이 일을 가로막는 유일한 제한 요소는 접근성이었다. 호놀룰루에 있는 미국 전쟁포로 및 실종자 확인국에서 운영하는 국방부의 8000만 달러짜리 법의학 실험실은 사망한 병사 92퍼센트의 가족 DNA

대조 자료를 확보하고 있다. 전쟁이 끝난 지 얼마 되지 않았기 때문에 당시는 아동이었던 가까운 가족 구성원들이 아직도 살아 있어 유전물질을 제공받을 수 있었다. 그와는 대조적으로 아직도 행방불명인 제2차 세계대전 병사 7만 2000명 중 대조해볼 수 있는 유전물질이 확보된 인원은 4퍼센트에 불과하다.

제2차 세계대전이 끝날 때 군대에서는 몇 년에 걸쳐 임시묘지를 더 큰 묘지로 통합했고, 당시 가족의 요청이 있는 경우에는 신원이 확인된 사람의 시신을 본국으로 송환했다. 하지만 신원이 확인되지 않았거나, 강제수용소로 사라졌거나, 포로로 잡혔다가 처형당한 사람의 경우는 처리가 어려워, 이들 중 상당수가 무명용사로 매장됐다.

요즘은 기존의 무력충돌로 사망한 이의 시신을 수습할 때 작전을 계획하기 전에 첫 단계로 연구가 진행된다. 전 세계의 많은 군대에서 부대 일지, 전투 기록, 실종 장소 등을 기록보관소에 보관한다. 지금은 이런 자료 중에 기밀해제된 것이 많아서 정부에서 일하는 사람이나, 유족, 군 관계자가 일상적으로 이런 정보에 접근할 수 있다. 실제로도 많이들 접근한다. 그리고 이것 때문에 문제가 꼬인다.

여러 해 동안 특히나 미국에서 국방부, 구체적으로는 하와이에 있는 법의학 실험실은 기존의 무력충돌에서 발생한 시신의 수습에 관한 한 최종 결정 권한을 가진 무소불위의 기관이었다. 유족이 어떤 조사 자료를 제공해도 군대는 무력충돌 사망자의 시신 수습은 자신의 책임이라는 입장 아래 작업을 수행했다. 군대에서 이렇게 하는 이유와 그 뒤에 깔린

동기를 이해 못하는 바는 아니다. 군대에서 병사를 빠짐없이 집으로 데려오지 못한다는 것은 생각하기도 싫은 일이다. 모든 군 지도자의 뇌리에는 자기 사람을 끝까지 책임져야 한다는 각오가 박혀 있다. 내가 지휘관으로 있을 때 내 부하들이 돌아오면 제일 먼저 던졌던 질문이자 지금도 내가 사람들을 보냈다가 그들이 돌아왔을 때 제일 먼저 물어보는 질문은 이것이다. "현재 인원수는 어떻게 됩니까? 모두 돌아왔나요?" 그러므로 국방부 사람들은 유족이 시신을 수습해야 하는 일이 생기면 이를 실패로 여길 수 있다. 하지만 일부 사람에게는 이것이 관료주의로, 자신의 시스템을 보호하려는 것으로 비칠 수 있다. 또한 시신이 많이 수습될수록 오류가 더욱 부각되리라는 두려움도 있어, 이것이 아마 의사결정에 가장 큰 영향을 미칠 것이다. 국방부에서 놓치고 있는 부분은, 내가 예전부터 보아왔던 부분인데, 사람들은 오류를 용인하고, 오류가 있으리라 예상한다는 점이다. 기술적으로 제약이 있었음을 감안하면 제2차 세계대전 말미에 엄청난 수의 사망자 시신을 수습해서 매장했다는 사실이 참 놀랍다. 이때도 오류가 없지 않았다. 그리고 이런 오류는 절대 한 건만 일어나지 않는다. 신원이 잘못 확인되었다는 것은 그 신원이 다른 엉뚱한 사람에게 갔다는 의미이기 때문이다. 하지만 사람들이 못 견디는 부분은 이런 오류가 아니라 자신의 의견 표출이 가로막히는 것이다.

유족 입장에서 보면 시간만 하염없이 흘러가고 있다. 그리고 유족은 자신도 이 문제를 해결할 주체 중 하나라 생각한다. 슬프게도 유족이 성공한 사례를 보면 대부분 미국 정부를 상대로 소송을 진행한 경우였다.

가끔 나는 어떤 것이 가능한지 사례를 보여달라는 요청을 받는다. 예를 들어, 최근에는 일본의 1941년 필리핀 침공으로 사망한 미군 7명의 유족에게 정보를 제공하라는 요청을 받았다. 이 중 한 명은 제2차 세계대전에서 명예훈장을 받은 최초의 병사이고, 또 한 명은 적에게 처형된 유일한 미군 장군이라는 점에서 대중의 인지도가 높아 신원확인을 위한 노력도 더 많이 이루어졌으리라 생각하기 쉽다. 하지만 그렇지 않다. 악명 높은 바탄 죽음의 행군Bataan Death March●에서도 살아남았지만 결국은 전쟁포로수용소에서 사망한 사람을 포함한 이 7명은 포트매킨리가 있었던 마닐라 미군 묘지에 매장된 것으로 여겨진다. 이들의 무덤은 그냥 '불상不詳, Unknown'이라고 표시되어 있다.

유족들은 사랑하는 가족이 묻혀 있다고 믿는 무덤의 신원을 확인하기 위해 부대의 생존자들과 이야기하고, 군의 매장 기록을 꼼꼼히 확인하며 여러 해에 걸쳐 조사를 진행했다. 하지만 군에서는 현재 그 무덤의 발굴을 거부하고 있다. 태생적인 관료주의의 탓도 있고, 그 전에 그중 한 명인 당시 23세의 중위 알렉산더 샌디 니닝거의 무덤을 파낸 적이 있었는데 유해 검사에서 결론을 내리지 못했던 탓도 있었다. 하지만 타이태닉호에서 나온 어린 소년의 경우에서 보았듯이 오래된 DNA 검사

● 제2차 세계대전 당시 일본군이 미국-필리핀 연합군 포로 7만 8000명을 식량과 식수도 제대로 보급하지 않고 수용소까지 124킬로미터를 강행군시켜 포로 1만 명 이상이 사망한 사건.

법을 더 오래된 시신에 적용하면 애매한 결과가 나올 때가 있다. 그리고 DNA 검사법의 정확도는 나날이 발전하고 있다.

니닝거는 어떤 기준을 적용해도 영웅이었다. 그는 맹공격을 당하고 있는 부대를 돕기 위해 주저 없이 달려나가 일본 저격수 사격에 맞서 소총과 수류탄으로 전선을 지키다가 죽음을 맞이했다. 사후에 그에게는 명예훈장이 수여됐다. 아직 살아 있는 그의 조카 존 패터슨에게는 그의 죽음이 여전히 고통스러운 기억이다. 그가 본 마지막 삼촌의 모습은 1942년에 전쟁터로 향하던 모습이었다. 이제는 노인이 된 패터슨이 근래에 한 언론에서 이렇게 얘기했다. "삼촌은 제 인생의 영웅이었습니다. 삼촌이 돌아가셨을 때 저는 여섯 살이었죠. 삼촌이 죽었다는 소식에 어머니가 완전히 히스테리에 빠지셨던 모습이 기억납니다. 두 분은 정말 친한 남매였기 때문에 어머니는 그 후로 예전 같지 않으셨습니다."

"한 명도 뒤에 남겨두지 말라"라는 숭고한 기풍에도 불구하고 일부 사람들에게 이런 현실은 논란이나 평지풍파를 일으킬 수 있는 판단을 내리기를 제도적으로 회피하려 드는, 거대하고 굼뜬 관료주의적 체계로 보일 수 있다. 이 소송은 아직도 법정에 묶여 있다.

이는 비단 미국만의 문제가 아니다. 전혀 그렇지 않다. 사람들에게 마지막 제2차 세계대전 묘지가 언제 열렸을 것 같으냐고 물어보면 보통 1950년대, 늦어도 1970년대쯤일 거라 추측한다. 아니다. 독일의 전사자를 마지막으로 대량 매장한 때가 2019년이다. 이때 1837구의 병사가 러시아 남부의 볼고그라드에서 멀지 않은 로소슈카 독일 전쟁묘지에 영면

했다. 2000년에 건립된 또 다른 묘지는 러시아 서부의 도시 스몰렌스크 근처에 자리 잡고 있다. 이곳은 1941년에 나치의 소련 침공 당시 주요 전투 현장이었다. 그곳에 매장된 3만 명의 병사 중 절반만 신원이 확인 됐다. 독일이 동부전선에서 사망한 병사를 아직까지도 매장하고 있는 이유는 1989년에 베를린 장벽이 무너질 때까지 그 지역에 접근할 수 없 었기 때문이다. 그로부터 3년 후에 독일의 전쟁묘지위원회가 발족해서 러시아의 구소련 당국과 협력해 사망자를 발굴하고 신원을 확인하기 시 작했다. 그 후로 위원회에서 찾아낸 시신의 수는 무려 80만 구나 된다. 스몰렌스크 근처의 두홉스치나 묘지는 7만 독일 병사의 마지막 안식처 가 될 것이다. 이는 프랑스 북부와 벨기에의 독일 전쟁묘지보다 더 큰 규모다.

독일이 사망한 병사들을 이제야 제대로 묻어줄 수 있게 된 가장 큰 이 유는 실종된 시신을 수습하는 일이 물리적 제약뿐 아니라 정치적 법적 제약에도 좌우되기 때문이다. 전쟁 기간의 역사는 현대의 국가들이 감 당하기 어려울 수 있고, 정치인들이 가까이 접근하기에는 너무 민감할 수도 있다. 예를 들어 일본의 총리 아베 신조는 2013년에 일본 전범자들 의 위패를 모아놓은 야스쿠니 신사에 참배한 후에 엄청난 비난을 받았 다. 일본과의 전쟁에서 수백만 명을 잃은 중국의 입장에서 보면 야스쿠 니 신사는 일본 제국주의의 상징이기 때문이다. 그와 마찬가지 이유로 일본도 최근에야 실종 병사의 시신을 찾기 위해 미국과 전투를 벌였던 태평양제도를 수색하기 시작했다.

이런 시선 수습, 재매장, 신원확인이 이루어지는 또 다른 이유는 과학의 발전으로 시신의 신원확인 가능성이 높아지면서 찾아갈 묘지 하나 없이 오랜 세월 고통받고 있는 유족이 있음에도 시신을 그냥 있는 상태로 두려던 정부의 고집이 한풀 꺾였기 때문이다.

여기에 해당하는 가장 주목할 만한 사례가 죽은 후에도 긴 여정을 떠나야 했던 공군 중위 마이클 존 블라시다. 1972년 5월에 24세의 전투기 조종사 블라시는 전술 폭격기 드래곤플라이를 몰고 전쟁에 짓밟힌 베트남 남쪽 안록에서 남베트남 병력을 포위하고 있던 북베트남 부대를 공격했다. 그는 이 임무를 수행하던 중 대공 사격에 날개를 맞아 적병이 우글거리는 지역에 추락했다. 그로부터 5개월이 지나 남베트남이 그 지역을 재탈환한 후에야 미국 전사자 예우 담당국은 그의 시신을 수습할 수 있었는데 그때는 열대의 더위와 환경으로 인해 몇 개의 뼈와 낙하산 조각밖에 남은 것이 없었다.

그 뼈들은 블라시의 것으로 보였으나 같은 지역에서 또 다른 미국 항공기가 추격당한 적이 있었기 때문에 이 유해는 "마이클 블라시로 추정"이라는 딱지만 붙은 채 하와이로 후송됐다. 미국 육군의 중앙신원확인소에서 이 시신에 부여한 공식 명칭은 그냥 X-26이었다.

1973년 파리협정 이후로 전쟁이 차츰 잦아들자 의회에서 남아시아에서 싸우다 사망한 병사를 위한 기념비 건축 예산을 승인했다. 하지만 이 기념비를 마무리하는 데 필요한 것이 있었다. 제2차 세계대전 전사자와 한국전쟁 전사자를 위한 기념비 사이에 있는 수도 워싱턴의 내셔널몰의 묘지에 안장할 무명용사의 시신이었다.

사람의 유해로 신원을 확인하는 법의학적 방법이 아직 발달하지 않은 상태였기 때문에 후보자를 찾는 일은 간단치 않았다. 그 바람에 블라시 중위가 사망하고 14년이 지난 1984년 5월이 되어서야, 그의 유해를 육군 탄약차에 싣고 들어와 그의 관 위로 21발의 예포를 쏘며 그곳에 안장하기로 결정됐다. 그의 관은 미국 해군의 프리깃함 브루턴호의 헬기 격납고에 담겨 태평양을 가로질러 하와이로 향했다. 꼬박 7일이 걸린 그 여정 동안 해병대는 그의 관에 감시원을 붙였다. 어디를 가든 대부분의 무명용사들은 항상 무장호위를 받는다. 이는 조국을 위해 궁극의 희생을 한 이를 절대 홀로 두지도 않고, 그 무덤이 훼손되는 일도 없게 하겠다는 군은 맹세가 담긴 상징이다.

군에서 블라시 중위의 신원을 알고 있음에도 그는 이제 베트남전의 무명용사가 됐다. 타이태닉호의 그 무덤 속 아기처럼 의심은 계속 남아 있었다. 탐사 기자들은 유해가 지나온 여정을 안록 주변 지역까지 거슬러 추적했고, 블라시의 유족에게 그 시신의 진짜 신원에 대해 경고했다. 1998년 5월 13일 드디어 무덤을 열고, 미토콘드리아 DNA 검사를 위해 뼈를 채취했다. 검사 결과에 따라 그 전사한 병사가 진짜 누구인지가 확실하게 입증되었다. 그리고 두 달 후 유족들은 블라시 중위의 시신을 그의 고향인 세인트루이스에 묻었다. 이제 베트남에는 더 이상 무명의 미군 병사가 없게 됐다.

영국이 제1차 세계대전 이후에 사망하거나 실종된 900만 명의 병사 중 한 명을 '무명용사'로 지정하고 그의 유해를 웨스트민스터 사원에 안장했을 때부터 포클랜드 전쟁이 있기까지, 이 병사는 '모든 전쟁을 끝내기 위한 전쟁'에서 조국으로 돌아온 단 한 명의 전사자로 남아 있었다. 영국의 병사들은 벨기에, 프랑스 북부 혹은 다양한 충돌 지역에 흩어져 있는 묘지 등 자기가 쓰러진 장소에서 멀지 않은 곳에 매장됐다. 그렇다고 이들이 무관심 속에 잊힌 것은 아니다. 제1차 세계대전에서 병사들이 소리 없이 쓰러져나간 지 꼬박 한 세기가 지난 지금까지도 매일 밤 8시면 벨기에 이프르시의 메냉 게이트를 찾아오는 차량들이 있다. 그럼 나팔수들이 일과 종료곡인 〈라스트 포스트Last Post〉를 연주한다. 이 의식은 제2차 세계대전에서 독일에 점령당했던 시기를 빼고는 1928년 이후로 매일 밤 반복된다. 메냉 게이트에는 제1차 세계대전에서 실종된 모든 영국 병사와 코먼웰스Commonwealth● 병사들의 이름이 들어 있다. 나는 몇 번 거기에 가본 적이 있는데, 아주 가슴이 뭉클해지는 경험이었다. 그곳에서 이름이 지워진 흔적이 종종 보인다. 병사의 시신이 수습되어 신원확인이 되었다는 뜻이다. 오래전 잃어버린 가족에게 보내는 손수 적은 쪽지와 작고 빨간 플라스틱 양귀비꽃도 많이 보인다. 시간이 흐르면서 영국 정부는 유족들이 사랑하는 가족의 무덤을 멀리 떨어진 전장에 둘 것인지 여부를 자신이 선택하고 싶어 한다는 것을 알게 됐다.

제2차 세계대전 후에 영국군 소장 오드 윙게이트의 아내 로나 윙게이

● 영국과 과거 대영제국의 일부였던 국가들로 구성된 조직.

트는 마운트배튼 경에게 남편의 유해를 조국으로 송환해서 가족 매장을 할 수 있게 해달라는 진정서를 냈다. 오드 윙게이트는 제2차 세계대전에 미얀마에서 일본군에 대항해 영국군 특수부대인 친디트를 이끌었고, 1944년에 인도에서 비행기 추락 사고로 사망한 파란만장한 인물이다. 마운트배튼 경은 둘이 함께 군복무하며 임무를 수행한 적이 있었음에도 윙게이트 소장의 유해를 그곳에 그대로 두는 것이 영국 정부의 정책이라고 답했다(마운트배튼 경은 엘리자베스 여왕 2세의 삼촌으로 수십 년 후에 아일랜드 공화국 군에서 그의 낚싯배에 설치한 폭탄으로 사망했다). 얄궂게도 그의 유해는 두 번 자리를 옮긴 끝에 60명 정도의 비非미국인 중 한 명으로서 자신의 조국이 아닌 미국 알링턴 국립묘지에 묻혔다. 그는 미국 승무원과 함께 미국 육군 항공단 비행기에 탑승하고 있었다. 추락 사고 직후에 그 지역 사람들이 그 시신들을 공동묘지에 묻었고, 나중에 그 시신들이 형체를 알아볼 수 없을 정도로 뒤섞여 있었다고 보고했다. 1947년에 영국 정부는 이 시신들을 모두 인도에 있는 코먼웰스 군묘지인 임팔 전쟁묘지로 옮겼다. 그랬다가 미국이 여전히 전 세계에서 시신 수습 작업을 하고 있던 1950년에 추락 사고가 일어난 비행기에 미국인도 타고 있었기 때문에 그 무덤을 다시 파냈고, 그 유해들은 모두 알링턴국립묘지로 이장됐다.

13

분쟁의 갈림길

○

      보스니아헤르체고비나의 투즐라 바로 외곽에 있는 버려
진 소금 광산의 선반에 수백 구의 시신이 나란히 놓여 있었다. 일부는
시신 운반용 부대에 들어 있었고, 일부는 그냥 비닐에 감겨 있었다. 때
는 1995년 겨울이라 날씨가 추웠고, 덕분에 시신이 부패하는 냄새가 그
나마 덜했다. 눈을 감고 코끝으로만 쫓아가도 시체안치소를 찾을 수 있
는 아이티와는 달랐다.

   광산으로 가는 길을 함께했던 보스니아 경찰관 중 한 명이 오래된 터
널의 깎아 만든 벽에 기대어 만든 목재 선반 위로 줄지어 놓인 시신들
을 가리켰다. 이름표도, 어쩌다 거기까지 오게 됐는지 말해줄 어떤 표식
도 없는 시신이 많았다. 당시 제54 병참중대의 지휘관이었던 나는 미군
이 기지를 건설 중이던 투즐라에 미국 육군 전사자 예우 담당국의 시신
집결소를 세우기 위해 파견되어 있었다. "이 문제는 언제 도와주실 겁니
까?" 그 경찰이 물었다. 나는 그를 바라보며 어깨를 으쓱할 수밖에 없었
다. "미안합니다만 우리가 담당하는 일이 아닙니다." 내가 해줄 수 있는

말은 그뿐이었다.

그 근처 다른 지역과 마찬가지로 투즐라도 대패한 상태였다. 사람들은 지쳐 있었다. 평화유지 활동은 실패했다. 평화유지군 때문이 아니라 정치 상황 때문이었다. 그래서 폭발로 인한 사망자와 대량 처형(사실 살인에 가까웠다)이 늘어나고 있었다. 이 시기에는 아이티의 경우와 달리 제54 병참중대가 나토^{NATO}에서 지상군 주둔에 동의하고 오래지 않아 주력 부대보다 한발 앞서 발칸 지역에 파병되어 있었다. 1995년 추수감사절 직전에 데이턴 협정에 서명이 이루어졌다. 내 병사들은 휴일이 취소되었다는 통보를 받은 지 몇 시간 만에 배를 타고 출항했다. 처음에는 시체안치소 장비를 모두 챙겨 독일로 갔고, 이어서 곧바로 보스니아에서 세 번째로 큰 도시인 투즐라로 갔다. 고대의 소금 광산으로 유명한 이곳은 우리가 세르비아의 맹폭을 피해 도착했을 때 여전히 시신을 수습 중이었다. 나의 전사자 예우 담당국 부대는 아직 스웨덴과 다른 스칸디나비아 국가의 부대가 점령 중인 기지에 도착했다. 이들은 실패한 유엔 평화유지군에 소속된 부대였다.

나토가 죽음을 멈추기 위해 그곳에 와 있다는 것은 처음부터 분명했다. 이 일은 대단히 중요하지만 때로는 어려운 과제다. 국가를 재건하고 영속적인 평화를 구축하는 일은 다른 누군가가 할 일이었다.

제2차 세계대전 이후로 유럽에서 벌어진 최악의 무력충돌로 생긴 사람의 잔해를 어떻게 해야 할지에 관해 연합군의 지휘 체계 사람 중 누구도 특별히 신경 쓰지 않았다. 내가 받은 지시는 간단했다. 데이턴 협정을 집행하는 임무를 수행하다가 사망한 나토 병사가 있으면 누구든 신원을 확인해서 본국으로 송환하라는 것이었다. 그리고 적법한 사망진단서를 발급하거나 시신을 고국으로 돌려보내줄 수 있는 의료담당자가 없는 나라에서 사망한 비정규 외국인 국제구호원에게도 똑같이 하라고 했다. (나토에 소속되지 않은 인력의 시신을 본국으로 송환하는 일을 하면서도 내 명령 계통 때문에 슬퍼질 때가 많았다. 군이란 곳이 그렇게 융통성이 없다.)

나는 발칸 지역에서 영구적인 평화를 기대하기가 언제나 쉽지 않았다는 것이 걱정됐다. 군인이기 때문에, 나는 상관이 내리는 합법적인 명령을 충실히 따랐다. 하지만 그 모습을 지켜보며 좌절감을 느낄 수밖에 없었다. 이즈음 나는 사고에 의한 것이든, 테러 공격이나 살인에 의한 것이든 무작위로 죽어가는 사람을 이미 많이 보아온 상태였다. 그러나 이곳 발칸에서는 죽음이 마치 산업처럼 거대한 규모로 일어난다. 글로만 접해본 죽음이었다. 만약 미사일 발사 명령이 떨어졌다면 나 자신도 이런 대량의 죽음에 직접 관여했을 수 있다. 다른 사람처럼 나도 이런 것은 지나간 과거의 일이라 생각했다. 그렇지 않았다. 1995년이었음에도 그런 일이 우리 눈앞에서 일어나고 있었다. 우리 지도자들은 죽은 사람을 처리하지 않고는, 유족과 난민이 그들이 잃은 사랑하는 사람에 대해 답을 찾도록 돕지 않고는, 그저 슬픔을 뒤로 미루고 내전으로 갈가리 찢겨진 나라의 궁극적 회복을 뒤로 미룰 뿐이라는 사실을 이해하지 못하고, 이해하려 하지도 않는 것 같다. 평화 협정의 초안을 작성한 사람들은 그저 앞을 보고 싶었을 뿐, 뒤를 돌아보지도 않고, 자신이 공범으로 가담해서 만들어낸 공포도 인정하지 않으려 한다. 뒤돌아보기의 핵심 중 하나가 바로 죽은 자들을 돌보는 일인데 말이다.

사망자의 이름을 찾아서 사랑하는 가족에게 돌려보내는 것이 비행기 추락 사고나 자연재해 이후의 심적 치유에서 핵심적인 부분인 것처럼, 대량의 사망자가 발생한 경우에도 그와 똑같은 과정이 전쟁으로 갈라진 국가를 치유하는 데 도움이 된다. 특히 답이 없는 질문으로 가득한 공동묘지가 곳곳에 들어선 국가인 경우는 더욱 그렇다. 가족을 모두 잃었는데 그들의 시신이 어디 있는지 알 길이 없는 사람들은 그냥 다 잊고 앞으로 나아가기를 원하지 않는다. 그럴 수가 없다. 미국과 나토의 고위 지휘부는 대체로 요시프 브로즈 티토의 모델을 따르고 있는 듯 보인다. 티토는 제2차 세계대전의 공산주의 지도자였고 이어서 수십 년 동안 유고슬라비아를 이끌기도 했다. 나는 이것이 불편했다. 그의 모델은 과거의 충돌을 무시하는 것이었다. 그는 국가를 통합하는 거대한 원동력이었지만 군사력을 통해서만 통합이 유지됐기 때문에 옳은 방식도 아니고, 장기적으로 성공할 수 있는 모델도 아니었다. 하지만 내가 공동묘지 문제를 꺼낼 때마다 아무도 거기에 관여하고 싶어 하지 않았다. 나는 시신을 찾은 경우, 무력충돌 이후에 누구라도 물어볼 수 있는 가장 근본적인 질문에 답을 얻게 된다고 지적했다. "내 사랑하는 이가 죽었나요?" "어떻게 죽었나요?" "어디서요?" 이런 질문 말이다. 그리고 이런 질문에 답을 얻고 나면 사람들은 이제 자신의 삶이 달라졌음을 인정하는 단계로 나아갈 수 있다. 그렇지만 시신이 발견되지 않으면 대부분의 사람은 지독히 고통스러운 과거에 발목을 잡혀 그런 과정을 시작조차 못한다. "난민수용소에서 당신 아들을 봤어요. 아들이 아직도 살아 있을지 몰라요." 끝없이 흘러나오는 이런 소문과 근거 없는 추측의 희생자가 되는 것이다.

1995년에 내가 보스니아로 갔을 때 사람들은 여전히 숨겨진 비밀 수용소에 대한 소문을 뒤쫓고 있었다. 실종된 사람들이 거기 붙잡혀 있다는 소문이 나돌았다. 사라진 사람이 무려 4만 명이나 되다 보니 이런 소문이 돌게 됐다. 사람들은 이렇게 물었다. 그 많은 사람이 다 어디 있겠어요? 그 많은 사람이 다 죽었을 리가 없잖아요. 안 그래요? 사람들은 이 무력충돌이 아주 잔혹하고 비인간적이라는 것을 알고 있었다. 그럼에도 사람의 마음은 그런 공포의 진정한 규모를 이해하는 데 시간이 걸린다. 그래서 실낱같은 희망에 쉽게 매달리게 된다.

사람들은 왜 이런 일에 관여하는 것을 꺼릴까? 나도 확실히는 모르겠다. 집단적 죄책감이나 수치심 때문인지도 모르겠다. 이렇게 말하는 사람들이 있다. 자기 나라 일이 아니면 상관할 일이 아니라고. 나는 동의할 수 없다. 많은 나라가 갖고 있는 그런 거대한 힘에는 거대한 책임이 뒤따른다. 제2차 세계대전이 끝나고, 나치의 홀로코스트가 끝난 후에 많은 나라에서 "두 번 다시는Never Again"이라 맹세했다. 그래놓고 우리는 뒷짐 지고 앉아서 그런 일이 다시 또다시 일어나는 것을 그저 방관해왔다. 이번 일은 냉전의 팽팽한 긴장이라는 핑계조차 없었다. 우리는 르완다에서 마체테 칼로 80만 명의 사람이 도살당하는 것을 수수방관하며 구경만 했다. 발칸 지역 곳곳에 강제수용소가 들어서고 대학살이 일어나는 동안에도 우리는 그냥 개탄만 하고 있었다. 클린턴 대통령은 소말리아 총잡이들이 불에 그을린 블랙호크 헬기 승무원들의 시신을 모가디슈의 거리에서 질질 끌고 다니는 모습을 공포 속에 바라보며 물었다. "어떻게 인간이 이런 짓을 할 수 있는가?" 우리는 인간의 어두운 본성에 고개를 돌리고, 눈을 감아버렸다. 1995년에 보스니아 세르비아계 진지를 폭격해 전쟁을 끝내기로 한 결정은 좋은 출발이었지만 너무 늦은 결정이었다. 그즈음이 되자 사람들은 죽은 사람들에 대해 그냥 알고 싶어 하지 않았다. 그래서 우리도 무시했다. 한편 나는 수배 중인 전쟁범죄자로 의심되는 사람들이 보스니아의 거리를 활보하는 것을 보았지만, 당시 우리에게는 무언가 조치를 취할 수 있는 권한이 없었다. 내가 상관들에게 이 문제를 제기할 때마다 이런 대답이 돌아왔다. "대위, 그건 우리가 맡은 임무가 아니야."

티토는 초기에 반체제 인사들을 탄압하고 살해했음에도 불구하고 공개 시장 개혁을 통해 공산주의 정부와 서구식 정부를 혼합한 국가를 건설해 많은 이에게 성공적이라는 평가를 받았다. 1984년 사라예보 동계 올림픽을 기억하는 사람이 많을 것이다. 그로부터 11년 후에 찾아가 본 사라예보의 모습은 너무도 달랐다. 티토는 보스니아인, 세르비아인, 크로아티아인, 슬로베니아인 사이에서 끓어오르는 인종적 민족주의적 갈등, 기독교도와 이슬람교도 사이의 갈등을 그저 억눌렀다. 민족적 정체성에 관한 얘기를 꺼내지 못하게 탄압하고 자기에게 반대하는 사람을 죽여버리는 방식이었다. 크로아티아인은 제2차 세계대전에서 나치의 편을 든 반면, 세르비아인은 독일 침공에 저항한 대가로 큰 고초를 치르는 등 이들 사이에는 해묵은 갈등이 존재했다. 티토가 살아 있는 동안에는 이런 갈등을 억누르는 것이 효과를 보았지만 그가 사망하고 베를린 장벽이 무너진 지 불과 12년 만에 대를 이어오던 이 모든 증오는 발칸 지역 곳곳에서 일련의 전쟁을 통해 터져 나왔다. 20세기의 시작과 함께 제1차 세계대전을 촉발시켰던 무력충돌이 소름 끼치게 되풀이된 것이었다. 그리고 투즐라와 사라예보의 길거리를 미국과 나토의 부대가 지킨다고 해서 이 오랜 증오가 어느 날 갑자기 사라지지도 않았다. 잊지 말자. 라트코 믈라디치 장군의 보스니아계 세르비아인 병력이 아무런 저항 없이 진군해서 8000명의 이슬람교도 남성을 살육했을 때도 스레브레니차의 소위 '안전지대'를 보호하는 유엔 부대와 네덜란드 파견대가 있었다. 그리고 그 누구도 책임을 지지 않았다. 전쟁이 끝난 후에 발칸 지역 어느 곳을 가봐도 내가 만나는 사람들은 피해자밖에 없었다. 모두 자기네 편이 죄도 없는데 피해만 봤다고 말했다. 모두가 사랑하는 사람을 잃었지만 내전에서 이런 잔혹행위를 저지른 쪽은 항상 상대방이었다. 이 오랜 적대감은 계속 거품을 내며 끓어올랐고, 사람들은 시신 조각을 느릿느릿 이어 붙여 이름도 없는 묘비 아래 묻었다. 짐승 취급을 받은 보스니아 사람들은 슬픔과 애도를 표할 수 있는 장소도 없었다.

가끔 나는 일부 공동묘지를 직접 찾아가서 상황을 살펴본다. 혹시나 우리가 어떤 조치를 취할 수 있을 만큼 질서가 회복됐는지 알아보기 위해서다. 전쟁으로 황폐화한 시골길을 차로 돌아다니다 보면 청년이나 중년의 남성을 찾아보기가 정말 힘들다. 죽임을 당했거나 달아난 것이다. 우리는 완전히 파괴된 마을이나 아직도 땅속에 지뢰가 너무 많이 깔려 있어 비어버린 마을을 차로 돌아보았다. 가끔은 한두 집 정도가 파괴된 것을 제외하면 고스란히 남아 있는 곳도 있다. 그런 곳은 한때 상대 진영 민족의 가족이 살았던 곳이라고 보면 된다. 가끔은 근래까지도 전쟁 중인 파벌 간 충돌의 최전선이었던 곳을 가로지르다 '가난한 자의 방어벽poor-man's roadblock'과 마주칠 때도 있다. 도로에 대전차 지뢰를 설치해놓은 민병대원이 우리에게 지나갈 수 없다고 말하는 것이다. 그럼 나는 그에게 내게 무전기가 있어서 더 강력한 화력을 불러올 수 있음을 그에게 상기시켜준다. 그 기 싸움에서 누가 이길지는 불 보듯 뻔하다.

이따금 나는 비행기를 타고 사라예보로 날아가 다양한 연합본부 사무실을 방문한다. 그중 하나는 오스트리아의 프란츠 페르디난트 대공이 1914년 6월 28일 아침에 운명의 시내 견학을 시작했던 바로 그 호텔에 있었다. 도로를 따라 운전하다 보면 보스니아의 병사들이 여러 해 동안 손발이 꽁꽁 어는 추위 속에서 지냈던 참호와 방어선이 보였다. 그것을 보니 책에서 읽었던 제1차 세계대전의 전장들이 떠올랐다. 당시 나는 가브릴로 프린치프가 페르디난트 대공을 총으로 저격한 지 80년이 지나는 동안 우리가 대체 무엇을 배운 것인가 의문이 들었다. 그리고 '두 번 다시는'이라는 구호가 현실이 아니라 희망사항에 불과하다는 것을 깨달았다. 조금만 방심해도 우리는 어렵지 않게 전쟁의 혼란으로 미끄러져 들어갈 수 있다.

다행히 1995년에 발칸 지역의 대량 사망 문제를 해결하겠다고 결심한 집단이 있었나. 비정부기구인 인권을 위한 이사회의 회장인 미국의 법의인류학자 윌리암 헤글런드 박사는 스레브레니차 집단 학살의 가해자들에게 법의 심판을 내리겠다고 마음먹었다. 나를 비롯해서 우리 분야의 많은 사람이 헤글런드를 사망 수사와 전쟁 범죄 고발에 법의인류학을 활용한 선구자 중 한 명으로 여기고 있다. 그는 자신의 일에 대해서는 믿을 수 없을 정도로 철두철미한 사람이었다. 심지어 증거물을 숨기거나 거기에 손을 대려 드는 사람을 막기 위해 자신이 작업 중인 공동묘지 근처에서 야영을 하기도 했다. 그는 인권을 위한 의사회 사람들과 시신을 발굴해 분석하는 느리고 고통스러운 과정을 시작했다. 그렇게 몇 년 동안 축적된 증거가 마침내 헤이그 재판소에서 보스니아 세르비아계 지도자 라도반 카라지치와 그 수하의 사령관 라트코 믈라디치의 종신형 선고를 이끌어내는 데 도움을 주었다. 하지만 발칸 지역에 흩뿌려진 뼈 수백 개의 신원을 확인하는 일은 한 비정부기구에서 감당하기에는 너무 큰 과제였다. 그리고 극심한 불화가 여전히 이어져 불구대천의 원수였던 진영들이 서로 협력하도록 구슬려야 하는 정치적 상황에서 외골수처럼 과제에 헌신하는 것만으로는 충분치 못했다. 특정 정부에서 자기네가 공정한 대우를 못 받고 있다거나, 차별을 당하고 있다고 느끼는 순간 발굴 작업은 그것으로 끝나고 조사를 빈손으로 마쳐야 하기 때문에, 여기에는 상당한 정치적 외교적 능력이 필요했다. 무언가 조치가 더 필요했다.

1996년에 빌 클린턴 대통령은 보스니아에서 결국 대단히 성공적인 것으로 밝혀진 군사 개입 작전의 실행이 지연되는 것이 계속 마음에 쓰였는지 국제실종자위원회 설립을 요청했고, 이 위원회는 발칸 지역 여기저기에 센터를 세워 이 4년 전쟁에서 나온 신원미확인 실종자의 뼈 수십만 개를 수집하고 DNA 검사를 진행하게 됐다.

미군과 함께 배치된 지 4년 후에 나는 케니언과 보스니아로 돌아가 국제실종자위원회에서 이 거대한 과제를 개시하는 데 필요한 프로토콜과 절차를 확립하는 것을 도왔다. 우리는 법의학 전문가들을 통해 그 지역 직원을 훈련시켰다. 위원회가 철수한 후에도 이들이 이 과제를 이어받아 스스로 할 수 있게 하기 위함이었다. 이 문제는 결국 발칸 지역 사람들이 스스로 해결해야 하는 일이기 때문이다. 각 국가는 궁극적으로 다른 누구도 믿지 않았던 까닭에 자기네 사망자의 신원은 자기 국가 사람들이 확인하기를 바랐다.

나는 육군 신분으로 배치되었을 때 찾아갔던 투즐라 외곽의 터널로 돌아가보았다. 여전히 시신으로 가득 차 있었지만 그 시신들이 내가 예전에 보았던 시신인지는 알 수 없었다. 이런 곳이 여기만 있는 것도 아니었다. 보스니아 여기저기에는 가족이 찾아가지 않은 시신을 보관하는 창고가 있었는데, 유리창이 다 깨진 헐벗은 콘크리트 건물일 때가 많았고, 내부의 선반에 비닐 부대에 담긴 시신이나 천 가방에 담긴 신체 부위 등이 쌓여 있었다. 이런 부대와 가방이 수천 수만 개는 됐다. 이 시신을 조사하고 신원을 확인하는 데 사용되는 장비는 정말 기본적인 것이다. 금속 테이블 위에 사람의 두개골과 먼지를 털어낼 붓 하나 달랑 놓인 상우노 보았나. 우리는 새도운 시설을 싯고, 현내적인 기준에 맞는 장비를 갖추어주고, 사람들에게 법의학을 교육시켜야만 했다. 하지만 이 일의 핵심 요소 중에는 정치적인 것도 있었다.

보스니아에서는 무덤을 하나 발굴하려면 세르비아에서도 하나, 크로아티아에서도 하나를 발굴해야 한다. 보스니아 세르비아계가 최악의 잔혹행위를 저지른 가해자라 할 수 있지만, 공동묘지를 채운 사람이 그들만은 아니기 때문이다. 우리는 인종과 국적, 책임자 등을 따지지 않고 발굴해야 했다. 그렇게 해야 사망자 시신 수습이라는 고된 일을 실행에 옮기는 데 필요한 정치적 법적 지지를 얻을 수 있었다. 그리고 신원확인을 위해서는 지역 사람들의 지원이 필요했다. 사망자의 이름을 찾아주려면 그 사람이 죽기 전에 남긴 DNA 표본을 사람들을 찾아가 입수해야 하기 때문이다. 나는 그 지역을 돌면서 정치 지도자들을 만나고, 자기가 다른 누군가의 공격에 당한 무고한 희생자라 주장하는 사람들에게 말없이 경탄하며 일주일을 보냈다. 모든 만남이 차 한 잔과 이런 말로 똑같이 시작됐다. "우리가 이곳의 피해자라는 점을 아서야 합니다."

국제실종자위원회 조직은 점점 커졌다. 이제 이 조직은 발칸 지역 곳곳에 있는 공동묘지와 구덩이에 버려진 실종자 중 70퍼센트의 신원을 확인했고, 여기에는 스레브레니차 집단 학살 희생자의 98퍼센트도 포함되어 있다. 보스니아의 사망자 구덩이에서 개척한 DNA 검사 기술 덕분에 이 조직은 전쟁, 집단적 대이동, 자연재해의 희생자를 신원확인하는 최첨단 기관 중 한 곳으로 자리 잡게 됐고, 이곳에서 일하는 법의학 전문가들은 이제 허리케인 카트리나와 2004년에 있었던 아시아 쓰나미를 비롯해 내가 일했던 많은 재난에 투입되어 함께 일하게 되었다. 이 조직은 기존의 유고슬라비아 본부로는 감당 못할 만큼 규모가 커져 지금은 헤이그에 새로운 본부를 갖게 됐다. 이곳에서 일하는 사람들의 노하우가 얼마나 늘었는지 근래에는 캘리포니아 산불에서 아주 심한 화상을 입은 시신의 신원을 확인하는 일에도 불려 갔고, 현재는 시리아, 리비아, 사하라사막 이남 아프리카의 전쟁과 기아를 피해 육로나 위험한 해로로 유럽에 가려는 사람들의 2015년 난민 대이동의 여파 뒤에 남겨진 신원미상 시신을 대상으로 작업을 진행하고 있다. 이는 역사상 가장 규모가 큰 난민 대이동 중 하나다.

국제실종자위원회는 이런 일을 하는 집단 중에서도 가장 큰 조직이지만 실종자 문제를 다루는 다른 조직도 많은데, 이들은 라틴아메리카에서 대단히 활발하게 활동 중이다. 나도 몇몇 조직과 함께 일하며 교육 프로그램을 제공하고 의견을 제시했다. 은퇴하면 나도 이들에게 도움을 주고 싶다. 가장 유망하면서 가장 비극적인 신원확인 프로젝트 중 하나는 엘살바도르 내전 동안 실종된 아동들의 사례다. 정부가 부모로부터 아이들을 빼앗아 갔다. 부모가 살해당한 경우도 있었고, 그렇지 않은 경우도 있었다. 그런 다음 이 아이들은 다른 가족에게 입양됐고, 사실은 부모가 죽지 않았는데도 아이들에게는 죽었다고 말하는 경우도 많았다. 이제 이 아이들은 성인이 됐고, 부모들은 자식을 찾아다니고 있다. 부모, 그리고 자기가 납치당했는지도 모른다고 믿는 자식으로부터 DNA를 수집하는 프로그램이 시작됐다. 이 프로그램은 1994년에 시작됐고, 1996년에 29건의 재회를 성사시켰다.

내가 이런 프로젝트를 통해 배우게 된 한 가지는 정체성의 권리가 기본적인 인권이라는 사실이다. 보스니아 공동묘지와 관련해 가장 충격적이고 좌절스러웠던 부분은 살인자들이 시신을 해체해서 각 신체 부위와 개인 소지품을 서로 다른 공동묘지에 나누어 묻는 경우가 많았다는 점이다. 여기에는 마치 그 사랑하는 가족이 세상에 존재하지도 않았던 것처럼 만들어 유족을 더욱 고통스럽게 할 목적도 있었고, 자신의 행동을 숨기려는 목적도 있었다.

그에 비하면 사담 후세인은 아주 깔끔한 대량 학살자였다. 그는 비록 수십만 명의 사람을 살해하기는 했지만 적어도 그 시신만큼은 온전히 남겨두었다. 그는 대량 총살을 더 효율적으로 하기 위해 사람들을 일렬로 세워놓고 처형했는데 그 덕에 그가 실각한 이후에 시신 발굴 작업이 수월했다. 그러면 당연히 이 시신들을 수습하는 일도 보스니아의 경우보다는 덜 복잡해야 옳았다. 하지만 나는 곧 이라크가 그 자체로 사람을 미치게 만드는 복잡한 문제덩어리라는 것을 알게 됐다.

루트 탬파Route Tampa는 바그다드에서 남쪽으로 뻗어 있는 고속도로에 미군이 붙인 이름이다. 이 고속도로는 바빌론을 지나고 사막을 통과해 이라크 걸프만의 항구도시 바스라를 거쳐, 미국 군사동맹의 주요 후방 기지인 쿠웨이트까지 곧장 이어진다.

루트 탬파는 사담 후세인의 옛 킬링필드로도 직접 이어진다. 이곳은 그가 시신들을 숨겼던 곳이다. 다만 그는 시신을 아주 철저히 숨기지는 않았다. 이 이라크의 독재자는 자신에게 반기를 들었을 때 어떤 일이 일어나는지 국민들에게 보여주고 싶어 했기 때문이다. 사람들은 손이 묶이고 눈가리개를 한 상태에서 이 킬링필드로 끌려와 얕은 구덩이 가장자리에서 머리 뒤에 총을 맞았고 그럼 시신은 자동으로 구덩이로 떨어졌다. 운이 좋으면 고문 없이 바로 죽었다. 정말로 운이 좋은 사람은 이 구덩이를 가족과 함께 쓰지 않아도 됐다.

2003년 4월에 그의 독재정권이 무너지고 몇 주 몇 달에 걸쳐 수천 명의 사람이 루트 탬파를 따라, 그리고 야자나무와 논 사이로 구불구불 나 있는 샛길을 따라 바빌론 시절부터 우거진 나무 사이로 느릿느릿 흘러가며 작물에 물을 공급해준 강물을 따라 행진했다. 이들 중 상당수는 시아파 순례자였다. 이들은 수십 년 만에 찾아온 자유를 만끽하며 나자프와 카르발라의 성지에서 축제를 열기 위해 남쪽으로 향하고 있었다.

하지만 그중에는 다른 종류의 영적 탐색에 나선 사람이 많았다. 그동안 이 살육의 현장에서 사라진 사망자와 실종자를 찾으러 온 사람들이었다. 미국의 폭격이 시작되기 바로 전날 밤에 트럭이 이곳에 도착하는 것을 목격했다는 농부의 이야기부터, 줄지어 온 수감자들을 두 번 다시 볼 수 없었다는 이야기, 킬링필드 가장자리를 따라 사막 지역에서 발포가 있었다는 이야기 능 여러 달 동안 소문이 난무했다. 반세기 만에 처음으로 독립신문에 게재된 신뢰하기 힘든 이야기들이었다. 이라크 침공 이후의 혼란 속에서 유족들은 도보로 혹은 망가진 택시나 미니밴 버스를 타고 사랑하는 이를 찾기 위해 필사적으로 길을 나섰다.

공동묘지를 이렇게 즉흥적으로 발굴할 때는 보통 감독자가 없었다. 범죄 현장을 감독하는 경찰도 없었다. 경찰 자체가 공범이어서 미국의 폭격이 처음 시작됐을 때 근무지를 버리고 달아났기 때문이다. 얕은 구덩이로 몰려드는 남녀는 일반인이었다. 일부는 삽을 가지고 왔지만, 일부는 갈라진 먼지투성이 맨손으로 흙을 파냈다. 이들의 눈빛에서 분노, 간절함, 희망이 동시에 보였다. 사랑하는 이의 행방을 알 수 없었던 오랜 세월 동안의 슬픔과 고통, 마침내 사랑하는 이를 와디알살람에 안장할 수 있을지 모른다는 희망이 함께 공존하고 있었다. 와디알살람은 나자프에 있는 거대한 묘지로 세상에서 가장 큰 묘지로 명성이 높다. 이곳은 곧 잔혹한 내전에서 살해당한 시신으로 넘치게 될 것이었다. 이 내전은 2003년 여름에도 어렴풋하게 그림자를 드리우고 있었다.

실종자의 사진이나 신분증을 가지고 간 사람이 많았지만 대부분 자신의 형제, 아버지, 자매, 아이를 사진으로 알아볼 수 없다는 것은 알고 있었다. 대신 이들은 파란색 플라스틱 샌들, 줄무늬 셔츠, 특정 스타일의 허리띠 버클 등 실종자가 사라진 날에 입고 있었던 것을 기억해내려

했다. 반지나 보석은 아부그라이브 교도소 정문을 통과하는 순간에 누군가가 제일 먼저 훔쳐 갔거나, 그렇지 않으면 어디나 깔려 있는 비밀경찰 무카바라트의 손에 넘어갔으리라는 것은 유족도 알고 있었다.

그래서 이들은 팔다리가 나올 때까지 땅을 파들어갔다. 보통 깊이가 30~60센티미터 정도에 불과했다. 사담 후세인의 사형집행인들은 무덤 구덩이를 일직선으로 길게 팠지만, 깊이 파지는 않았다. 하기야 어떤 곳인지 뻔히 알면서 누가 이곳에 와서 감히 여기저기 찔러보고 다니겠는가? 악취를 풍기는 땅에서 시신 혹은 누렇게 뜬 팔다리가 나올 때마다 "알라후 아크바르Allahu Akbar"●라는 간절한 외침 소리가 터져 나왔고 알아볼 수 있는 흔적이 있는지 확인하려고 사람들이 달려들었다. 신원을 확인할 수 없는 시신은 그 지역 종교 자선단체에서 묘지로 데리고 갔다. 이 자선단체들은 보통 사담 후세인 정권의 몰락 후에 이웃한 이란에서 넘어온 정당과 연관되어 있었다. 유족은 자신의 가족이라 생각하는 시신을 바그다드의 중앙 시체안치소로 데려가서 과로로 지친 법의학 담당 직원에게 사망진단서를 발급받았다.

시체안치소 자체도 시신을 찾는 사람들의 표적이었다. 혼란에 빠진 도시를 휩쓸고 있는 폭력으로 끝없이 실려오는 시신에 지칠 대로 지친 법의학 담당자들에게 어머니들이 찾아와 실종된 아이의 증거서류를 요구하며 위협적으로 말을 걸었다. 나는 2003년 여름에 발굴이나 신원확

● '신은 위대하다'라는 의미의 이슬람 기도문.

인을 돕기 위해 간 것은 아니었지만 바그다드를 돌아다니면서 이런 가엾은 영혼을 참 많이 보았다. 보스니아의 경우와 마찬가지로 미군은 이들의 상처 치유를 돕지 않고, 상처가 곪아터져 내전으로 이어지도록 방치했다. 게다가 미국군과 영국군에게는 더 긴급한 문제가 있었다. 사담 후세인이 잡히지 않고 달아나는 바람에 그의 추종자들이 게릴라 저항운동을 조직해 며칠마다 연합군을 죽이고 있었다. 경비가 이루어지지 않는 이라크 국경을 통해 수천 명의 지하드 전사, 알카에다 테러리스트, 이란의 요원이 이라크로 쏟아져 들어와 새로 도착한 대악마Great Satan, 즉 미국군 및 영국군과 전투를 벌이면서 도시 이곳저곳에 거대한 차량 폭탄이 터지고 있었다.

그리고 그 폭발 중 하나 때문에 내가 치열한 분쟁 지대인 바그다드까지 오게 된 것이었다. 내가 우리 사무실을 보여줄 때 사람들은 방탄조끼와 헬멧이 전시되어 있는 것을 보고 걸음을 멈추는 경우가 많다. 우리가 때때로 현재 전투가 일어나고 있는 지역에 가야 할 때가 있음을 모르고 있었던 것이다. 테러리스트나 반란군이 유엔을 공격하리라고는 누구도 생각하지 않았다. 물론 유엔 평화유지군은 과거에도 여러 번 공격을 받았고, 유엔의 비행기가 격추당하거나 특사가 암살당하기도 했다. 하지만 실제 조직이나 유엔 사무총장이 대표자로 임명한 사람을 대상으로 한 공격은 없었다. 어쨌거나 유엔이 거기에 간 것은 미군의 점령을 강화하기 위함이 아니라 산산조각 난 국가의 재건을 돕기 위함이었으니까 말이다. 발리의 호주인과 마찬가지로 이 지도자들도 조직이 표적이 될 줄은 꿈에도 상상해보지 않았다. 유엔에서 보안이 약한 캐널 호텔에 사무실을 차린 이유도 그 때문이었다. 이들은 안전지대를 의미하는 그린존Green Zone의 철옹성 같은 미군 본부에 비하면 보안이 느슨했다. 그리고 이는 미군과의 차별화를 위해 일부러 그런 것이기도 했다. 그 덕에 이곳은 접근성이 좋아서 이라크 사람들이 찾아와 도움을 요청할 수도 있었다고, 이 임무를 맡았던 브라질인 수장 세르지우 비에이라 지멜루는 말했다. 안타깝게도 이런 용이한 접근성 때문에 알카에다 지도자를 꿈꾸던 아부 무사브 알자르카위가 보낸 자살폭탄대원이 폭탄으로 가득 찬 트럭으로 지멜루의 사무실 바로 아래 있는 빈약한 콘크리트블록 담장을 들이받을 수 있었다. 이 폭탄테러로 건물의 서쪽 벽이 완전히 뜯겨 나갔고, 지멜루와 22명이 넘는 그의 직원이 사망했다.

거의 10년 전에 폭탄테러를 당한 오클라호마시티의 연방정부청사 건물을 둘러싸고 혼란이 있던 것처럼 미군이 점령 중인 이라크 한가운데 있는 유엔 건물의 지위를 두고도 혼란이 일었다. 그 호텔은 배타적인 유엔의 관할권 아래 놓여 있었지만, 제대로 기능하는 독립적인 정부 없이 미국이라는 외부세력에 의해 군사적으로 점령되어 있는 국가에서 이런 수렁 같은 상황을 맞이한 탓에 대체 어떻게 일을 처리해야 할지 아무도 알지 못했다.

유엔 사무총장 사무실에서는 우리를 고용해서 지멜루와 그 직원들의 시신을 찾아내어 신원을 확인하고 본국으로 송환하는 일을 맡겼다. 우리는 군대의 관료주의를 뚫고 들어가 사망자를 집으로 돌려보내면 됐다. 말은 쉽지만 간단치 않은 일이었다.

우선, 바그다드로 들어가고 나오는 상업용 항공편이 없었다. 항공편은 전투 발생 이후로 폐쇄되어 있었고, 그 활주로에는 오래되고 불에 그을린 이라크 항공 비행기들의 동체가 여기저기 흩어져 있었다. 한편 이곳의 도로는 무장한 노상강도가 들끓었고, 게릴라 조직도 점점 더 많아지고 있었다. 나는 영국 공군에 있는 한 친구에게 연락을 취했고, 그가 우리를 브라이즈노턴에서 영국의 통제 아래 있는 바스라로 가는 영국 비행기에 우리를 태워주었다. 그리고 그다음에는 군용 C-130 수송기를 타고 바그다드로 갈 수 있게 주선해주었다. 공항을 빠져나오는 것마저도 쉽지 않았다. 우리가 탄 영국 공군 비행기는 거대한 복합건물인 바그다드국제공항에 착륙했는데, 그곳에서는 유엔 운전사의 출입을 금지했다. 그리고 유엔 자체가 관료주의와 텃세가 심한 조직이다. 호위대가 결국 나를 찾아냈을 때 운전사는 자기가 사무총장 사무실이 아니라 유엔 보안대 소속이기 때문에 위성전화를 걸어 자기 상관에게 허락을 받아야 한다고 내게 말했고, 그가 허락을 구하는 동안 우리는 기다렸다.

마침내 캐널 호텔에 도착하고 보니 대학살의 현장이 확연히 드러나 있었다. 저층의 콘크리트 건물이 트럭폭탄으로 산산이 뜯겨 나가 있었다. 폭탄테러가 점점 늘어나고 있었고, 불과 며칠 전에 요르단 대사가 폭탄테러로 사망했음에도 아무도 유리창을 마일라^{Mylar}로 덮어놓지 않았다. 마일라는 폭발이 일어났을 때 유리 파편이 너무 심히 튀지 않게 막아주는 일종의 투명 접착제다. 산산조각 난 유리는 건물에 재앙 같은 손상을 입혀놓았다. 벽은 여기저기 피로 덮여 있었고, 자살폭탄테러범이 사용한 더러운 트럭 쪽을 마주한 특사의 사무실에는 부러진 사무실 의자, 탁자, 무너져 내린 천장 타일 등이 뒤죽박죽 섞여 있었다. 내가 도착했을 즈음에는 미군에서 이미 시신들을 치운 상태였지만 나는 그들이 놓쳤을지 모를 유해를 더 수색해보았다. 건물 안으로 들어가니 이 건물의 보안이 얼마나 허술했는지가 분명하게 드러났다. 나는 유엔 사무총장 사무실로 내가 발견한 내용을 간략하게 글로 적어 보고했다. 만약 유엔에서 유엔이 중립적인 참여자이니 아무도 공격하지 않으리라 생각한 것이 사실이라면 그들은 강한 자와 약한 자 사이에 이루어지는 비대칭적인 전투와 테러의 본성에 대해 거의 이해하지 못한 것이다. 그리고 그들은 영국과 미국의 침공 이전에도 이미 10년간의 유엔 제재 아래 100만 명의 이라크 국민이 사망했다는 사실을 잊고 있었던 듯하다. 그러니 이곳에서 유엔을 바라보는 시선이 고울 수가 없다.

내 보고서는 필요하지 않았다. 폭탄테러 후에 유엔이 이라크를 떠났기 때문이다. 그들은 유엔 특별대표 세르지우 비에이라 지멜루, 그의 수석 보좌관, 인도주의사업 전문가 몇 명을 비롯해 22명의 사람을 잃었다. 지멜루는 장래에 유엔 사무총장이 될 사람으로 종종 거론되던 인물이었다. 이것이 대량 사망 사고의 힘이다. 블랙호크 헬기를 잃고 그 후에 모가디슈에서 유혈이 낭자한 구출 작전이 있고 나서 그 충격이 1993년 미군의 소말리아 철수를 촉발한 것처럼 유엔 본부를 대상으로 일어난 공격은 유엔으로 하여금 여러 해 동안 그 나라를 떠나게 만들기에 충분했다.

현장으로 달려간 미군 병사들은 부상자를 치료하고 사망자를 바그다드 국제공항에 있는 시신집결소로 옮겨놓았다. 이 시신집결소는 사망한 미군 병사를 모두 도버 공군기지의 전사자 안치소로 운반할 준비를 담당하는 바그다드의 시설과 같은 것이다. 미군에서 관할권을 주장하며 군대검시관이 이미 사망자로부터 증거를 수집하고 신원을 확인할 팀을 보낸 상태였다. 이왕이면 모든 시신을 요르단으로 운구해서 그곳에서 일을 할 수 있으면 좋았겠지만 우리가 참여할 수만 있다면 관할권을 두고 논쟁을 벌이는 것보다는 그 전에 해온 것처럼 함께 작업하는 것이 합리적이었다. 그렇지만 신원을 확인하기 위해서는 그들도 유족으로부터 기록을 넘겨받아야 했다. 우리는 희생자의 고국으로부터 확실한 신원확인에 필요한 서류를 수집하는 절차를 시작했다. 이를테면 치과 치료 기록이나 친척의 DNA 검사 결과 같은 것이다. 우리가 이 일을 하고 있는데 한 이슬람교도 여성 사망자의 가족이 찾아와 그 여성의 시신을 이슬람 사원에서 이슬람 전통에 따라 씻어주고 싶다고 요청해왔다. 듣기에는 간단한 문제 같지만 그렇지가 않았다. 바그다드는 머지않아 곧 점령에 저항하는 대규모 반란이 일어날 조짐을 보이고 있었다. 모든 미군 병사, 국제구호요원, 외국 외교관이 로켓 추진 수류탄, 사제폭탄, 자살폭탄테러의 표적이 되고 있었다. 어떤 경우에는 민간인 복장을 한 이라크 사람이 거리에서 검문소 일로 바쁜 미군 병사에게 다가가 바로 앞에 갖다대고 총을 쏘기도 했다. 매일 노골적인 공격이 일어나고 있었다.

하지만 유족의 바람을 충족시키기 위해 무엇이든 최선을 다하는 것이 우리의 목표였으므로, 우리는 나와 함께 일하던 그 지역 이라크인 유엔 직원에게 안전하게 갈 수 있는 이슬람 사원이 있는지 알아봐달라고 부탁했다. 그 여성이 수니파였기 때문에 수니파 이슬람사원이 필요했다. 폭발 때문에 시신을 씻을 수는 없는 상황이었지만 관을 향해 기도를 올릴 수는 있을 것이었다. 우리는 사원의 사진을 촬영해 유족에게 보여주었다. 유족들은 자기네도 아는 곳이라고 말했다. 알고 보니 이 사원은 도시에서 가장 위험한 장소 중 하나였다. 이곳에서 수니파 반란집단이 이미 연합해서 미군 병사에 대한 공격을 감행하고 있었다. 하지만 그가 말하기를 종교지도자 이맘^{imam}이 안전한 통과를 보장하고, 우리가 하는 일에 감사하고 있다고 했다. 결국 나와 우리 여성 대원 중 한 명, 그 지역 이라크 운전사들이 그 여성의 시신을 이슬람 사원으로 옮겼다.

폭탄테러에 대응해서 바그다드로 온 유엔 보안조정관 툰 미얏이 우리가 하고 있는 일을 듣고는 그 이슬람사원으로 계획에 없던 방문을 했다. 그도 그 여성의 시신에 조의를 표하고 싶어 했다. 나는 그가 그렇게 하고 싶어 하는 이유를 이해할 수 있었다. 하지만 그는 중무장한 대규모 보안특무대와 함께 그곳에 도착했고, 이맘은 이들을 들이는 것에 동의하지 않았다. 나는 미얏에게 그런 사정과 함께 공무를 진행하는 것으로 보이는 호송대가 점점 이라크 저항군의 공격 표적이 되고 있다는 점을 설명했다. 우리는 신속하게 일을 마무리하고 헤어졌다. 다행히 아무런 사고 없이 사망자와 그 유족에게 필요한 부분을 충족시켜줄 수 있었다. 유엔의 내부 검토를 통해 그는 나중에 자신의 자리에서 내려왔다.

또 다른 문제도 있었다. 군대검시관이 도착하기에 앞서 미군에서 모든 이라크 국민의 시신을 지방 당국에 인도해버린 것이다. 이 사람들이 유엔 건물 구내에서 사망했기 때문에 관할권을 두고 문제가 생길 수 있다고 설명하며 그러지 말라고 우리 쪽에서 요청한 상황이었다. 우리가 원하는 것은 시신이 올바로 유족에게 갈 수 있게 하고, 유족을 찾아내는 것이었다. 이들에게는 유엔으로부터 도움을 받을 권리가 있었기 때문이다. 하지만 예비군 대령이 한 명 있었다. 내가 현역으로 있을 때 전사자 예우 담당국을 교육하며 만나기도 했던 사람인데 그는 자기가 이 분야를 더 잘 안다고 믿는지라 시신 수습 과정에서도 나와 몇 번 충돌이 있었다. 아무래도 내가 생각만큼 잘 가르치지는 못했나 보다.

우리는 이웃 국가 요르단의 수도 암만에 유족지원센터를 차렸다. 이라크는 너무 위험하기도 하고 본국 송환을 위해 시신을 방부처리할 시설이 없었다. 우리는 사망진단서 발급 문제와 신원확인 기준을 무엇으로 잡을 것인가 하는 문제에 대해 군대검시관과 합의했다. 유엔 직원은 세계 각국에서 모인 사람들이다. 그래서 필요한 기록을 모으기가 어려울 수 있고, 당시의 유엔은 직원의 DNA 표본, 지문, 치과 기록, 구체적인 가족 정보 등을 수집하는 프로그램도 갖추고 있지 않았다. 이 프로그램은 우리가 유엔, 그리고 장기간 위험한 지역으로 사람을 보내는 기관이나 회사에 권장하는 것이다.

우리가 한 여성의 신원을 확실하게 확인해줄 기록을 찾는 데 애를 먹고 있었다. 그래서 군대검시관은 그 여성의 시신을 내어주려 하지 않았다. 우리도 이해할 수 있는 부분이었다. 하지만 우리는 이것이 정치적인 사건이라는 점도 이해하고 있었다. 이 경우 그 여성의 유족들이 요르단 정부에 찾아가 항의했다. 우리가 방부처리와 고국 송환이 가능하도록 이미 신원확인이 된 사망자 시신을 모두 군용 비행기에 태워 요르단으로 보내던 때였다. 연관된 국적이 모두 16개국이었다. 공항에서 사망자의 시신을 비행기에 싣고 있는데 미국 국무부에서 온 사람이 내게 왜비행기 출발을 지연시켜 요르단 영공을 막고 있는지 물었다. 내가 그런권한을 갖고 있는 사람이 아니었기 때문에 몇 군데 전화를 해보았다. 보아하니 그 유족의 항의 때문에 비행기에 그 여성의 시신도 실을 때까지왕이 영공을 막으라고 명령해놓은 모양이었다. 나는 요르단 관료와 얘기하며 사망진단서가 나오지 않은 시신을 받아서 그쪽에서 신원확인을해도 괜찮겠느냐고 물어봤다. 그들이 동의했다. 그러고 나서 나는 군대검시관에게 그런 조건을 바탕으로 시신을 내어줄 수 있겠느냐고 물어보았다. 우리는 사망자의 정확한 신원을 확인한 상태라고 꽤 확신하고 있었다. 사망한 여성이 몇 명 되지 않았고, 나머지 사람은 모두 신원이 분명하게 확인된 상태였기 때문에 그 사람들을 배제하면 이 여성의 신원도 거의 확실했다. 물론 실종자와 이미 신원이 확인된 사람의 명단이 완벽하게 갖추어져 있었다면 일이 훨씬 쉬웠을 것이다. 하지만 이라크 국민의 시신을 미리 방출해버리는 바람에 100퍼센트 확신할 수는 없었다. 우리는 그 여성의 시신을 준비해서 비행기에 실었다. 그리하여 그 비행기는 이륙허가, 그리고 더 중요한 착륙허가를 받을 수 있었다.

그렇지만 이것이 바그다드로 가는 나의 마지막 여정은 아니었다. 방치된 공동묘지에 관한 의문이 여전히 나를 괴롭히고 있었는데, 그다음해에 사실상 미국의 점령정부였던 연합군 임시행정처에서 내게 그 시신 발굴의 타당성을 검토해달라는 요청이 들어왔고, 나는 바그다드로 돌아가 일부 현장을 둘러보았다. 그중에는 북쪽 쿠르드족의 반#자치 지역도 포함되어 있었다. 그들은 1980년대 말 사담 후세인의 화학가스 공격으로 사망한 수백 명의 시신을 발굴해서 재매장하기를 원했다. 겨자가스 공격, 그중에서도 가장 악명 높은 1988년 할랍자 마을에 가해진 공격으로 사담 후세인 수하의 최고사령관은 '케미컬 알리Chemical Ali'라는 별명을 얻게 됐다.

미국 주도의 연합군과 쿠르드족이 요구한 과제는 모두 병참학적으로 어려운 문제였다. 나는 쿠르드족에게 독가스가 살해당한 사람들의 두터운 옷감에 갇혀 있을 가능성이 높기 때문에 사망자의 시신이 아직도 오염되어 있는지 알아내려면 시험 삼아 일부를 열어서 확인해야 한다는 점이 우려된다고 설명했다. 나는 육군에서 긴 시간을 보내는 동안 오염된 사람의 유해를 다루는 원칙을 완성해놓았다. 이 원칙은 할 수 있는 일이기는 하지만 시간이 들고 병참학적인 지원이 많이 필요했다. 그럼에도 우리는 연합군 임시행정처에 이 안건을 제기했다. 쿠르드족은 오랜 기간 고통받았다. 자기들도 발언권을 갖고 정부의 일원이 되고 싶다고 느끼던 그 시기에 쿠르드족의 목표는 사망자를 안장하고 그들에게 무슨 일이 있었는지 세상에 알리고 상기시켜줄 수 있는 기념관을 건설

하는 것이었다.

그리고 나는 연이은 여정에서 이라크에 있는 다른 공동묘지를 일부 살펴보았다. 심지어 연합군 임시행정처의 사령관 폴 브레머와 예정된 회의를 하러 비행기를 타고 가기도 했다. 하지만 내가 그린존 회의를 위해 도착하자 그는 곧바로 그 회의를 취소해버렸다. 바그다드에 있는 미국 당국에서 시신을 발굴하기 원하는 이유가 단지 미래에 있을 사담 후세인의 재판에 제시할 증거를 확보하기 위함이라는 것이 곧 분명해졌다. 후세인은 2003년 여름만 해도 여전히 도망을 다니고 있었지만 그때는 잡힌 상태였다. 이해할 수 있는 부분이었다. 그렇지만 여기서도 보스니아에서 달성한 것과 유사한 커다란 혜택을 얻을 수 있었다. 여기에서는 발칸 지역의 역사로부터, 그리고 그곳의 공동묘지에서 사망자의 시신을 수습해서 되돌려주기까지의 과정으로부터 배울 수 있는 기회가 열려 있었다. 자기네 독재자에게 죽임을 당한 이라크인의 실종된 시신을 미국이 찾아서 유족에게 돌려준다면 들끓어 오르고 있는 반란의 기운을 진정시키는 데도 도움이 될 것이었다. 그런 상처를 치유하는 데 특히나 도움이 되었을지 모르는 유족이 있었다. 그해 여름 자체적으로 메흐디 민병대를 구축하고, 그 후로 여러 해 동안 이라크에 있는 미국과 영국의 부대와 전투를 벌인 젊은 시아족 선동가 무크타다 알사드르가 사담 후세인에게 살해당해 그 공동묘지에 매장됐다. 나는 다른 시신들과 아울러 그의 시신을 찾아서 유족에게 돌려준다면 아주 큰 변화가 생기리라 확신했다. 연합군은 모든 공동묘지의 지도를 갖고 있었다.

나는 이 임무가 우리에게 배정될지 여부는 신경 쓰지 않았지만 누군 가는 해야 할 일이었다. 그래서 이 일을 성사시키기 위해 내 시간과 돈을 들여가며 노력했다. 심지어 내 오랜 친구인 찰리 윌슨에게 도움을 구하기도 했다. 윌슨은 텍사스 출신의 전직 하원의원으로, 소련의 1979년 아프가니스탄 침공 이후 미국에서 아프가니스탄의 무자혜딘에 소련과 맞서 싸울 무기를 공급하게 만든 것으로 유명한 인물이다. 그러나 안타깝게도 관심이 없었다. 이 전쟁은 '충격과 공포shock and war'의 승리라기 보다는 아프가니스탄에서 소련이 저질렀던 실수에 더 가까워 보였다. 2004년에 미국의 점령군 사령관 폴 프레머는 대충 꿰어 맞춘 이라크 정부에 지휘권을 재빨리 넘기며 자유롭고 공정한 선거를 조직해보라고 말한 다음 비행기에 올랐다.

머지않아 이라크는 잔혹한 내전으로 빠져들며 기존의 공동묘지에 새로운 공동묘지를 추가했다. 그 후로 중동 지역 대부분이 이 내전의 영향권으로 들어갔다.

반면 보스니아는 꽤 안정적인 국가로 등장했다.

이 모든 것이 공동묘지를 발굴해서 사망자의 신원을 확인하고 유족에게 돌려주지 않은 탓이라 주장할 수는 없다. 25년이 지난 지금까지도 일부는 여전히 신원확인이 진행 중이기 때문이다. 국가가 평화를 유지할 것이냐, 내전으로 빠져들 것이냐를 결정하는 요인은 수십 가지가 넘는다. 하지만 아무리 어두운 역사라도 그 역사를 이해하고 인정하면 차이를 만들어낼 수 있다고 나는 믿는다. 사랑하는 이의 행방을 알지 못하는 것만큼 큰 고통과 슬픔은 없다. 정말 악랄한 아픔이다. 감정이 끝도 없이 롤러코스터처럼 요동을 친다. 어떤 날은 마치 사랑하는 이가 문을 열고 들어올 것만 같은 큰 희망에 젖기도 한다. 드물기는 하지만 실제로 이런 일이 일어나기도 한다. 일곱 살의 나이로 1972년에 납치되었다가 1980년에 탈출해서 가족의 품으로 돌아온 스티븐 스테이너를 생각해보라. 그러나 그렇지 않은 날에는 깊은 절망감, 그리고 희망을 접고 정상적인 생활로 돌아가고 싶은 마음이 생기는 데 대한 죄책감에 빠져든다. 이런 감정적 고문은 종교나 국적을 불문하고 보편적으로 일어나는 현상이다.

이제 한 나라에 이렇게 벌어진 상처를 그대로 남겨 수만 명의 유족이 집단적으로 고통을 받고, 전쟁 후에 찾아온 불안정한 평화마저도 누릴 수 없게 한다고 상상해보라. 죽은 자를 찾아 이름을 되돌려주고, 공동묘지에 묻혔던 고문 같은 기억을 잠재운 것은 툭하면 갈등이 폭발하기 쉬운 것으로 악명 높은 발칸 지역을 안정시키는 한 가지 요소로 작용했다. 반면 그렇지 못한 이라크는 더욱 깊은 수렁으로 빠져들었다.

14

오직 신만이 아는 이름

○

　　1980년대에 법집행관으로 일을 시작해서 시신 수천 구의 신원확인을 도운 회사를 운영하게 되기까지 나는 사람의 신원확인 절차가 놀라울 정도로 발전하는 모습을 지켜보았다.

　사실 시신의 신원을 확인할 때 일반적으로 제일 먼저 찾는 방법이 DNA 검사는 아니다. 조각만 남은 시신이나 아무런 기록도 남지 않은 시신의 신원을 확인할 때는 아주 유용한 방법이고 실제로 우리도 사용하고 있지만, 텔레비전 드라마에 나오는 것처럼 DNA 검사가 모든 신원확인 방법의 종결자는 아니다. 지문이나 치과 기록 같은 구식 방법도 제일 먼저 사용하는 조사 방법으로 여전히 선호되고 있다. 특히 지문이 많이 사용된다. 더 간단하고, 비용도 저렴하고, 훨씬 빠르기 때문이다. 일반적으로 경찰관은 모두 지문 채취 방법을 훈련받고, 대부분의 경찰서에는 고유의 지문을 만들어내는 손가락의 소용돌이무늬를 지문 데이터와 대조하는 기술을 훈련받은 사람이 있다.

　치과 기록도 마찬가지로 효과적이다. 현장에 설치된 시체안치소에서도 죽은 사람의 치열을 살아 있는 사람처럼 작은 X선 기계를 사용해서 촬영할 수 있다. 그럼 이 치과 기록을 신원이 짐작되는 사람의 기록과 비교해서 일치 여부를 알아낼 수 있다. 법치의학자는 씌운 치아나 때운 치아 혹은 다른 보철물이 기존의 기록과 일치하는지 감별할 수 있다. 우리는 추락한 비행기 탑승자나 파괴된 건물을 방문했던 사람의 명단을 확보한 후에 바로 이런 기록을 수집하는 팀을 꾸리고 있다. 치아를 때운 수복 치료는 치과 의사가 충치를 파내고 재료를 채워 넣은 것이기 때문에 고유한 형태를 가지고 있다. 가끔은 시신이 아주 심하게 손상되거나 잔해에 끼여 있어서 쉽게 빼낼 수 없는 경우가 있는데, 그럼 우리는 구강에 삽입할 수 있는 센서를 이용해서 그 사람만의 고유한 치과적 특성을 포착한다. 그럼 사망자의 시신을 수습하기 전이라도 신원확인 절차를 시작할 수 있다. 한번은 한 수사관이 찾아와서 그가 가치 있겠다고 생각한 금 조각을 보여주었다. 그 금 조각은 치아를 때운 수복물로 밝혀졌다. 이 금 조각의 진정한 가치는 이 금 조각에 검게 변색된 치아가 붙어 있어 그것을 신원확인 표지로 사용할 수 있었다는 점이다.

지문, 치과 기록, 의학 기록은 신체적 특징을 기록해놓은 공식 기록이므로 제일 손쉬운 신원확인 도구다. 옛날에 지문을 카드에 찍어 저장하던 시절에 내가 법의학에서 제일 먼저 한 일은 지문 뜨는 법을 배우는 것이었다. 당시는 맞는 지문을 찾아내려면 수백 수천 개의 지문을 물리적으로 비교하는 법을 훈련받은 전문가가 있어야 했다. 요즘에는 FBI의 지문 자동 식별 시스템처럼 이런 과정이 모두 디지털화되어 있고, 법집행관은 이 시스템을 참조할 수 있다. 하지만 때로는 비행기 추락 사고로 손가락 피부가 찢어지거나 시간이 지나 부패한 경우에는 피부를 재수화 rehydrate하여 아주 섬세한 상갑 위에 조각을 이어 붙인다. 그리고 이것을 끼운 법의학전문가의 손가락으로 지문을 채취한다.

그러나 대량 사망 사고의 신원확인은 지문이나 치열 비교처럼 단순하지 않다. 이 경우는 수백 명의 기록을 조직적으로 관리해야 할 필요가 있다. 그리고 이 기록들을 한 번도 같이 일해본 적이 없는 사람들이 수집, 검토, 판단해야 하는 경우가 많다. 이 기록을 수백 명 유족의 인터뷰 기록과 비교하고 그 인터뷰에서 제기된 문제를 해결해야 한다.

2010년에 네덜란드에서 남아프리카공화국으로 향하던 비행기가 리비아에 추락한 사고에 대응할 때 우리는 10대 시절에 인종차별적인 아파르트헤이트 정권에서 달아나 영국으로 갔던 한 남아프리카공화국 남성의 시신을 신원확인해야 했다. 그는 영국에 사는 동안 자동차 사고를 당해서 다리에 금속판이 박혀 있었고, 그 금속판에는 시리얼 번호가 새겨져 있었다. 보통 이 정도면 신원확인하기에 확실한 방법이다. 그런데 그의 형이 우리의 유족지원센터로 와서 영국 경찰에게 사망자의 지문이 여러 해 전에 비자 신청서에 찍은 지문과 일치하지 않는다는 사실을 알렸다. 또한 아파르트헤이트 정권 시절에 동생이 남아프리카공화국 경찰에 체포된 적이 있다고 자백했다. 그 나라를 빠져나오기 위해 영국 비자를 신청했고, 범죄 기록이 없음을 입증해야 했던 것이다. 그래서 두 형제는 비밀리에 신분을 서로 바꿔치기했다.

이로 인해 우리는 특이한 문제에 봉착했다. 한편으로 보면 리비아 측에서는 시신이 어차피 자기 나라에 머물 것이 아니기 때문에 신경을 쓸 필요가 없었다. 영국 측에서는 사망자를 기소하지는 않기 때문에 오래된 체포영장을 신경 쓸 필요가 없었다. 남아프리카공화국 측에서는 외국에서 사망한 사람을 걱정할 이유도, 20년 전에 붕괴한 정권에서 발부한 영장으로 기소할 일도 없었다. 하지만 정황을 알면서도 우리가 가짜 사망진단서를 발부할 수는 없었다.

나는 남아프리카공화국 경찰 법의학팀 수장에게 전화를 해서 이 문제를 설명했다. 그러자 그 담당자는 그 형을 고국으로 돌려보내라고 했다. 우리는 형에게 그의 출생 기록 원본으로 그의 신원을 입증하기 위해 공항에서 그를 구금할 것이라고 알렸다. 이렇게 하면 우리는 죽은 동생의 신원도 입증할 수 있었다. 형은 대단히 차분했다. 수십 년 세월 동안 동생과 신분이 뒤바뀐 채 살았던 그는 남아프리카공화국으로 날아가 경찰이 그의 진짜 신원을 확인할 수 있게 도왔다. 그리하여 우리는 사망진단서를 발급하고 시신을 형에게 송환할 수 있었다.

케니언에서 대량 사망 사고 후에 시체안치소를 운영할 때 우리는 항상 인류학자, 사진사, 증거 수집 기술자, 방부처리 전문가, 병리학자 보조 등 시신을 다루는 데 불편을 느끼지 않는 사람과 함께 분류센터를 설치한다. 시신이 들어오면 결합조직으로 이어지지 않은 모든 신체 부위를 별개의 유해로 기록한다. 하얀 소매가 달린 팔이 나왔다고 해서 그와 비슷한 하얀 셔츠를 입은 상체에 달려 있던 것이라 가정해서는 안 된다.

경찰이나 소방관이 스트레스가 심한 조건이나 전쟁 지역에서 작업을 할 때 그런 일이 일어난다. 그러면 관 하나에 팔 세 개, 혹은 다리 세 개가 늘어가는 경우가 너무 많아진다. 검사 이후에는 시신을 냉동시켜두었다가 나중에 DNA 검사 결과가 나오면 분리되어 있던 조각을 다시 이어 붙인다. 이 일은 원래의 분류 작업에 관여하지 않았던 기술자가 담당하는 편이다. 그럼 그들은 서로 다른 사람의 유해가 들어 있는 주머니들 안쪽을 일일이 확인해보지도 않고 한곳에 담는다. 그리고 그 시신을 우리가 받아 보면 팔다리가 더 나오기도 한다. 그러면 과정 전체가 중단되고 검사를 처음부터 다시 해야 한다. 이런 경우는 다행히 드물지만 우리는 많은 사건에서 이런 일을 당했다.

우리 분류팀은 추가 검사가 필요한 부분을 정리한 체크리스트를 확인하고 개인 소지품을 분리해서 신원확인 검사를 하고 추가적인 손상으로부터 보호한다. 여기에는 사진 촬영, 손가락과 발가락 지문 채취, 치과 검사, X선 검사, 조직 검사, 인류학 검사, DNA 표본 채취 등이 포함된다. 만약 전쟁 지역에서 나온 시신을 작업하는 경우에는 실제 작업에 들어가기 전에 X선으로 불발탄이 시신 내부에 들어 있지 않은지 검사한다. 자칫 이런 불발탄이 시체안치소 작업팀을 위험에 빠뜨릴 수 있기 때문이다. 그리고 난 후 시체안치소의 여러 구간에서 시신에 대한 작업이 이루어지는데 각각의 구간은 서로 완전히 다른 부위의 검사를 담당한다. 검사를 얼마나 자세히 진행할지는 그냥 신원확인이 목적인지, 아니면 기소나 재판에 사용할 증거 수집을 위해 완전한 부검을 시행할 목적인지에 따라 달라진다.

우리 분류팀이 담당하는 또 다른 임무는 인체에서 나온 것을 그렇지 않은 것과 분리하는 것이다. 헬기 추락 사고를 담당한 적이 있었는데 거기에 타고 있던 공식대표단의 시신이 그들이 방문했던 마을의 노인들이 선물한 양의 시체와 함께 들어왔다. 처음 작업에 나섰던 법의학팀이 양의 뼈 몇 개를 사람의 뼈로 잘못 분류해놓았다. 우리 법의학팀이 그것을 재확인하다가 사람의 것이 아닌 뼈가 들어 있음을 발견했다. 추가로 더 조사를 해보고 나서야 우리는 헬기에 양이 같이 타고 있었다는 것을 알게 됐다.

우리는 현장에 도착하자마자 작업을 시작할 수 있도록 바코드와 라벨이 인쇄되어 있는 서류철을 미리 만들어둔다. 우리는 각각의 조각에 번호를 부여한다. 분류팀은 검사에 사용할 수 없을 정도로 유해 조각이 심하게 훼손되었는지 여부도 판단한다. 우리는 이런 유해를 법의학적 가치가 부족한 유해라고 부른다. 이런 유해에도 번호를 매기지만 그냥 보관만 해두었다가 신원확인을 100퍼센트 성공적으로 할 수 없을 때만 꺼내서 조사해본다. 그렇게 해야 법의학적 가치가 높은 유해에 먼저 초점을 맞출 수 있다. 처음 시작할 때는 조각이 하나 나오면 한 시신에서 나온 여러 조각 중 하나에 불과한지, 아니면 그 사람에게 남은 유일한 조각인지 알 수가 없다. DNA 검사를 하면 알 수 있지만, 시간이 걸린다. 우리는 그 때문에 불필요하게 시스템을 멈추고 싶어 하지 않는다. 이 일을 하기 전에도 나는 보통 최종책임자이자 사망진단서를 발급할

검시관을 만나서 이렇게 물어본다. "목표가 사람을 찾는 겁니까, 조각을 찾는 겁니까?" 실종자를 빠짐없이 신원확인하는 것이 목표인지, 아니면 수습된 유해 조각을 일일이 신원확인하는 것이 목표인지 알아야 하기 때문이다. 이 질문은 대부분의 사람이 생각해본 적도 없거나, 물어볼 생각조차 못하는 것이다. 비행기 추락 사고나 건물 붕괴 사고처럼 그 안에 있던 사람들의 목록이 확보된 사건의 경우, 우리는 일단 실종자가 모두 신원확인되고 나면 과정을 중단할 것을 권한다. 그럼 모든 사람의 최소한의 요구를 충족시킬 수 있고, 사망자를 묻어주고 새로운 삶을 시작하고 싶어 하는 사람을 힘들게 하지도 않기 때문이다. 그렇지 않으면 이 과정이 무한정 이어질 수 있다. 아주 간단한 개념처럼 들리겠지만 우리는 33명만 탑승한 비행기 추락 사고에 대응하러 갔다가 거기서 900개가 넘는 사람의 유해 조각을 수습한 적이 있다. 또 다른 사고에서는 한 사람의 신원확인만 289번 한 적도 있었다.

명단이 없을 때는 예외다. 9·11테러 같은 테러 공격이나 우리가 작업했던 저먼윙스 9525편의 추락 사고 등이 그런 경우다. 이 비행기는 2015년에 바르셀로나에서 독일 뒤셀도르프로 가다가 프랑스 알프스에서 추락했다. 이런 사건들에서 우리는 테러리스트나 살인자의 유해가 피해자의 유해와 뒤섞이는 걸 원하지 않는다. 9525편은 부조종사였던 안드레아스 루비츠가 일부러 비행기를 산에 처박았다. 27세였던 루비츠는 오랫동안 우울증과 싸워온 것을 숨기고 있었는데 그날은 정신적으로 완전히 무너져 내렸던 것으로 보인다.

이륙 20분 후에 기장이 화장실에 가려고 조종실을 잠시 비운 사이 루비츠는 선실과 이어진 문을 잠그고 3만 8000피트에 맞춰져 있던 비행고도를 100피트로 낮춰버렸다. 항공교통관제소에서 부조종사에게 연락을 취하려고 했지만 대답이 없었다. 부조종사 기록을 보면 루비츠는 무고한 149명의 희생자와 함께 죽음의 다이빙을 시작할 당시에도 정상적인 호흡을 하고 있었던 것으로 보인다. 당시 34세였던 기장 파트리크 존덴하이머는 조종실로 돌아왔다가 들어가는 문이 잠긴 것을 알게 됐다. 그는 이것이 기술적 문제라 여겼을 뿐 점진적으로 낮아지는 고도가 의도적인 것임을 바로 깨닫지는 못했을 것이다. 산맥을 가로지르며 나는 비행기는 고도를 자주 바꾸는 경향이 있고, 고도가 점진적으로 낮아지는 것은 급강하와 다르다. 기장이 조종실에 다시 들어가려고 애쓰고 있는 동안 비행기는 그대로 지면에 충돌했다.

비행기는 툴루즈 남쪽으로 65킬로미터 정도 있는 르베르네라는 작은 마을 근처의 산 옆에 추락했다. 생존자는 없었고 충돌 과정에서 탑승객 전원의 시신이 심하게 훼손됐다. 누가 비행기에 탑승하고 있었는지는 정확히 알고 있었지만 유해의 상태가 워낙 좋지 않아 DNA 검사 없이는 어느 시신 조각이 누구의 것인지 알기가 불가능했다.

시신 수습과 사후 과정이라고 하는 시체안치과정이 진행되는 동안 유족으로부터 기록을 수집하는 프로그램이 동시에 진행된다. 이 일은 보통 유족지원센터에서 이루어진다. 치과 기록, 의료 기록 등을 수집하는 것을 생전 과정이라고 한다. 생전 과정의 일부로 우리는 확실한 신원이 확인됐을 때 몇 번에 걸쳐 통지를 받기 원하는지 유족에게 물어본다. 사랑하는 이가 사망했음을 확인하는 결과가 처음 나왔을 때 한 번만 통지를 원하는지, 새로운 시신 조각이 신원확인될 때마다 원하는지, 아니면 모든 과정이 마무리돼서(재난이 있고 몇 달 후가 될 수도) 모든 시신 부위에 대한 분석이 이루어진 후에 통지를 원하는지 물어본다. 유족에게 이 정보를 굳이 알리고 싶지 않아 이것을 물어보기 꺼리는 사람이 많다. 하지만 유족 측에서 모든 과정이 끝났다고 생각했는데 사랑하는 이의 장례식이 끝난 후에도 더 많은 유해가 신원확인될 수 있음을 알게 되었다고 상상해보자. 그럴 줄 미리 알았다면 유족은 다른 결정을 내렸을 수도 있다. 실제로 이런 일이 일어나면 정말 난처해진다. 유족은 상실이 아니라, 상실에 대응하는 방식에 화가 난다. 유족에게는 이렇게 화를 낼 권리가 있다. 대응 시스템에서 더 잘 했어야 하기 때문이다.

케니언이 희생자 신원확인을 담당하는 추락 사고나 기타 사고에서 사후 과정과 모든 생전 기록 수집을 마무리하고 나면 우리는 신원확인 위원회를 만든다. 조사관들은 이 위원회 안에서 한 사람에 대해 확보한 모든 기록을 살펴보고, 그 내용을 우리가 시신에 대해 수집한 모든 사후 정보와 비교해서 제안된 신원에 대해 판단을 내린다. 이것은 중요한 부분이다. 때로는 유족들로부터 수집한 정보와 법의학 전문가가 조사 과정에서 찾아낸 정보가 충돌할 수 있기 때문이다.

예를 들어 한 사례에서는 한 여성 사망자의 최근친이 할아버지였다. 이 여성의 부모님은 같은 비행기 추락 사고로 모두 사망했다. 우리는 그

할아버지에게 다음과 같은 기본적인 질문을 몇 가지 했다. "손녀가 귀를 뚫었습니까?" 할아버지는 그렇다고 대답했다. 하지만 시체안치소에 있는 시신 중에는 귀를 뚫은 시신이 없었다. 더 조사를 해보니 할아버지가 손녀를 마지막으로 본 것은 몇 달 전이었고, 귀를 뚫었는지 아닌지도 확실히 모르고 있었다. 우리는 총체적인 정보를 바탕으로 그 여성의 신원을 최종결정했다. 우리가 절대로 사용하지도 인정하지도 않는 신원확인 방법은 육안식별이다. 육안식별은 아주 가까운 가족이나 배우자, 애인도 실수를 하는 경우가 정말 많아서 사람들은 이 고통스러운 교훈을 반복해 얻게 된다. 이런 오류가 생기는 이유는 많다. 죽은 사람을 보지 않고 옷에만 초점을 맞춘다거나, 시신이 시체안치소 시스템을 거치는 동안 처음 신원확인을 했을 때의 모습이 남지 않게 된다거나, 사용되는 번호 표기 시스템을 신뢰할 수 없어서 관리의 연속성이 담보되지 않는 경우도 있다. 재난 지역의 유족에게는 이것이 특히나 큰 좌절을 안겨준다. 유족들은 사랑하는 가족의 시신을 직접 수습하러 왔다가 도대체 왜 지연되는지 이유를 이해할 수 없어 낙담한다.

이 과정이 끝나고 펼쳐질 수 있는 시나리오는 네 가지가 있다. 첫째는 사망자의 신원확인이다. 둘째는 신원미상이다. 이것은 더 많은 기록이나 유족의 DNA가 있으면 유해의 신원을 확인하는 것이 가능하다는 의미다. 이런 사례가 이집트항공 990편 사고에서 있었다. 몇몇 이집트 군인이 그 비행기에 타고 있었는데 당시 유족들은 기록을 제공하지 않는 쪽을 택했다. 그래서 우리는 고유의 DNA 프로필을 확보한 시신이 몇 구 있었음에도 프로필을 비교해볼 수 없었다. 그러다 가끔 유족이 찾아와 DNA를 제출하면 우리는 프로필이 맞아떨어지는 시신을 찾아 유족에게 되돌려주었다. 셋째 시나리오는 신원확인 불능이다. 사람의 유해를 확보하기는 했지만 현재의 기술로는 그것이 누구인지 확인할 수 없음을 의미한다. 이것은 보통 유해 조각이 너무 작은 경우다. 그리고 모든 조직이 사용 가능한 DNA를 갖고 있는 것도 아니다. 넷째는 실종이다. 유해를 전혀 찾지 못한 경우다.

신원확인 불능과 실종이 유족의 입장에서는 견디기가 가장 힘들다. 텔레비전만 봐서는 누구든 당연히 신원확인이 가능한 것처럼 생각되기 때문이다. 어떤 관할권에서는 시신이 나오지 않으면 아예 사망진단서를 발급해주지 않는다. 이런 경우 우리는 모든 증거를 바탕으로 법정에 진정서를 제출하지만, 이런 경우도 유족에게 정말로 그러기를 원하는지 확인한 후에 진행한다.

대량 사망 사고의 시체안치소를 관리할 때 우리는 마치 유족이 우리 옆에 서서 지켜보고 있는 것처럼 일하려고 노력한다. 오랫동안 법의학 과정이나 신원확인 과정은 일하는 사람의 편의에 맞춰서 진행되었다. 그래서 치과 기록을 쉽게 얻기 위해 턱을 떼어내거나, 지문 채취를 쉽게 하려고 손을 잘라내기도 했다. 해서는 안 될 일이고, 우리는 그렇게 하지도 않는다. 마치 사랑하는 가족의 시신이 물건 취급을 당하는 것처럼 느껴져 유족에게는 큰 아픔이 되기 때문이다.

1989년 여름에 템스강에서 유람선 마셔네스호가 준설기와 충돌해서 가라앉았을 때 검시관은 신원확인 작업반에게 51명의 희생자 중 25명의 손 절단을 허용했다. 이런 결정을 내린 근거는 물을 머금은 시신은 부패 속도가 빨라 이렇게라도 해서 지문 채취를 신속하게 해야 한다는 것이었다. 이 유람선에 타고 있는 사람 중 상당수가 동성애자였고, 유족은 시신 절단을 허락하지 않은 상태였기 때문에 경찰과 검시관을 동성애 혐오 혐의로 고발했다. 그에 대한 법적인 조사는 거의 20년 동안이나 질질 끌었다. 종종 그렇듯이 사망자 신원확인을 위해 이런 최후의 수단까지 동원하게 되는 이유는 이 일에 관여하는 사람 중에 이런 대규모 사망 사고 경험이 없어 집단적 슬픔의 힘을 이해하지 못하는 사람이 있기 때문이다. 검시관은 재난이 발생하고 이틀 후에 휴가를 가버려서 어떤 신원확인 방법을 사용할지 효과적으로 조율할 사람이 없었다. 악의가 있었던 것은 아니었을 것이다. 당연한 얘기지만 그렇다고 이 사실이 유족에게 위안을 주지는 못했다. 특히 한 어머니는 자기 딸의 손을 검시관이 깜박하고 재난 후 4년 동안이나 냉동실에 방치해두었다는 것을 알게 됐다. 이 어머니는 법정에 나갔을 때 당연히 그 검시관을 맹비난하며 이렇게 말했다. "그 검시관은 제 딸에 대한 저의 권리를 박탈했습니다. 마지막으로 딸의 손을 잡고 그 손에 작별 키스를 할 권리를 앗아 갔어요." 그럼에도 그 검시관 폴 내프먼은 사임 요구를 거부하고 11년 더 검시관으로 근무했다.

정확한 시신을 돌려주기보다는 어떻게든 시신을 돌려주었다는 사실을 더 중히 여기는 사람도 신원확인 과정을 지나치게 서두를 수 있다.

2003년 5월에 아프가니스탄에서의 복무 기간을 마치고 돌아가는 스페인 평화유지군을 실은 우크라이나의 전세기 UM 4230편이 튀르키예에서 재급유를 하다가 짙은 안개에 추락해, 탑승한 62명의 평화유지군과 13명의 승무원이 모두 사망했다. 9·11테러 이후 미국이 주도하는 전쟁에 스페인이 관여하는 것에 대해서는 항상 논란이 있었다. 병사들의 시신을 스페인으로 돌려보내 안장하고 국가적으로 애도할 수 있게 하려는 급한 마음에 상급 장교들이 부검을 서두르고 일부 결과는 조작하도록 검시관에게 압력을 가했다. 법원에서 62명의 병사 중 거의 절반의 신원이 잘못 밝혀져 유족들이 엉뚱한 시신을 받았음이 밝혀졌다. 시신의 신원이 확인되었다는 공식 문서에 서명했던 비센테 나바로 장군은 튀르키예의 검시관들이 혼란을 일으켰다며 비난했지만, 튀르키예 측에서는 스페인이 병사의 시신을 고국으로 송환하려고 너무 서두르는 바람에 심하게 훼손된 시신을 대상으로 하는 DNA 검사를 건너뛰어 그렇게 된 것이라고 주장했다.

지루한 법정 공방이 지나고 2009년에 나바로 장군이 3년의 징역형을 선고받았다. 다른 두 명의 장교도 유죄 판결을 받고 수감됐다. 스페인은 고통스러운 교훈을 얻었다. 나도 직접 겪어본 교훈이다. 그 유죄 판결이 있고 1년도 지나지 않은 2010년에 스페인의 한 경찰이 아이티 지진 당시 유엔 건물 구내에서 사망했다. 아주 고위급의 스페인 외교관이 개인적으로 내게 찾아와 그 스페인 경찰의 신원을 확인해달라고 요청했다. 당시 나는 이 요청에 조금 당황했다. 스페인은 그 경찰관의 지문 기록도 갖고 있고, 자체적으로 법의학팀이 유해를 조사하고 있었기 때문이다. 하지만 나는 그가 같은 일이 다시 반복되지 않았는지 분명하게 확인하고 싶어 한다는 것을 눈치챌 수 있었다. 2010년 4월에 러시아에서 대통령 전용기 추락 사고로 폴란드 대통령이 사망한 일은 더욱 충격적이었다. 이것은 전쟁 이후 폴란드 역사에서 가장 치명적인 항공 사고였다. 이 사고로 레흐 카친스키 대통령과 그 부인뿐 아니라 수석보좌관과 다른 고위 관료들, 18명의 국회의원, 전직 대통령, 대주교, 그리고 악명 높은 카틴숲 대학살Katyn massacre에서 살해된 폴란드인의 가족 몇 명도 함께 목숨을 잃었다. 이 최고위급 대표단은 정확히 70년 전에 구소련 스몰렌스크 근처의 한 숲에서 러시아 비밀경찰에게 체포되어 총살당한 2만 2000명의 폴란드 군 장교와 지식인의 추도식에 참여할 예정이었다. 폴란드의 지배권을 노리던 소련은 이 살육을 나치의 탓으로 돌리려 했다.

화해의 장으로 계획된 일이었지만 폴란드의 비행기가 역시 짙은 안개 속에서 착륙하다 추락하여 96명의 탑승자가 전원 사망함으로써 총체적인 재난으로 바뀌고 말았다. 조종사는 나쁜 기상 상황 때문에 우회하고 싶었을지도 모른다. 하지만 탑승자들이 워낙 중요한 인물이고 그행사도 의미가 큰 것이었기 때문에 그러지 않기로 판단했을 것이다. 그지역에는 사용 가능한 다른 공항이 없었다. 그와 비슷한 시간에 그 공항으로 접근하고 있던 또 다른 비행기는 약 400킬로미터 정도 떨어진 모스크바로 안전하게 우회했다. 또한 스몰렌스크 공항은 국제 항공편을 받도록 설계된 공항도 아니었고, 그곳의 항공교통관제사도 항공 분야의 공용어인 영어 능력을 법적으로 요구받지 않았다.

추락 이후 시신의 수습과 신원확인 작업은 시작부터 러시아인 때문에 끔찍하게 망가지고 밀렸다. 러시아인들은 징병된 병사를 동원해 이 착륙장에서 사람의 유해를 모았다. 일부 시신에서 신용카드가 사라졌는데 그중 하나가 1000달러 이상의 금액을 지불하는 데 사용된 것이 뒤늦게 밝혀졌다. 러시아에서는 자체적으로 추락 사고 조사에 나섰고 항공기 잔해를 폴란드로 돌려보내는 것을 거부함으로써 바르샤바를 분노하게 만들었다.

우연히도 폴란드의 야당을 이끄는 사람은 추락 사고로 사망한 대통령의 쌍둥이 형제 야로스와프 카친스키였다. 그와 다른 야당 인사들은 아무런 증거가 발견되지 않았음에도 비행기가 표적 공격을 당했다는 주장을 펼쳤다. 그의 당이 2015년에 정권을 잡자 이들은 수사를 재개하고 관을 다시 열었다. 그리고 검찰에서 많은 시신의 신원확인이 잘못되어 있음을 발견하자 폴란드인은 충격을 받았다. 심지어 대통령의 관 속에도 다른 두 희생자의 유해가 함께 들어 있었고, 미론 호다코브스키 대주교의 관에는 그의 상반신은 제대로 들어가 있었지만 하반신은 군 주교인 타데우시 플로스키 장군의 것이 들어가 있었다. 정말 끔찍한 재앙이었다. 서로 의심하는 이웃 국가 사이의 잔혹한 역사를 원만히 극복하고, 카틴 숲 대학살의 혼령을 위로하기 위해 계획된 일이 오히려 더 많은 혼령을 만들어낸 것이다. 유족의 입장에서는 이중의 악몽이었다. 일부는 죽은 자가 편히 쉴 수 있도록 그쯤에서 덮고 싶어 했지만, 일부는 이 복잡한 이야기를 밑바닥까지 파고들어 진실을 밝히겠다는 결의에 차 있었다. 한 탑승객 사망자의 딸이 케니언에 연락해 자기가 받아서 매장한 시신이 정말 아버지의 시신이 맞는지 확인해줄 수 있는지 물어왔다. 그렇지만 폴란드 검찰에서 조사하는 중이었기 때문에 우리로서는 그 여성을 도울 관할권이 없었다. 그 유족은 아마도 결코 진실을 알아낼 수 없을 것이다.

적절한 신원확인 못지않게 중요한 것이 신원미상 유해와 신원확인 불능 유해를 매장하는 것이다. 유해 대부분이 신원확인된 이후에도 종종 시신 조각이 남는다. 사람들은 이 부분을 소홀히 취급하는 경우가 많다. 모든 유해는 적절한 계획 아래 처분하는 것이 중요하다. 이 시신 조각들은 의학폐기물이 아니라 사람의 유해다. 이 유해 역시 품위를 갖추어 매장되어야 하고, 유족도 그 유해 조각들이 매장된다는 사실을 알고 있어야 한다. 나를 비롯해서 많은 사람이 화장이라는 방식을 인정하고 있지만 화장이 보편적으로 인정받는 것도 아니고, 일단 화장하고 나면 되돌릴 수 없기 때문에 우리는 매장이라는 방식을 이용한다.

2011년, 미국 언론은 충격적인 소식을 전했다. 이라크와 아프가니스탄 전쟁에서 사망한 미군 병사 수백 명의 시신 조각이 사람들의 뜨거운 관심 속에 델라웨어의 도버공군기지로 송환되었지만 당국에서 이 시신 조각들을 화장한 후 버지니아의 지역 쓰레기 매립지에 버린 것이다. 거의 300명에 이르는 미군 병사의 유족은 사랑하는 가족의 유해를 공군에서 예의를 갖추어 정중하게 처분했으리라 믿고 있었다. 하지만 군 당국은 머나먼 전투 지역의 사제폭탄 공격에서 필연적으로 발생할 수밖에 없는 작은 조직과 뼈 조각을 어떻게 처리해야 할지 알지 못했다.

역설적이게도 이 매립지는 남북전쟁 당시 챈슬러즈빌 전투에서 아군의 총에 맞아 사망한 남부연합의 장군 스톤월 잭슨의 팔이 화강암 묘비 아래 묻힌 곳에서 불과 50킬로미터 정도 떨어진 곳이었다. 이 묘비에는 "스톤월 잭슨의 팔. 1863년 5월 3일"이라고 적혀 있다. 이 팔 역시 원래는 19세기 당시 전투와 수술에서 필연적으로 생겨날 수밖에 없는 훼손된 팔다리를 모은 무더기에 던져질 운명이었다. 하지만 한 육군 사제가 이 팔을 발견하고 '구조'했다.

충격을 받은 유족들로부터 당연히 분노가 터져 나왔다. 그런데 공군에서 수천 개의 파일을 다시 열어서 그 조각들의 정확한 기원을 알아내려고 하면 비용과 시간이 너무 많이 들어 곤란하다고 발표하는 바람에 그 분노에 기름을 부었다. 반면 그 지역 거주민들은 정말 인간적인 대응을 보여주었다. 언론에서 그 뉴스가 나오자 그곳 거주민들이 돈을 모아 썩어가는 쓰레기와 부서진 가정용품 한가운데 비석을 세워준 것이다. 고등학교 트럼펫 연주자의 음악이 울리고, 미국 재향 군인회의 모터사이클 시범 부대가 미국 국기를 들고 매립지 안쪽을 한 바퀴 도는 동안 비석의 명판이 공개됐다. 그 화강암 명판에 새겨진 메시지는 단순하지만 유서 깊은 내용이었다. "오직 신만이 이름을 알아줄 미국 병사들을 추모하며, 우리의 자유를 위해 궁극의 희생을 치른 그들에게 우리는 영원히 감사할 것입니다."

15

DNA의 진실

○

　　살인 사건 수사 해결에 DNA가 사용된 첫 사례는 영국에서 나왔다. 영국은 이런 방법을 개척한 선구자 중 하나다. 영국 한가운데 있는 레스터셔주의 경찰은 근처 마을에서 각각 1983년과 1986년에 일어난 두 15세 소녀의 강간 살해 사건을 수사했지만 소득이 없었다. 결론 없이 여러 해 동안 수사가 이어지다가 마침내 학습장애가 있는 17세 소년을 용의자로 확보하는 데 성공했다. 그는 첫 번째 살인 사건은 자백했지만, 두 번째 사건은 혐의를 부정했다. 여러 가지 이유로 사람들은 저지르지도 않은 범행을 거짓 자백하게 된다. 특히 교육을 못 받았거나 발달장애가 있는 사람은 경찰에서 심문을 받는다는 사실만으로 쉽게 겁을 먹고 그렇게 한다.

　경험이 많은 형사들은 사건을 그렇게 흘려버리지 않는다. 그들은 자신의 시간과 자원을 들여가며 실마리를 확인하고, 놓쳤거나 수사에 도움이 될 만한 새로운 단서를 항상 찾아다닌다. 이런 것이 바로 희생자와 그 유족을 향한 그들의 헌신이다. 레스터셔 사건이 그대로 묻혀버릴 위험이 커지자 경찰에서는 그 근처 레스터대학교에서 유전학 연구자들이 개발 중이었던 새로운 과학적 방법을 시도해보기로 결정한다. 그 과학자들은 사망자의 시신에서 찾아낸 정액에서 뽑은 DNA 표본을 검사해보았다. 그리고 두 표본 모두 동일인물로부터 나온 것이 맞지만 범죄를 자백하고 경찰에 구류되어 있는 그 젊은 남성은 아님을 확인했다. 경찰은 확실한 용의자는 없었지만 범죄 현장에서 나온 DNA 프로필이 있었기 때문에 행동심리학자에게 나이, 배경, 기존의 범죄 경력 등을 바탕으로 그런 끔찍한 범죄를 저지를 가능성이 있는 남성의 목록을 뽑아보게 했다. 그런 다음에 경찰은 주변 지역에 살고, 나이 프로필에 맞아떨어지는 연령대의 남성을 찾아가 자발적으로 DNA 검사를 받도록 요청했다.

처음에는 아무 결과도 나오지 않았지만 어느 날 밤 한 술집에서 이안 켈리라는 제빵 노동자가 친구들에게 콜린 피치포크라는 이름의 20대 동료가 자기한테 피치포크라는 이름으로 대신 피를 제출해달라고 부탁했다고 고백했다. 피치포크의 말로는 자기가 경찰에 절도범으로 몰릴까 봐 겁을 먹은 다른 친구를 위해 그런 일을 한 적이 있기 때문에 자기 피를 그대로 제출했다가 문제가 생길지 몰라 두렵다고 했다고 했다. 우연히 그 술집에 있던 한 여성이 그 대화를 엿듣고 경찰에 신고했다. 그리하여 피치포크는 체포되어 유죄 판결을 받았다. 그는 30년 징역형에 처해졌다. DNA의 램프 요정이 드디어 램프 밖으로 나온 것이다.

근래 들어 DNA 검사에 놀라울 발전이 있었다. 23앤드미23andMe 같은 회사에 저렴한 검사 키트만 주문하면 소량의 타액 표본을 받아 실험실로 보낼 수 있다. 그럼 자신의 선조를 몇 세기 거슬러 올라가며 추적할 수도 있고, 있는지도 몰랐던 친척을 발견할 수도 있다. 시리아의 전장에서 미군 특수부대는 이슬람국가[15] 테러리스트 시도사 아부 바크르 알바그다디의 신원을 거의 즉각적으로 확인할 수 있었다. 그는 탈출용 터널에 숨어 있다가 미군 특수부대가 그의 은신처로 접근해 들어오자 겁에 질린 몇 명의 자식과 함께 자폭했다. 급습 이후에 네이비실 부대가 그가 사망하고 15분 내로 DNA가 일치하는 표본을 확보했다는 발표가 나왔는데, 보통 현장 검사로 제일 신속하게 해도 약 90분 정도가 걸린다. 이는 그보다 불과 8년 전이었던 오사마 빈 라덴 사망 당시에는 불가능한 일이었다.

신원확인에 사용하는 DNA 검사는 범죄 수사의 경우와 비슷해서 사망자나 범죄 현장으로부터 표본을 채취한 다음 그와 짝이 맞는 것을 찾아보는 식으로 진행된다. 범죄 수사에서는 표본을 당사자의 DNA와 직접대조하기 때문에 가족의 DNA와 대조해 신원을 확인해야 하는 대량 사망 사고보다 훨씬 쉽다. 직접대조는 알려진 프로필을 무명의 프로필과 대조하는 방법이다. 가족대조는 직접 짝을 맞추는 것이 아니라 실종자와 친척 관계로 여겨지는 몇몇의 사람으로부터 채취한 표본을 바탕으로 짝을 맞춰본다. 그럼 통계 분석을 통해 그 사람이 사망자와 친척 관계일 가능성이 다른 사람들보다 99퍼센트 더 높다. 실종자가 많을수록 검사도 힘들어진다.

신원확인에 사용하기 위해 시신에서 채취하는 DNA는 두 종류가 있다. 미토콘드리아 DNA와 세포핵 DNA다. 세포핵 DNA는 연조직에서 뽑아내기 때문에 일반적으로 추출이 더 용이하다. 하지만 우리는 미토콘드리아 DNA로 작업하는 경우가 많다. 이 표본은 뼈에서 채취하는데 비행기 추락 사고나 화재 같은 재난에서는 연조직보다 뼈가 살아남을 가능성이 아무래도 높고, 사람이 죽은 지 몇 년이 지나도 확보가 가능하기 때문이다. 다만 미토콘드리아 DNA는 모계를 통해서만 유전되기 때문에 가족대조를 하려면 모계 쪽 친척의 표본이 필요하다.

시체안치소에는 DNA 표본 채취 담당시설이 있다. 이곳에는 보통 표본 채취 방법을 알고 있는 인류학자가 배치된다. 오염을 피하기 위해서 표본을 채취할 때마다 사용했던 도구를 소독해야 하고 채취한 각각의 샘플에도 라벨을 제대로 붙여야 한다. 내가 보았던 신원확인 과정의 오류는 대부분 과학적 오류가 아니라 간단한 서류 작업의 실수 같은 행정적 오류였다. 세부사항이 중요하다. 예를 들면 때때로 시신 조각이 너무 작아서 실험실로 보내는 표본이 전부일 때가 있다. 그럼 신원확인은 되지만 검사 과정에서 모두 사용되어 남는 시신이 없게 되어서, 이런 부분을 가족에게 설명해야 한다.

재난 현장에 파견된 조사관 집단은 모두 갈비뼈, 치아, 넓적다리뼈 등 선호하는 부위가 따로 있다. 이런 선호도는 보통 그 실험실의 표준 검사법에 좌우된다. 넓적다리뼈 표본으로 일하는 데 익숙한 사람이면 일반적으로 넓적다리 표본 채취를 원한다. 물론 뼈가 두꺼울수록 DNA 표본이 잘 보존되어 있을 가능성도 커지기 때문에 넓적다리뼈는 인기가 좋다. 발리 폭탄테러에서도 마찬가지여서 모든 국가에서 실종자의 넓적다리 표본을 원했다.

표본은 공인받은 실험실로 보내야 한다. 그럼 그곳에서 기술자가 뼈를 갈거나, 세포의 벽을 열어 DNA에 접근할 수 있게 해주는 특별한 효소 시약으로 조직을 녹여 준비한다. 일단 표본이 시약에 용해되고 나면, DNA 프로필을 끄집어낼 특별한 기계를 이용해서 샘플을 증폭시킨다. 한때는 젤시트gel sheet를 이용했지만 요즘에는 인쇄된 디지털 포맷을 이용한다. 이것은 그 자체로 하나의 기술이다. 표본을 충분히 오랫동안 증폭하지 않으면 프로필을 알아볼 수 없다. 유전자 자리가 4개만 나오면 그 뼈가 남성의 것임은 파악할 수 있지만, 어느 남성의 것인지는 파악하기 어려울 수 있다. 그렇다고 증폭을 너무 오래 하면 DNA가 손상될 수 있다. 이는 원본의 질에 따라 모든 표본이 다 다르다는 점을 제외하면 케이크 굽기와 비슷하다.

여기까지 진행하고 나면 20가지 핵심적인 짧은 연쇄 반복 유전자 자리와 성별 확인에 사용되는 아멜로제닌을 바탕으로 하는 프로필을 얻을 수 있다. 물론 이와 동일한 20가지 핵심 유전자 자리를 사용하는 국가도 있지만 모두 그런 것은 아니어서 여러 국가가 관련된 대량 사망 사고는 처리하기가 까다롭다. 과학자의 선택이 아니라 각 국가의 법을 따르기 때문이다. 이렇게 결과가 나오면 개인 고유의 프로필이 나온다. 이 프로필은 이 유해가 다른 사람의 유해와 다르다는 것은 알려주지만 그것이 누구인지는 알려주지 않는다. 따라서 추락 사고에서 나온 수십만 개의 유해 조각을 대상으로 이 과정을 되풀이해야 한다. 이 과정을 마무리하는 데 몇 달씩 걸리는 이유도 그 때문이다.

이런 과정이 진행되는 동안 사망자의 표본과 비교할 직접대조 표본이나 가족대조 표본의 수집이 함께 이루어진다. 이왕이면 직접대조가 좋지만 그런 표본을 갖고 있는 사람은 극히 드물다. 가족대조 표본을 채취하기는 더 힘들다. 먼저 적절한 가족 구성원이 누구인지 파악해야 하고, 이들에게 DNA 제공 동의를 받아야 표본을 채취할 수 있다. 과학에 대한 불신이나 표본 제공에 대한 두려움이 있는 곳에서는 이런 문제를 모두 해결해야 성공할 수 있다. 한 국가의 위치와 현재의 정치 상태가 이것과 큰 관련이 있다. 억압적인 정권 아래 있는 사람은 개인정보 제공을 두려워한다.

몇 년 전에 우리는 호주로 가려다가 사망한 난민들의 시신을 본국으로 송환하기 위해 호주 당국과 일을 했다. 이 난민들은 안전한 호주로 가려는 도중에 지구에서 가장 외딴 장소 중 한 곳인 태평양 크리스마스 섬 근처에서 배가 전복되면서 익사했다. 이들은 아프가니스탄, 이란, 중동 이곳저곳에서 전쟁과 탄압을 피해 달아난 사람이 많았고, 조국을 등짐으로써 법을 어긴 범법자였기 때문에 유족들은 이 사망한 난민들과 공개적으로 얽히기를 원하지 않았다. 이런 곳에서는 죽기 살기로 조국에서 달아난 사람과 친척 관계라는 것만으로도 감옥에 갈 수 있다. 때로는 친척이 아예 없기도 해서, 우리는 집이나 직장에서 물건을 수집해 프로필을 만들기도 한다. 또 다른 사례에서는 비행기 추락 사고 이후에 한 사람의 시신을 확보했는데, 치과 기록도, 지문 기록도, 족적footprint 기록도 없었다. 어렸을 때 입양된 사람이라 생물학적인 친척을 찾을 수도 없었다. 이 문제를 양부모와 얘기하면서 그 사람이 살던 집으로 찾아가 지문과 DNA가 남아 있을 만한 물건을 수집하기로 했는데, 그 양어머니가 말하기를 자기는 자녀들의 젖니를 모두 모아둔다고 했다. 그렇게 해서 문제가 해결됐다. 그 치아를 실험실로 보내 DNA 프로필을 작성할 수 있었고, 이를 사망자의 DNA와 직접 대조할 수 있었다. 이런 정보로 무장한 우리는 확실한 신원확인에 성공했다.

DNA 검사 때문에 다른 문제가 드러나기도 한다. 예를 들면, 한번은 우리가 비행기 추락 사고로 사망한 남성의 딸에게서 볼 안쪽을 면봉으로 문질러 유전자를 채취했는데 그 여성이 사실은 그 남성의 딸이 아니란 것을 알게 됐다.

DNA 검사의 복잡성 때문에 우리는 죽은 아버지와의 비교를 위해 딸과 어머니 모두에게서 볼 안쪽 면봉 채취를 해보았다. 직관에 어긋나게 들릴 수도 있을 것이다. 남편과 아내는 유전적으로 관련이 없기 때문이다. 하지만 엄마의 유전자 프로필을 확인하고 나면 딸의 DNA 시그니처DNA Signature에서 그 부분을 지울 수 있다. 그렇게 해서 남은 것이 그 아버지 DNA를 위한 가족대조 표본이 된다. 실험실에서 생긴 행정 착오 때문에 이 짝이 맞지 않는 경우도 생긴다. 기술자가 엉뚱한 슬라이드를 사용했거나 검사 결과에 라벨을 잘못 붙이거나 하는 경우다. 그래서 우리는 품질 관리를 위해 다른 실험실에서도 검사를 돌려본다. 그런데 가끔은 그렇게 해도 짝이 맞지 않는다는 결과가 돌아올 때가 있다.

그럼 민망한 비밀이 드러난다. 이 비밀은 사랑하는 가족을 잃은 후에 찾아오는 것이라 특히나 고통스럽다. 우리는 이 남성의 전처에게 이 문제를 얘기했고, 전처는 남자친구가 있었노라고 조용히 인정했다. 하지만 이것은 이 시신을 누가 처분할 것인가라는 까다로운 문제를 만들어낸다. 법적으로 그 권리가 최근친에게 있기 때문이다. 이 아버지는 이 젊은 여성의 어머니와 이혼한 상태였다. 정상적인 상황이었다면 이 젊은 여성이 곧 딸이고, 성인으로서 최근친의 지위를 받게 된다. 그러나 DNA 검사 결과 이 여성은 친딸이 아님이 밝혀졌고, 이 사건을 담당하는 판사도 그 사실을 알기 때문에 명령문에 서명을 할 수 없었다. 다행히 이 경우는 그와 동등한 최근친 자격을 갖춘 다른 친척을 찾아낼 수 있었다.

나는 그 어머니와 얘기해보았고, 그녀는 이 고통스러운 순간에 딸이 그 진실을 알게 하고 싶지는 않다고 했다. 나는 내가 나서서 이 정보를 밝히지는 않겠지만 만약 딸이 물어온다면 거짓말을 할 수는 없다고 경고했다. 어머니도 동의했다. 내리기 어려운 결정이지만 가족이 서로 대화를 나누면서 화목하게 지내온 경우라면 이것이 최선의 선택일지도 모른다. 아버지라는 자리는 단순히 생물학적으로 기여한 것 말고도 아주 많은 의미를 담고 있기 때문이다.

이 젊은 여성의 사례를 겪은 이후에 우리는 가족을 위한 DNA 정보 제출 동의 문서에 다음과 같은 경고문을 추가했다. "아주 드물지만 가끔은 DNA 검사 결과를 통해 아버지와의 친자 관계와 관련해서 예기치 못했던 결과가 나올 수 있습니다. 이런 경우 그 결과를 통지받기를 원하십니까?"

그래도 묻혀 있던 가족의 비밀에 대비가 되어 있지 않을 수 있다. 아이를 입양했지만 그 사실을 말해주지 않은 부모도 있기 때문이다. 심지어 1960년대에 어떤 시험관아기 시술 의사는 예비 아빠가 불임인데 그 사실을 통보하지도 않고 예비 아빠의 정자 대신 자신의 정자를 주입하기도 했다. 이 부부는 평생 그 사실을 모르고 살았을지도 모른다.

DNA 검사법이 계속 발전하면서 이렇게 깜짝 놀랄 폭로가 점점 더 흔해지고 있지만 의학적으로 놀라운 발견도 나오고 있다. 예를 들어 한 미국 남성이 백혈병을 치료하기 위해 독일의 기증자로부터 골수 이식을 받았는데, 이식 수술을 받고 4년이 지난 최근에 자기 정자세포의 DNA가 자신의 DNA가 아니라 기증자의 DNA임을 알게 됐다. 볼 DNA 채취에서는 두 남성의 DNA가 모두 나왔는데도 말이다. 매년 수만 명이 골수 이식을 받는다는 점을 고려하면, 우리가 하는 일이나 법집행 관련 사건에서 이렇게 DNA가 뒤섞여 있는 경우를 만날 가능성이 낮지 않다고 할 수 있다.

비행기 추락 사고나 다른 대량 사망 사고 이후에 DNA를 채취할 때 당국이나 유족과 접촉해서 그와 관련된 법적 윤리적 문제나 DNA 검사를 둘러싼 사생활 문제를 설명해야 하는 경우가 종종 생긴다. 이런 상황은 하루가 다르게 변할 수 있고, 범죄 수사 기법의 발달에 영향을 받을 수도 있다. 그와 마찬가지로 신원확인 방법의 발전으로 법집행의 발전도 함께 이루어져왔다. 그중 가장 크게 발전한 분야는 가계 판별familial match이다.

$$\frown$$

미국에서는 FBI가 주별로 DNA 프로필 대조를 용이하게 하기 위해 통합 유전자 색인 시스템CODIS을 만들었다. 미국은 주마다 자체적인 법집행 제도를 갖고 있고 연방 범죄보다는 지역과 주 수준의 범죄로 체포되는 사람이 훨씬 많다. 이렇게 체포된 사람들 중 상당수는 DNA 표본을 제출해야 한다. 하지만 범죄자를 비롯해서 많은 사람이 주에서 주로 넘나들고 있어서 DNA 색인 시스템이 효과를 보려면 주의 경계를 뛰어넘을 필요가 있다.

경찰이 범죄 현장에서 DNA 표본을 채취할 때는 제일 먼저 자기네 주의 데이터베이스와 대조해본다. 그리고 맞는 짝이 있으면 대조 과정은 그것으로 끝난다. 맞는 짝이 없으면 주에서 그 데이터를 FBI에 제공하고, FBI에서는 그 데이터를 국가 유전자 색인 시스템NDIS과 대조해본다. NDIS는 CODIS의 유전자 자료은행의 일부다. 맞는 짝이 나오면 FBI에서는 주 실험실을 조회해서 표본과 일치하는 프로필을 업로드한 주 실험실을 찾아 그 샘플을 제출한다. 텔레비전에서 보는 것과 달리 FBI는 표본에 대한 정보는 갖고 있지 않고 유전자 표지인 프로필만 갖고 있다.

간단해 보인다. 하지만 막상 이 개념을 실행에 옮기기는 만만치 않다. 우선 어느 유전자 자리를 검사한 후에, 짝이 일치한다고 판단할 기준을 무엇으로 삼을지에 대한 기준에 합의할 수 있어야 한다. 많은 실험실에서 사람 유해의 신원확인에 16개의 핵심 유전자 자리를 선호했지만 2017년까지는 13개의 핵심 유전자 자리만 사용되었다. 그러나 2017년에 FBI에서 핵심 유전자 자리의 숫자를 13개에서 20개로 늘렸다. 가족 DNA에 대한 지식이 축적되고, 그중 상당수가 사망자의 신원확인 과정에서 나오자 FBI에서는 원했던 결과가 직접대조에서 나오지 않고, 그대신 데이터베이스에 들어 있는 누군가가 생물학적 친족 관계임을 보여주는 경우만 점점 늘어나는 것을 느끼고 있었다. 이 때문에 주 당국 간에 국민의 사생활 침해를 막는 미국 수정헌법 제4조에서 보장하는 권리가 위태로워지지 않았는지에 관해, 그리고 기술의 급속한 발전과 균형을 맞추면서 사람들을 부당한 검색과 수색으로부터 보호할 방법이 무엇인지에 관해 논의가 시작됐다. 이 기술은 훌륭하다. 예를 들면 영국에서는 2001년에서 2011년 사이에 경찰이 200건 이상의 가계 검색을 시행해서 40건의 중범죄를 해결했다.

앤세스트리닷컴Ancestry.com이나 23앤드미같이 우편 우송으로 이루어지는 DNA 검사가 등장하면서 최근에는 문제가 좀 더 복잡해졌다. 이런 사이트는 사람들이 자기 선조가 어느 나라에서 왔는지 알아내거나, 가계도를 채울 수 있도록 설계되어 있다. 일부 사이트에서는 사람들이 자신의 결과를 다른 사람의 결과와 대조해서 존재를 알지 못했던 친척을 추적할 수 있게 허용하고 있기 때문에, 캘리포니아의 한 지방검사 사무실에 소속된 수사관이 역사적인 범죄 해결 기회를 잡을 수 있었다. 폴 홀스는 여러 해에 걸쳐 오픈소스 사이트에서 나온 데이터를 미해결 범죄 현장 DNA와 비교해보았다. 2018년에는 이런 사이트 중 한 곳인 GED매치GEDmatch에서 캘리포니아 역사상 가장 유명한 미해결 잔혹 범죄 중 하나인 소위 골든스테이트 킬러와 관련 있는 가족 데이터를 찾아냈다.

이 살인범은 1976년에서 1986년 사이에 캘리포니아에서 100건 이상의 절도를 저지르면서 12명을 살해하고, 45명을 강간했다. 이때는 DNA를 법의학적으로 막 사용하기 시작하던 때라 이 살인범이 용케 법망을 빠져나간 것으로 보였다.

하지만 그렇지 않았다. 이 살인범의 73세 사촌이 자신의 DNA 프로필을 GED매치에 업로드했는데 홀스가 그 짝을 발견했고, 약하기는 했지만 이는 친족 관계를 암시했다. 이것만으로도 사건을 재수사하기에는 충분했고 그 남성의 가계도를 추적해서 캘리포니아의 해당 지역에 살았고, 그 범죄를 저질렀을 나이에 해당하는 친척을 찾아 나섰다. 그리고 그 조건에 맞는 사람을 한 명 찾아냈다. 한때 경찰을 했던 72세의 조지프 제임스 디앤젤로였다. 경찰은 영장을 발부받아 그 용의자가 만졌던 폐기물에서 DNA 프로필을 확보했다. 그리고 4시간 만에 경찰은 골든스테이트 킬러와 동일한 DNA 프로필을 확보했고, 그 살인범은 마침내 법의 심판을 받게 됐다.

그렇지만 내가 'CSI 효과'라고 부르는 문제도 생겼다. 범죄 현장을 다루는 드라마를 보고 자란 세대는 DNA 검사로 어떤 신원확인 문제도 불과 몇 시간 안에 해결할 수 있다고 믿게 됐다. 골든스테이트 킬러의 경우에서 보았듯이 그런 경우가 불가능하지는 않다. 다만 사람들이 잊고 있는 것이 있다. 4시간 만에 DNA 대조에 성공하기 위해 홀스가 무려 7년 동안이나 온라인에서 유전자 프로필을 비교해보았다는 사실이다. 그 시간이 어찌나 오래 걸렸는지 홀스는 범인이 체포되기 불과 며칠 전에 은퇴했다.

주어진 DNA 표본을 가지고 알려져 있는 신원을 확인하는 것은 이 뼈 조각이 비행기 추락 사고로 사망한 150명 중 1명으로부터 나온 것이라 말하는 것 혹은 9·11테러의 경우라면 어느 나라에서 왔는지 모를 3000명의 실종자 중 어느 누구의 것인지도 알 수 없는 불에 탄 살 조각에서 표본을 채취하는 것과는 아주 확연히 다른 문제다.

텔레비전 드라마를 통해 법의학을 접한 사람들이 왜 그렇게 생각하는지는 이해한다. 나도 1970년대 텔레비전 드라마 〈형사 Q[Quincy, M.E.]〉에 중독되어 자랐던 사람이다. 이 드라마를 보면 로스앤젤레스의 한 검시관이 설명할 수 없는 의문의 죽음을 척척 해결하는 모습이 나온다. 이런 텔레비전 프로그램을 보며 나도 법의학과 법집행에 관한 관심이 생겨났다. 하지만 텔레비전에 나오는 범죄 처리 과정은 DNA 검사의 속도와 능력을 크게 과장하고 있다. 실제로 DNA 검사에 몇 달까지는 아니어도 몇 주 정도는 걸리기 때문에 나도 사람들의 기대를 감당하기 버거울 때가 종종 있다. 때로는 아예 검사 결과를 얻지 못할 때도 있다.

내가 DNA를 가지고 하는 다른 작업은 형사 유죄 판결과 관련이 있다. 나는 버지니아 법의학 및 의학 연구소에서 이사회 임원으로, 그리고 나중에는 소장으로 일했다. 이곳은 법의학자와 병리학자의 훈련, 교육, 연구를 지원하는 비영리기관이다. 소장으로서 나의 임무 중 하나는 버지니아 법의학부 법의학 이사회의 일원으로 역할을 다하는 것이었다. 법의학부 법의학 이사회는 법률적 권한을 위임받은 위원회로서 법의학부를 감독하는 역할을 맡는다. 일종의 견제 역할이라 생각해도 좋다. 법의학부는 주에서 운영하는 범죄 실험실이다. 이 기관은 버지니아주의 법집행 기관에 법의학 실험 서비스를 제공한다. 버지니아 법의학 및 의학 연구소는 아마도 범죄 작가 퍼트리샤 콘웰과 연관된 곳으로 제일 유명할 것이다. 콘웰은 버지니아주의 수석검시관 마르셀라 피에로를 모델로 그녀의 가장 유명한 등장인물 케이 스카페타 박사를 만들어냈다. 피에로는 내가 9·11테러 이후에 텍사스에서 펜타곤으로 차를 몰고 가면서 협의했던 그 사람이다. 나는 버지니아 법의학 및 의학 연구소 이사회에서도 그녀와 함께 일했다. 당시 나는 포트리에 배치되어 일하고 있었고, 그녀를 법의병리학 forensic pathology의 선도자 중 한 명이자 좋은 친구라 생각했다.

1970년대와 1980년대 버지니아 법의학부는 메리 제인 버턴이라는 아주 근면 성실한 법의학 전문가를 고용하고 있었다. 그녀는 혈액, 정액, 다른 체액의 표본을 검사하면서 사용했던 면봉 끝을 잘라서 파일 기록에 테이프로 붙여 놓는 습관이 있었다. 이것은 대단히 특이한 습관이었다. 우선 당시만 해도 살인 사건이 아니면 그런 표본은 몇 년 후에 폐기하는 것이 관행이었고, DNA 검사 방법은 아직 발명되지도 않은 때였기 때문이다. 하지만 그녀는 열심히 표본들을 보관했고, 그 표본들은 나중에 사건 파일로 채워진 수만 개의 골판지 상자에 담겨 거대한 보관소에 보관되었다. 그곳에서 이 표본들은 아무도 건드리는 사람 없이 수십 년 동안 잠자고 있었고, 그동안 DNA 검사법은 급속한 진화를 거듭했다.

버턴은 1999년에 사망했지만, 그녀의 작업은 2년 후에 억울한 유죄 판결을 뒤집는 기획인 결백 프로젝트Innocence Project 중 자기가 저지르지도 않은 강간 사건으로 15년을 복역한 아프리카계 흑인의 사건에서 제 역할을 했다. 그 당사자인 마빈 앤더슨은 당시 만 17세에 불과했고 줄곧 자신의 결백을 주장해왔다. 그럼에도 가석방으로 풀려나온 이후에도 자기가 저지르지도 않은 사건의 범인으로 낙인찍혀 살아야 했다. 직장을 구하는 데도 어려움을 겪었고, 의무적으로 성범죄자 등록을 해야 했다. 결백 프로젝트에서는 DNA 연구의 선구자인 법의학부 책임자 폴 페라라 박사에게 그의 파일을 재조사해달라고 요청했다. 페라라 박사가 버턴의 기록을 넘겨보다가 그녀가 모든 사건에서 면봉 표본을 보관해두는 습관이 있음을 알게 된 것이 바로 이때였다. 그리하여 결국 앤더슨의 유죄 판결은 번복됐다.

이 사건으로 법의학부에는 커다란 법적 의문이 남았다. 그 보관소에는 수천 건의 사건 파일이 보관되어 있었다. 이는 엉뚱하게 유죄 판결을 받은 사람이 잠재적으로 수백 명이나 존재하고, 따라서 엉뚱한 인물이 대신 감방에 들어가 있는 덕분에 자유롭게 돌아다니고 있는 범죄자도 그만큼이나 많을 것이라는 뜻이 되었다. 법적인 파문은 법의학부에서 자체적으로 감당할 수 있는 수준을 명백히 뛰어넘는 것이었고, 2004년 당시 버지니아주의 주지사였던 마크 워너는 법의학부에 DNA 검사가 진행되지 않았지만 생물학적 증거가 남아 있는 성범죄와 살인 사건 중 10퍼센트에 대해 표본 재검사를 명령했다. 그리고 3명이 추가적으로 무죄가 밝혀지자 1년 후 전면적인 재조사를 명령해 검사가 진행되지 않았던 증거를 모두 검사하게 했다.

그다음에는 어느 것을 제일 먼저 검사하고, 사람들에게, 특히나 이 과정이 진행되는 동안에도 여전히 투옥되어 있는 사람들에게 어떻게 이 사실을 통보할지가 해결해야 할 문제로 등장했다. 법의학부 법의학 이사회는 실험실 감독관, 검시관, 주 경찰국장, 피고 측 변호사(스티브 벤저민), 법의학 전문가, 지역 시민, 지역 보안관, 버지니아 법의학 및 의학 연구소의 소장, 그리고 나로 구성되어 있었다. 스티브는 모든 표본을 검사해야 한다고 제안했고, 유죄 판결을 받은 모든 사람에게 적절한 절차에 따라 통지해야 한다고 제안했다. 나는 이런 방식에 동의했지만 안타깝게도 우리가 소수 의견으로 밀렸다. 우리는 어떤 표본을 검사할지를 두고 여러 번 회의를 소집해서 논쟁을 벌였다. 어떤 사람은 사람들이 유죄 판결을 받은 범죄를 바탕으로 우선순위를 정해야 한다고 제안했다. 그래서 나는 그 사람들에게 어떤 유형의 범죄자가 신청서를 제출해야 하느냐고 물었다. 그들은 성범죄와 살인으로 내려진 유죄 판결을 대상으로 하자고 제안했다.

이 경우의 문제는 성범죄로 체포된 사람 중 어떤 사람은 실제로는 성범죄가 아닌 다른 이유로 감옥에 간다는 점이다. 검찰 측에서는 자신이 확보한 증거가 배심원에게 유죄를 설득하기에 충분치 못하다고 생각해서 피고 측에 절도죄 같은 것으로 갈아탈 양형거래의 기회를 제공한다. 그럼 이미 그와 비슷한 전과가 줄줄이 있는 사람이라면 비슷한 형을 선고받을 수 있다. 피고에 따라서는 강간범으로 수감되느니 차라리 절도죄로 수감되는 것이 더 낫다고 생각하는 사람도 있다. 강간범은 감옥에서 샤워를 하다가도 칼에 찔리는 경우가 있기 때문이다. 이 모든 과정에서 잃는 것이 또 있다. 그 검사 결과를 CODIS에 업로드하면 실제 범죄자를 체포함으로써 거리에서 폭력범 한 명을 없앨 가능성이 생기는데, 그 기회가 사라지고 마는 것이다.

누구를 검사할 것인가를 두고 논쟁이 하도 길게 이어지는 바람에 나의 이사회 회장 임기가 사실상 끝나버렸다. 버지니아주는 이 과학 혁명 덕분에 인생이 뒤바뀔지 모를 사람들에게 자신의 유죄 판결이 잘못된 것으로 판명 날 수도 있음을 알려줄 통지 프로젝트를 벌써 여러 해에 걸쳐 구축해왔다. 많은 이가 이미 세상을 떠났지만, 그들의 가족이라도 그 사실을 알고 위안을 받을 수 있을 것이다.

이것이 바로 내가 범죄 실험실이 항상 경찰서와 별개로 운영되어야 한다고 믿는 이유다. 테스트를 해볼 수 있고, 지원도 받을 수 있다는 이

점이 항상 검사 쪽에 돌아가기 때문에 유죄 입증 전에는 무죄로 추정되어야 할 피고에게 불리하게 상황이 진행된다. 나는 보안관보로 일할 때 경찰이 얼마나 막강한 권한을 갖고 있는지 알게 됐다. 경찰은 사람들로부터 가장 기본적인 권리인 자유로울 권리를 박탈할 수 있다. 경찰관이나 재난 희생자 신원확인 조사관에게는 실제 일어난 사실이 아니라, 자기가 일어났으리라 믿는 것을 입증하는 증거를 찾고 싶은 유혹이 존재한다. 경찰관이 일부 증거를 실험실로 가져가서 법의학자에게 이렇게 말할 수도 있다. "저 대신 이것 좀 확인해주세요."

하지만 실험실에서는 무엇도 확인해주어서는 안 된다. 실험실에서는 객관적 사실만을 말해야 한다. 이미 마음속으로 결론을 내린 상태에서 범죄 현장이나 대량 사망 사고 현장으로 가서는 절대 안 된다. 그랬다가는 존재하지도 않는 것이 눈에 보이고, 거기에 맞추어 사실을 왜곡하게 된다. 그런 내용은 논리적으로는 맞는 것처럼 보이지만 사실에 바탕을 둔 것이 아니다. 이런 잘못된 길을 따르다가는 파괴적인 결과를 맞이하기 쉽다.

16

고통의 세계

○

죽은 자를 다룰 때는 산 자로부터 어느 정도 은폐된다. 죽은 자 중에는 마지못해 이야기를 털어놓는 경우도 있지만 대체로 순응적이다. 하지만 우리가 하는 일의 이면에는 유족지원센터에서 죽은 자의 가족을 대하는 일, 그들과 함께 사망자의 시신을 확인하는 일, 그들의 소유물과 유해를 돌려주는 일 등도 포함되어 있다. 그래서 우리는 인간이 경험할 수 있는 민낯 그대로의 감정에 노출되는 일이 잦다.

대량 사망 사고에서 우리는 다양한 과정을 유족에게 설명하기 위해 보고회를 연다. 이 보고회는 관련된 회사의 최고경영책임자나 지방 정부 관료의 유감의 뜻 표명으로 시작해서, 생존자의 필요를 어떻게 충족할 것이냐는 문제로 넘어가게 된다. 그러나 대부분의 최고경영책임자나 지방 정부 관료는 이 보고회에서 무슨 일이 일어났는지 먼저 얘기하고 싶어 한다. 보고회에 참석한 생존자와 가족도 무슨 일이 일어났는지는 안다. 그들이 알고 싶은 것은 이유다. 그렇지만 그것도 그들의 가장 큰 관심사는 아니다. 가장 큰 관심사는 다음에 일이 어떻게 진행되는지,

그리고 그것이 실질적으로 그들에게 의미하는 바가 무엇인지, 이런 부분이다. 대부분의 회사와 정부에서 잘못 이해하는 부분도 이 점이다. 본질적으로 이미 터져버린 폭탄의 뇌관을 제거하려 애쓰는 것이나 마찬가지다. 실수가 일어났다는 것은 유족들도 알고 있고, 그 문제는 시간이 지나면서 유족들도 받아들이게 될 일이다. 그들이 기대하는 것은 따로 있다. 그 사고로 인해 초래된 결과를 관리하는 데 초점을 맞추어 대응이 이루어지리라는 기대. 그들은 그런 기대를 할 권리가 있다. 그렇다. 보고회는 대단히 감정이 고조된 상태에서 진행될 수 있다. 비행기가 바다에 추락하는 사고 이후에 있었던 보고회에서 한 사망자의 아버지가 셔츠를 찢으면서 이렇게 외쳤다. "내 심장은 누가 책임질 거야? 당신들이 내 심장을 죽였어!" 그가 하는 말은 비유적인 표현만은 아니었다. 실제로 그 아버지는 심장 질환이 있었고, 세상을 떠난 그 아들이 그의 의료비를 감당하고 있었다. 그 사람의 문화권에서는 자식이 노년의 부모를 돌보는 것이 관례였기 때문에 그 아버지는 슬픔만이 아니라 배신감도 느꼈다.

또 다른 보고회에서는 한 여성이 감정이 너무 격해져서 회의실 문을 막고 이렇게 소리 질렀다. "답을 들을 때까지는 아무도 여기서 못 나가!" 당연한 얘기지만 인생 최악의 순간을 거치고 있는 이런 가엾은 사람들을 나서서 대면하고 싶어 하는 관료 집단은 세상 어디에도 없다. 그래서 그 일이 내게로 넘어올 때가 많다. 이 일은 산 자를 위한 돌봄의 일부이고 해야 할 여러 가지 일 중 하나다.

보통 이 과정은 사고가 터졌다고, 비행기가 실종 혹은 추락했거나, 폭탄이 터졌거나, 자연재해가 일어났다는 전화에서 시작한다. 가끔은 뉴스를 통해 알게 될 때도 있다. 한번은 영국의 창고에서 미국으로 보낼 물건들을 포장하고 있는데 우리 사무실로 BBC에서 전화가 왔다. 그들은 방금 알프스에 추락한 루프트한자 항공기와 관련해서 내게 인터뷰를 요청했다. 내가 거기에 미처 대답을 하기도 전에 다른 누군가가 들어와 루프트한자에서 우리에게 항공기 한 대를 잃어버렸음을 알리는 전화가 왔다고 했다. 당연히 나는 BBC의 전화 대신 그 전화를 받았다.

제일 먼저 진행되어야 할 일 중 하나는 콜센터나 데이터센터를 열어서 사망자의 유족이나 친구로부터 전화나 이메일로 요구사항을 접수하는 것이다. 이를 통해 유족과 친구가 기본적인 정보를 얻을 수도 있지만 사실 이 일의 가장 큰 목적은 피해자와 유족에 대한 정보 수집을 시작하는 것이다. 우리는 실종된 사람이 누구이고, 사건의 범위와 규모가 어찌 되는지 그림을 그려야 한다. 허리케인 카트리나가 휩쓸고 간 루이지애나주에서는 재난이 일어나고 몇 주가 지나도록 이런 부분이 진행되지 않았고, 그 바람에 많은 문제가 생겼다. 콜센터는 몇 군데로 나뉘어 있어도 되지만, 데이터센터와 데이터베이스는 하나만 있어야 하고, 모든 사람이 그곳으로 정보를 제공해야 한다.

사람들은 항공사나 누군가가 모든 탑승객에 대한 데이터베이스를 갖고 있을 거라 생각하기 쉽다. 실상은 그렇지 않다. 그들은 아주 기본적인 정보만 갖고 있고, 로열티 프로그램loyalty program●에 포함된 다른 모든 정보는 별개의 시스템으로 보관되어 있어서 사람들의 생각만큼 접근이 쉽지 않다. 그다음엔 승객 명단이 있다. 승객 명단에 무엇이 들어 있는지 제대로 이해하는 사람은 거의 없고, 이 명단도 항공사마다 제각각이다. 나는 내가 일해본 모든 비행기 추락 사고에서 정확한 승객 명단을 아직까지 단 한 번도 보지 못했다. 예를 들어 유나이티드항공에서 미국 국내선 비행기를 타면 나는 로버트 A. 젠슨Robert A. Jensen이 아니라 로버타 젠슨Roberta Jensen이라는 사람이 된다. 내가 중간이름의 약자로 'A.'를 쓰기 때문에 승객 명단에서는 앞의 이름과 합쳐져 로버타Roberta가 된다. 승객 명단에는 좌석번호, 그리고 아마도 고객 등급 정보도 들어 있을 것이다. 그래서 더 이상 로버트는 없고 로버타만 존재한다. 콜센터 전화상담원이 그 비행기에 로버트라는 사람이 타고 있었느냐는 질문을 받았는데 당시 스트레스를 받으며 일을 하고 있거나, 자기가 사용하는 데이터시스템에 숙련되어 있지 않은 상태라면 로버트라는 사람은 없다고 대답할 가능성이 높다. 반대로 내 가족들이 아주 스트레스를 받은 상태에서 나를 중간이름인 앤드루Andrew라고 부를 수도 있다. 나는 군사학교에 들어가기 전까지 이 이름을 쓰다가 다시 로버트란 이름으로 돌아왔다. 그러므로 내 가족들은 로버트가 아니라 앤드루에 대해 물을 수도 있다. 젠슨이라는 사람에 대해 물어볼 수도 있는데, 젠슨이라는 이름은 꽤 흔해서 여러 명의 젠슨이 타고 있었을 가능성도 있다.

● 충성 고객 확보를 위한 항공사의 판매 촉진 프로그램.

초기 대응에서 아주 중요한 부분은 직접 영향을 받은 사람과 그 유족의 정확한 명단을 확보하는 것이다. 그 명단은 우리가 찾아내거나, 걸려온 확인 전화를 통해 구축해야 한다. 확인 전화가 오지 않는 덕분에 세부사항이 파악되는 경우도 있다. 9·11테러에서 비행기 납치범의 신원을 확인할 때 초기 단서 중 하나는 아무도 이 특정 승객에 대해 전화로 물어보는 사람이 없다는 점이었다. 이런 경우는 드물다. 부정한 행위가 의심되는 사고에서는 이것이 중요한 단서가 될 수 있다.

콜센터와 데이터센터는 유족에게 사랑하는 가족이 사고에 연루되었을지도 모른다는 사실을 통보하는 역할도 담당한다. 이런 통보는 본질적으로 힘들 수밖에 없다. 내가 보안관보로 일했을 때 어떤 유족은 일부러 내게 문을 열어주지 않았다. 내가 무슨 말을 하려고 왔는지 알았기 때문이다. 전화로는 더 힘들 수 있다. 하지만 전화는 가장 신속한 방법이기 때문에 대규모 사건에서는 제일 흔히 이용된다. 우리가 가족의 정확한 번호를 알아내서 통화를 하거나, 가족이 먼저 전화를 하면 우리는 자신을 소개한 다음 분명하지만 공감 어린 태도로 우리가 통화하는 이유를 설명한다. 우리는 충격을 받은 통화 당사자에게 집으로 찾아가 함께 있어줄 사람이 필요한지 물어본다. 일단 당사자에게 충분한 시간을 주어 구체적인 소식을 들을 준비가 되면, 우리는 그다음 단계 정보를 제공한다. 가까운 시일 내에 누군가로부터 연락이 갈 거라고 말해주기도 하고, 유족이 직접 찾아올 의지가 있는 경우라면 유족지원센터가 차려질 장소를 말해주고, 의사나 치과 의사의 연락처 등 유족이 챙겨 와야 할 정보가 무엇인지 설명해준다. 그리고 찾아올 방법을 마련해준다. 보통은 항공편을 이용한다. 특별한 대우를 받을 수 있도록 유족이 이용할 항공사를 알려준다. 우리는 결국 비행기 추락 사고 현장으로 비행기를 타고 찾아오라고 요청하기도 한다. 어려울 수도 있는 일이지만 대부분의 유족은 비행기를 이용한다. 다들 결국 실수는 일어나기 마련이라는 사실을 이해하는 것이 아닌가 싶다. 그리고 현장을 찾아가지 않아 사랑하는 이를 찾지 못할지도 모른다는 두려움이 자기한테도 사고가 일어날지 모른다는 두려움보다 더 큰 것이 아닌가 싶기도 하다. 항공편에서 제공하는 신문에 사고에 대한 기사가 나올 가능성이 있다면, 우리는 항공사에 그런 신문을 빼달라고 요청한다.

그다음 단계는 유족지원센터를 개설하는 것이다. 이 센터는 사고 현장과 가능한 한 가깝고 비탄에 빠진 유족을 편안하게 수용할 수 있는 안전한 곳이어야 한다. 그리고 회의실과 작업실, 훌륭한 식사 제공 시설을 갖추고 있어야 한다. 한마디로 큰 호텔을 잡아야 한다는 의미다. 그런 다음에는 몇 개의 방을 차단해서 따로 잡거나, 어떤 경우에는 호텔 전체를 예약하기도 한다. 때로는 분가한 유족끼리 서로 싫어하는 경우도 있다. 그런 경우는 상황을 신속하게 파악해서 따로 자리를 잡아주어야 한다. 가능하다면 다른 호텔을 잡는 것이 좋다. 알프스 저먼윙스 추락 사고처럼 작은 도시에서 사고가 일어나는 바람에, 행정당국에서 비상대응팀을 차리고 자기네 직원들을 수용하느라 호텔 공간을 모두 차지해버리는 경우도 있다. 그러면 호텔을 조금 떨어진 곳에 잡아야 한다. 호텔의 위치를 결정할 때 가장 중요한 요소는 예상되는 유족의 수를 충분히 감당할 수 있는 지역을 고르는 것이다. 사람들이 본부를 오가는 것을 힘들어하면 그보다 작은 규모로 위성 시설을 운영할 수도 있다.

유족지원센터에는 세 가지 큰 목적이 있다. 우선 이곳은 유족들이 일련의 보고를 통해 제공되는 정보를 받을 수 있는 안전한 보호 공간이다. 이 보고는 최고경영책임자나 담당 관료가 사상자 발생에 대해 유감을 표명하는 것으로 시작되어야 한다. 이 표명은 죄를 시인하는 것이 아니며, 유족도 그런 것을 기대하는 것이 아니다. 유족들이 기대하는 것은 사람의 감정을 가진, 사람의 얼굴을 보는 것이다. 유족들은 그들을 돌보고, 이 사고를 잘 견디며 넘어갈 수 있게 도와줄 시스템이 작동하고 있다고 안심시켜줄 사람을 기대한다. 슬프게도 사람들은 이렇게 하는 데 거부감을 느낀다. 자신의 책임을 인정하는 꼴이라 여기기 때문이다. 항공사 대표가 일어서서 "사랑하는 가족을 잃으신 것에 대해 정말 송구스럽게 생각합니다"라고 얘기하면 분위기가 확 바뀌는 것을 느낄 수 있다. 그런 모습을 여러 번 보았다.

물론 변호사와 회계사와 함께 사람의 목숨 값을 결정하는 지루한 협상 과정이 기다리고 있다. 그것은 기정사실이다. 하지만 꼭 소송을 벌여야 하거나 험악한 폭언이 오갈 필요는 없다. 나는 소송전이 분노의 연장이라 생각한다. 그 분노는 아무도 사과하거나 여러분을 돕기 위해 여기에 왔다는 말을 하지 않아서 생기는 것이다. 이런 일은 책임자들이 대응에 초점을 맞추지 않고 사건 자체에 초점을 맞추기 때문에 생긴다. 앞에서도 말했지만 이미 벌어진 사고를 통제할 수는 없다. 우리가 통제할 수 있는 것은 대응이다. 보고는 참 힘들다. 보고할 생각을 하면 겁부터 난다. 이런 보고를 한다는 것은 자기가 소속된 시스템이 실패했다는 사실과 직면해야 한다는 의미이기도 하다. 어쩌면 이 사고가 회사의 잘못이 아닐지도 모른다. 우연한 사고일 가능성이 높고, 의도적인 사고는 분명히 아니었다. 하지만 어쨌거나 이제 그들은 이 사고와 얽혀 그 일부가 됐고, 아무리 우연에 의한 사고였다고 해도 그로 인해 많은 것이 바뀌었다. 따라서 보고는 반드시 진행되어야 한다.

보고는 실질적인 문제에 초점을 맞추어야 한다. 어떤 절차를 거치게 되고, 유족이 사망자의 유해와 개인 소지품을 받아서 돌아가기까지 얼마나 시간이 걸리는지, 당면한 경제적 문제에 대한 지원을 어떻게 받을 수 있는지, 협상 과정을 어떻게 시작해야 하는지, 조사 과정은 어떻게 이루어지고 얼마나 걸리는지 등등. 모두 아주 실질적인 문제다. 이렇게 함으로써 유족들은 자기가 어떤 수준의 지원이 필요한지 판단하고 유족지원센터에 얼마나 오래 머물지 계획을 짤 수 있다. 문제는 누가, 무슨 내용으로, 언제 보고를 할 것인지 결정할 때 생기는 경우가 많다. 이때는 항상 싸움이 일어난다.

예를 들어 저먼윙스 사고의 경우 사고 후 6일인가 7일째 되던 날 프랑스 대통령이 헌병대에서 150개의 DNA 프로필을 확인했다고 발표했다. 유족지원센터의 유족들은 이 발표를 사랑하는 가족의 신원이 곧 확인되어 유해를 돌려받게 될 것이라는 의미로 받아들였다. 이해는 되지만 사실 그런 의미가 아니었다. 헌병대에서 그때까지 추락 장소에서 수습된 3000구의 유해를 대상으로 신속하게 유전자 검사를 진행했다는 의미였다. 그 시신 조각들로부터 150개의 고유 프로필이 나온 것이다. 우리는 비행기에 150명이 탑승하고 있었고, 현장에서 실종된 사람이 없음을 알고 있었다. 그렇다면 모든 사람의 신원을 확인할 수 있으리라는 의미다. 하지만 생전 과정은 이제 막 시작했고, 가족 프로필은 아직 만들어지지도 않은 상태였다. 유족들은 이런 부분을 이해하지 못했기 때문에 누군가가 이 정보의 실제 의미를 설명해줄 필요가 있었다. 그러나 누가 할 것인지가 문제였다. 우리는 헌병대에 연락해서 유족들을 상대로 보고해줄 것을 요청했다. 그들은 이렇게 대답했다. "그것은 우리 임무가 아닙니다. 검사가 할 일입니다." 그래서 우리는 절차에 따라 검찰 사무실을 찾아가 물었다. "검사님이 하시겠습니까?" 검사가 말했다. "아니요. 그건 제 임무가 아닙니다. 과학적인 절차니까 경찰에서 해야죠."

사랑하는 가족의 시신이 모두 조각났다는 사실을 유족에게 말하고 싶은 사람이 아무도 없다는 소리다. 그래서 내가 말했다. "좋습니다. 제가 하죠." 그것이 나의 일이기 때문이다. 그리고 나는 그것을 어떻게 해야 하는지 알고 있었다. 아무리 고통스럽더라도 사실을 있는 그대로 전달해야 한다. 다만 제대로 이해하는 데 필요한 맥락을 충분히 설명해야 한다. 당시 루프트한자는 우리에게 유족 대상 보고를 맡기는 것이 옳은지 확신을 못하고 있었기 때문에 또 다른 회의가 필요했다. 내게 회의를 하는 것은 문제가 되지 않는다. 사실 가끔 회의를 하다 지치기도 하지만, 그 회의가 처음인 사람도 많다. 내게 문제는 회의를 하려면 시간이 들고, 그것이 유족들의 시간을 자꾸 뒤로 미룬다는 점이다.

보고회는 여러 언어로 진행된다. 제일 먼저 통역가가 용어의 의미를 정확히 알고 있는지 확인해야 한다. '시신 조각 body fragment'은 '시신 body'이나 '팔다리 limb'를 말하는 것이 아니라 크기와 상관없이 조직 표본을 의미하는 포괄적 용어다. 나는 통역가들을 대상으로 긴 시간에 걸쳐 예비 보고를 한 후에 보고실로 들어가 그곳에 모인 유족들을 만난다.

나는 유족들에게 미리 안내한다. "이번 보고는 듣고 있기가 어려우실 듯합니다. 어린 자녀를 동반하셨거나, 설명을 듣기 원하지 않는 분은 자리를 피하셔도 좋습니다. 사랑하는 가족의 시신 상태와 신원확인 과정에 대해 설명할 예정이라 아직 마음의 준비가 안 된 분들이 있을 겁니다." 이렇게 말하고 잠시 기다리면 몇몇 사람이 자리를 피한다. 그러고 난 후에 나는 본격적인 보고를 시작한다.

"아시다시피 이 사건은 고속 충돌 사건입니다. 따라서 시신의 상태가 온전하지 못합니다. 오늘 헌병대로부터 들은 바에 의하면 3000점이 넘는 시신 조각이 발견됐습니다. 여러분의 가족에게서 나온 조각입니다. 날씨가 춥고, 보존 처리가 잘되고, 헌병대에서 법의학 작업도 훌륭히 진행한 덕분에 그 3000점의 시신 조각으로부터 150건의 DNA 프로필을 작성할 수 있었습니다. 탑승자 명단을 보면 비행기에 탄 사람이 150명밖에 없었고, 지상에서 사망한 사람에 대한 보고는 없었기 때문에 이는 모든 사람의 신원을 확인할 수 있다는 의미입니다.

하지만 우리가 확보한 것은 이 조직 조각이 저 조직 조각과 다르다는 것을 말해주는 유전자 표지입니다. 이것만으로는 그 조직이 누구의 것인지 알 수 없습니다. 그것을 가지고는 이것이 로버트 센느이라는 사람의 조직 조각인지 알 수 없다는 말입니다. 유족 여러분께서 DNA 표본을 제공해주실 때까지는 그것을 확인할 수 없습니다. 당사자가 살아 있는 동안에 자기 DNA를 채취해놓은 경우가 아니면 여러분이나 가족으로부터 수집한 표본을 가지고 일치하는 프로필을 찾아야 합니다. 그 과정이 텔레비전에서 보는 것과는 차이가 있습니다. 한 시간이나 하루 만에 끝나는 일이 아니라 몇 달이 걸립니다. 제 예상으로는 넉 달이나 여섯 달 정도가 지나야 신원을 확인해서 여러분께 시신을 양도할 수 있을 것 같습니다. 그리고 그사이에 더 많은 시신 조각이 수습될 것입니다."

이 얘기를 듣고 가족들은 실망하는 눈치였지만, 이들은 이미 비극적인 사고 그 자체로 절망적인 슬픔에 빠져 있는 사람이다. 이 보고 후에는 적어도 이렇게 말할 수 있을 것이다. "이제 그 뉴스의 의미를 알겠네요." 이제 유족들은 앞으로 일이 어떻게 진행될지, 어떻게 계획을 세워야 할지 알 수 있다. 이것이 그들에게 이 고통스러운 시간을 헤치고 앞으로 나아갈 수 있는 길을 열어준다.

그렇지 않으면 유족들은 깊은 충격 속에서 무엇을 해야 하는지, 또 얼마나 그렇게 있어야 하는지 알지 못한 채 호텔방에 하염없이 앉아 있어야 한다. 보고회 후에 일부 유족이 찾아와 고맙다는 말을 했다. 보고는 사실 그렇게 어려운 일이 아니다. 비교적 간단한 일이다. 다만 누구도 나쁜 소식을 전하는 사람이 되고 싶지 않을 뿐이다.

유족지원센터의 두 번째 목적은 유족으로부터 두 종류의 정보를 수집하는 것이다. 첫째는 사망자의 신원확인에 도움이 될 정보, 즉 생전 정보다. 인터폴의 재난희생자 신원확인 위원회에서는 아주 포괄적인 사후 정보, 생전 정보 서식을 개발했다. 대부분의 국가에서 이것을 사용하고 있고, 우리도 마찬가지다. 이 정보를 수집하는 데는 몇 시간이 걸릴 수 있으며, 이 정보 수집에 대해 훈련을 받은 사람이 진행해야 한다. 서식은 30쪽에 달한다. 아주 개인적인 정보이기 때문에 수집된 정보는 안전하게 보관되고, 신원확인의 용도로만 사용되어야 한다. 그 안에는 이런 질문이 담겨 있다. "사망자에게 흉터, 문신, 이식물, 심박조율기가 있습니까?" "군인, 법집행관으로 복무했거나, 비밀 취급 인가를 받은 적이 있습니까? 이는 지문 자료가 남아 있을 가능성을 확인하기 위한 것입니다." 이런 질문 중에는 사생활을 침해한다고 느껴질 수 있는 것도 있다. 당사자가 수감된 적이 있는지도 물어본다. 그 경우도 지문이 기록으로 남기 때문이다. 또한 모든 가족이 유족지원센터로 찾아오는 것이 아니기 때문에 집으로도 사람을 보내야 한다. 사망자가 다른 국가 출신인 경우 이 일은 보통 우리 같은 사람과 해당 지역 경찰서가 조합을 이루어 진행된다.

이 시점이 되면 의사와 치과 의사의 연락처 정보뿐 아니라 DNA 참고 자료도 유족으로부터 수집할 수 있다. 이런 정보가 결여되어 있을 경우에는 당사자의 집으로 팀을 보내 지문, 혹은 칫솔이나 머리빗같이 DNA

가 들어 있을 수 있는 물품을 수집해 올지를 두고 회의를 한다. 이 과정에서 중요한 것은 누구를 인터뷰할지, 누가 가장 정확한 정보를 갖고 있을지 이해하는 것이다. 인생은 난순하지 않을 때가 많은데 죽음도 미찬가지다.

어떤 추락 사고에서는 사고로 죽은 소녀의 부모, 그리고 그 부모와 함께 유족지원센터까지 찾아온 남자친구를 인터뷰했다. 부모가 모든 질문에 답했고, 우리는 아무래도 누군가가 그 소녀의 아파트로 찾아가서 칫솔이나 빗에서 DNA 표본을 채취해야 할 것 같다고 생각했다. 부모가 인터뷰를 마치고 나간 다음에 보니 남자친구가 할 말이 있는 듯 뒤에 남아 있었다. 그가 조용히 고백하기를 여자친구가 부모님 몰래 자기와 동거를 하고 있었다고 했다. 따라서 그 소녀의 DNA를 확보하기에 제일 좋은 물품은 소녀의 집이 아니라, 남자친구의 집에 있었다.

우리가 유족들로부터 수집하는 두 번째 종류의 정보는 법적 친족, 더 구체적인 용어로는 직접처분권한 당사자와 유품 수령적격자가 누구인지에 관한 정보다. 대개 이 둘이 같은 사람이다. 거의 대부분의 관할권에서는 그 역할을 맡을 사람을 우선순위에 따라 나열한 목록을 확보하고 있다. 안타깝게도 모든 유족이 이 부분을 이해하는 것은 아니라서 사망자가 매장을 원했는지, 화장을 원했는지, 그 재를 바다에 뿌리기를 원했는지, 심지어 고인이 된 작가 헌터 톰슨처럼 로켓에 싣고 하늘로 올라가기를 원했는지 결정하는 문제를 두고 어려움에 빠질 수도 있다.

유언장이나 자신의 시신을 어떻게 처리해달라는 문서를 남긴 경우라면 문제될 것이 없다(나는 모든 이에게 이 두 문서를 남길 것을 권한다). 그러나 나는 부모님이 어디에 묻히기를 원했는지, 어떤 장례식을 원했는지, 혹은 매장할 것인지 화장할 것인지 결정하지 못하고 옥신각신 싸우는 가족 다툼에 끼어들어야 했던 적도 있다(나는 불화가 생긴 자녀들을 달래기 위해 부모의 유해를 화장한 다음, 케니언의 대리인을 시켜 그 재를 정확히 같은 시간에 세 자녀에게 나누어 전달하는 것을 지켜보게 한 적도 있다).

내가 끼어들어야 했던 한 사례에서, 사망한 남성에게 새 부인과 아주 어린 아기가 있었다. 그리고 사사건건 간섭하기 좋아하는 어머니가 있었는데, 이 어머니는 그 여성을 며느리로 인정하지 않고 있었다. 어머니는 자기가 아들의 최근친이라고 우겼지만, 법적으로 최근친은 분명히 그 남성의 아내였다. 내가 이것을 설명하자 그 어머니가 난리를 쳤다. 나는 그 어머니를 한편으로 데리고 가서 대화를 나누었다. 그러자 그 어머니가 진짜로 자기 마음에 걸리는 부분을 내게 털어놓았다. "그 아이가 저보다 먼저 죽는 건 말이 안 돼요. 죽어도 제가 먼저 죽어야죠." 어머니가 이렇게 말하며 흐느꼈다.

나는 그 마음을 이해하지만, 만약 아들이 지금 살아 있었다면 그 아들이 원하는 것이 무엇이겠느냐고 물어보았다. "어머님께서 맡아야 할 역할이 있습니다. 어머님한테는 한 살짜리 손자가 있지 않습니까? 아드님은 지금의 아내와 결혼한 지 얼마 되지도 않았습니다. 그럼 그 손자는 어디 가서 아버지에 대해 물어볼 수 있을까요? 손자가 다 컸을 때 아버지가 어떤 사람이었는지 누가 말해줄 수 있겠습니까? 어머님이 그 다리가 되어주서야 합니다. 만약 아드님 삶의 일부가 되겠다고 하시면 며느리와 멀어지면 안 됩니다. 며느리가 손자를 책임져야 하니까요. 며느리는 아드님의 아내고, 손자의 어머니입니다."

이런 상황에서는 말을 돌리지 말고 직접적으로 접근해야 한다. 문제는 저절로 사라지는 것이 아니기 때문에 이런 폭발적인 감정을 어떻게든 풀지 않고 남겨두면 시간이 흐른다고 더 좋아지지 않는다.

가족이 우선순위가 더 높은 다른 가족 구성원을 숨기는 경우도 있다. 정상적인 일은 아니지만 실제로 일어난다. 어느 날 유족 대상으로 보고를 한 후였는데 캐나다 대사가 내게 와서 자기네 국민이 사망했는데 그 유족에게는 왜 아무도 연락을 취하지 않은 것인지 물어보았다. 내가 그 남성의 이름을 물어보았고 대사가 알려주었다. 듣고 보니 내가 얼마 전에 대화를 나누었던 사람이 그 남성의 형이었다. 대사는 형의 존재를 모르고 있었고, 우리는 캐나다에 있는 가족의 존재를 모르고 있었다. 그 사망자는 이중국적자였다. 캐나다 여권으로 파리행 비행기를 타고 캐나다를 떠난 다음, 파리에서는 이집트 여권으로 이집트행 비행기에 탑승했다. 이집트항공의 입장에선 그 사람이 이집트인이었고, 그 비행기가 추락했을 때 이집트에 있는 가족이 그 사실을 캐나다의 가족에게 알리지 않은 것이다. 자연스럽게 우리는 사망한 남성의 아내와 정보를 공유하고 대화를 나누기 시작했다.

유족지원센터의 세 번째 기능은 유족이 한데 모여 함께 일을 처리할 장소를 제공하는 것이다. 그중에서도 사고 현장에 가보는 것이 큰 부분을 차지한다. 정부 사람이나 항공사 같은 회사에서 파견된 사람은 이것을 막으려 드는 경우가 많지만, 우리는 이런 활동이 유족에게 정말 중요한 부분이라는 얘기를 귀가 닳도록 들었다. 물론 이런 사고 현장 방문은 계획하에 이루어진다. 유해가 모두 수습된 후에 진행되고, 의료 자문과 심리 자문이 함께한다. 유족에게는 어떤 것을 보고, 냄새 맡게 될지 미리 알려준다. 보통 유족지원센터를 찾아온 사람 중 90퍼센트 정도는 이 답사에 참가하고 싶어 한다. 이 답사는 가족의 유해를 되돌려 받기 몇 달 전에 이루어지는 경우가 많아, 사랑하는 가족이 죽었음을 보여주는 첫 번째 물리적 흔적이 된다. 유족지원센터는 성인만을 위한 공간이 아니다. 16세 소년이 있었다. 아버지가 비행기 사고로 돌아가셨기 때문에 이 소년의 삶은 이제 결코 예전과 같을 수 없었다. 이 소년이 자기와 함께 온 몇 명의 문상객을 제외한 모든 사람과 가까운 자리에 앉을 기회가 생겼다. 난데없이 소년이 울기 시작했다. 그 자리에는 소년의 행동에 대해 이러쿵저러쿵 문제 삼거나, 소년을 나약하거나 이상하다고 생각할 사람이 없었다. 거기 있는 또 다른 어린 사람도 그와 똑같은 행동을 했기 때문이다. 그러다 아버지와의 추억을 떠올렸는지 웃기도 했다. 만약 그 소년이 집에서 이런 행동을 했다면 사람들은 이 소년을 두고 아버지에게 정이 없다거나 정신이 불안정하다고 생각했을지 모른다. 가족이 세상을 떠난 사람을 만나면 사람들은 어떤 말이나 행동으로 그 사람을 위로해야 할지 모르기 때문이다.

2010년 트리폴리의 아프리키야 항공기 추락 사고에서는 이런 일의 중요성이 간과되었다. 남아프리카공화국에서 네덜란드로 향하고 있던 그 비행기에는 네덜란드 사람이 많이 탑승하고 있었다. 네덜란드 정부에서는 추락 사고 현장을 보는 것이 유족의 심기를 불편하게 하리라 예상하고 유족이 현장을 찾는 것을 말렸다. 하지만 많은 사람이 어떻게든 사고 현장을 찾았고, 우리는 그 유족들에게 가족이 비명횡사한 현장을 보여주었다. 이들이 집으로 돌아가 그중 일부가 현장을 찾지 않았던 가족들에게 그 감동적인 경험에 대해 얘기했다. 그에 대응해서 네덜란드 정부는 뒤늦게 두 번째 방문 계획을 세웠다. 하지만 그즈음에는 비행기 잔해도 모두 치웠고, 우리도 모두 철수한 후였다. 그래서 두 번째 방문은 비행기 잔해를 직접 목격했던 첫 번째 그룹처럼 의미 있는 답사를 하지 못했다.

유족을 지원하는 일은 쉽지 않다. 유족을 대표해서 정부와 중재에 나서야 하는 경우도 많다. 아마도 내가 가장 극단적인 조치에 기대어야 했던 경우는 한 정부에서 사망자의 시신을 내주지 않고 버티던 때였을 것이다.

국적항공에 소속되어 있던 비행기가 다른 나라로 갔다 돌아오다 추락 사고가 나는 바람에 논란이 일었다. 내가 앞에서 적었던 그 정부의 대통령은 그 비행기가 폭탄 폭발로 추락한 것이라 고집을 부렸다. 반면 그 비행기가 출발했던 국가에서는 비행기가 정비 불량 문제로 추락했다고 주장했다. 사실상 두 국가가 서로에게 책임을 떠넘기고 있는 것이었다. A 국가에서는 B 국가의 공항 보안이 허술한 것이 문제라 말했고, B

국가에서는 A 국가의 항공기 정비가 형편없는 것이 문제라 말했다. 양국 모두 한 치도 뒤로 물러설 생각이 없어 보였다.

그 결과로 A 국가에서는 다양한 국적을 가진 사망자들의 유해를 내주기를 거부했다. 시신을 돌려받지 못하고 6개월 정도 하염없이 기다리고 있는 유족들의 고통이 생생하게 느껴졌다. 나는 A 국가의 대통령에게 편지를 써서 수도의 검시관 실험실에 보관되어 있는 사망자 시신을 인도주의적 관점에서 즉각 내줄 것을 간청했다.

나는 이렇게 적었다. "시신의 인도가 아무런 설명도 없이 지연되고, 그에 관한 정확한 정보도 없으며, 정치적 충돌 때문에 사랑하는 가족의 시신이 볼모로 잡혀 있다는 소문이 돌고 있습니다. (……) 이는 A 국가 행정부와 국적항공의 명망을 훼손하고 있으며, 그런 상황은 계속 이어질 것입니다." 나는 이렇게 길게 지연이 되면서 유족들이 정서적으로 큰 손상을 입고 있고, 나도 대량 사망 사고를 21년 넘게 다루어오면서 이런 사례는 접해본 적이 없다고 지적했다.

이 편지는 정중하고 공손했으며, 사실 행정 절차상의 오류로 지연되는 것이 아님을 알고 있었지만, 그럴 가능성도 열어두었다. 나는 이 편지가 그 대통령에게 전달되고 영향을 주리라 믿기는 어렵다는 것도 알고 있었다. 영향을 주려면 자국민을 잃은 국가의 지도자들이 이 편지를 활용해서 압박하게 만들어야 했다. 그래서 나는 대화를 나누었던 대사들을 통해 이 편지의 복사본을 그 나라들의 지도자에게도 보냈다. 결국 답장은 없었다. 하지만 일주일 만에 시신이 유족들에게 인도됐다.

17

거대한 파도의 기억

○

한 번도 서로 만난 적이 없고, 열 개가 넘는 국가에 흩어져 있는 수천 명의 사람이 역사상 가장 크고 복잡한 조각그림 맞추기를 한다고 상상해보자. 이번에는 그 조각들을 이어 맞춰야 할 조사관의 경로에 공황에 빠진 수백 명의 사람을 투입해서 헤집고 다니게 만든다고 상상해보자. 그리고 이번에는 그 그림 맞추기의 그림조각이 사망자의 유해라고 상상해보자. 이 정도면 2004년 크리스마스가 지나고 불과 몇 시간 후에 남아프리카공화국에서 인도와 동남아시아를 거쳐 인도네시아에 이르기까지 바닷가 마을을 휩쓴 쓰나미로 사망한 약 25만 명의 신원을 확인하는 것이 얼마나 거대한 과제였는지 대충 감을 잡을 수 있을 것이다. 이런 규모의 재난은 그 거대한 파도와 여파에 휩쓸린 수많은 사람이 상상조차 해보지 않은 것이었다. 이 쓰나미는 수마트라 근처의 해저를 히로시마 원폭의 2만 3000배에 해당하는 힘으로 뒤흔든 지진에 촉발됐고, 크리스마스 휴가 시즌에 찾아오는 바람에 혼란을 더욱 키웠다. 정부 지도자 중 상당수가 휴가를 가고 없었고 며칠이 지나도록 이 재난의 규모조차 이해하지 못하는 경우도 있었다. 심지어 태국은 많은 스칸디나비아 사람이 겨울에 즐겨 찾는 관광지였는데도 스웨덴의 외무부장관은 쓰나미가 있던 날 밤에 극장에 영화를 보러 가기도 했다. 당시 스칸디나비아 사람들의 사망자수는 이미 수천 명 규모로 늘어나 있었다.

요즘 세상에 일어나기는 불가능하리라 여겨지던 규모의 재난이었던 것 같다. 사람들은 어떻게 대응해야 하는지, 심지어 무엇을 해야 하는지도 알지 못했다. 어떤 재난은 정해진 지역에만 영향을 미친다. 그해 뒤늦게 발생한 허리케인 카트리나가 그랬다. 이런 재난은 제한된 사람에게만 영향을 미친다. 그 사상자수가 수천 또는 수십만 명에 이를 수는 있지만 그래도 제한된다. 모든 사람이 그 재난 소식을 듣더라도 대부분은 영향을 받지 않는다. 그래서 어떤 일이 자기네 집에 닥치거나, 아는 얼굴이나 이름이 관련되기 전에는 사람들도 그 재난의 의미를 느끼지 못한다. 남아프리카공화국의 아파르트헤이트 정책을 생각해보자. 아주 끔찍한 제도이지만 미국이나 다른 국가의 사람들은 머나먼 땅에서 이루어지는 이 가혹한 차별 정책에 대항해서 자기가 무엇을 할 수 있는지 알 수 없었다. 하지만 넬슨 만델라가 투옥되면서 아프리카민족회의가 갑자기 얼굴을 갖게 됐고, 바다 건너 사람들도 그들과 관계를 맺고 도울 수 있었다. 그의 대의를 지원하는 돈을 기부할 수도 있게 됐고, 만델라를 도움으로써 아파르트헤이트 정권의 종식도 돕게 됐다.

반면 쓰나미 같은 재해는 지리적으로 광범위한 타격을 가하기 때문에 훨씬 넓은 지역의 사람들에게 영향을 미친다. 경미한 타격을 받은 33개

국가에서 스웨덴이나 독일처럼 심각한 타격을 받은 국가에 이르기까지 범위가 넓었다. 그리고 거의 모든 사람이 영향을 받는 팬데믹 같은 사건도 있다. 사람들은 본인이 병에 걸리거나, 병에 걸려서 죽은 사람을 알거나, 직장을 잃거나, 집을 잃거나, 끝없는 두려움과 격리 생활에 시달리기도 한다. 팬데믹은 사실상 수십억 명을 동시에 위기로 몰아넣는다.

아이티 지진이 죽음의 불평등을 보여주었다면, 더 많은 사람을 죽인 2004년 아시아 쓰나미는 대량 사망자를 어느 정도라도 평등하게 다루는 것이 얼마나 힘든 일인지 보여주었다. 아이티 정부는 그냥 수만 구의 시신을 불도저로 구덩이에 파묻으면 그만이었지만, 정부에서 자국민의 시신을 찾아서 신원을 확인하고, 집으로 데려가기를 원하는 태국, 인도네시아의 사망자, 그리고 거대한 지진에 희생당한 수천 명의 관광객 등은 복잡한 문제를 불렀다.

현지 시간으로 일요일 아침에 강력한 지진이 찾아왔다. 내가 있던 곳의 시간으로는 크리스마스 저녁이었다. 그리고 그다음 날 아침에 거대한 파도가 인도양 가장자리를 따라 세상을 덮쳤다. 태국과 인도네시아의 일부 지역에서는 쓰나미가 도시 전체를 휩쓸어 땅만 남기고 모든 것을 지워버렸다. 태국의 유명한 다이빙 리조트에서 잠수를 즐기고 있던 사람들은 파도가 덮치는 순간 마치 거대한 세탁기 안으로 들어가는 듯한 기분을 느꼈다고 했다. 남아프리카공화국처럼 멀리 떨어진 곳에서는 이 파도가 크기만 조금 더 클 뿐 별반 다를 것 없는 파도로 나타났다. 이 파도는 해안도로 위까지 튀어 올라 관광객들의 관심을 잠시 사로잡는 데 그쳤다. 관광객들은 이 파도가 다른 지역에서 초래한 재난을 뉴스로 접하고 나서야 그 파도를 떠올렸다.

호주 당국에서 얼마나 어마어마한 일이 일어나고 있는지 우리에게 알리며 도움을 요청해왔다. 최초 보고가 호주의 수도 캔버라로 들어오고 있었다. 그즈음에 호주 사람에게 인기 있는 해안가 리조트와 휴양지에서 수천 명이 사망 혹은 실종되었다. 일요일 정오경 우리는 이동을 준비하면서 직원들을 사무실로 불러들였다.

태국은 그 일대에서 관광객들에게 가장 인기가 많은 곳이었기 때문에 당연히 그곳에 기지를 설치해야 할 것으로 보였다. 나는 비행기에 몸을 실었다. 이것으로 나의 크리스마스 휴가는 끝났다. 이제 내 가족은 한 해 동안 내 얼굴을 보기가 쉽지 않을 터였다. 쓰나미와 항공기 추락 사고, 이라크의 답사, 허리케인 카트리나 등이 일어난 사이에 나는 집에 거의 들르지 못했다. 물론 이렇게 집과 오랫동안 떨어져 있을 줄은 우리도 몰랐지만 가족 모두 이런 상황에 익숙했다. 적어도 내게 말하기로는 그랬다. 내 관심은 온통 당면한 과제에 쏠려 있었다. 나는 하루인가 이틀 후에 방콕에 도착해서 곧장 그곳의 호주 대사를 만나러 갔다. 빌 패터슨 대사는 해외 근무 경험이 많은 노련한 사람이었지만 그도 방금 도착한 상황이었다. 그는 호주 집에서 짐을 꾸리다가 외무부로부터 임무가 일주일 일찍 시작되었다는 전화를 받았다. 방콕에 도착한 그는 왕에게 신임장을 제출할 시간도 없이 곧장 푸켓 근처의 카오락으로 향하는 헬기에 몸을 실었다. 이미 그곳에는 2000구 이상의 외국인 시신이 수습되어 신원확인을 위해 보관되어 있었다.

그가 나중에 한 기자에게 이렇게 말했다. "헬기를 타고 이 마을로 들어왔는데 정말 충격적이었습니다. 마을은 진흙투성이였고, 가까이 다가가자 냄새가 파고들기 시작했습니다. 그 전에는 한 번도 맡아본 적이 없는 아주 독특한 냄새였죠. 사람들 말이 그 냄새를 한번 맡고 나면 절대 잊지 못한다던데, 그 말을 믿게 됐습니다."

다행히 호주의 법집행부는 태국의 법집행부와 일의 궁합이 잘 맞았고, 쓰나미가 덮치기 전부터 확실한 관계를 맺어온 터였다. 마약과 조직범죄와의 전투에서 태국은 핵심적인 동맹이었고, 빌은 방금 도착했음에도 작전을 감독하는 사람으로서 두각을 나타냈다. 좋은 일이었다. 그는 탁월한 지도자일 뿐만 아니라 탁월한 외교관이기도 했기 때문이다.

호주식 리더십이 일부 유럽 국가와 잘 어울리는 것 같지는 않다. 빌은 태국을 잘 이해하고 있었다. 그는 태국의 내부 암투에 대해, 그리고 어떻게 하면 일을 완수할 수 있을지에 대해 알고 있었다. 제일 중요한 점은 그가 그들의 체면을 세워주면서 끌고 가는 방법을 잘 알고 있었다는 것이다. 그렇다고 태국 사람들이 그런 작전을 수행할 능력이 없다거나, 체계가 없다는 의미는 아니다. 오히려 반대다. 그들은 자기만의 익숙한 방식으로 상실에 대처하는 능력이 있고 체계적이었지만, 서구 방식에서는 그렇지 못했다. 입장이 바뀌면 우리도 마찬가지일 것이다. 태국에서는 시신이 말 그대로 시신일 뿐이다. 시신은 이름도 없고, 사람도 아니기 때문에 시신을 이름으로 부르는 것은 죽은 자가 편안히 눈을 감지 못하게 방해하는 일이다. 태국에는 가끔씩 일어나는 관광객 사망자를 처리하기 위한 몇 군데를 빼면, 큰 시체안치소나 장례식장이 없다. 다른 시신은 모두 사원으로 보내 화장한다. 둘째로, 유럽 국가에서는 경찰이 사망자를 처리하는데, 수사가 필요한 경우가 아니면 이는 태국에서도 마찬가지다. 다만 수사가 필요한 경우에는 법의학 기관이 따로 있다. 당시 이 법의학 기관은 붉은 머리의 화려한 법의병리학자 폰팁 로자나수난드 박사가 이끌고 있었다. 그녀는 법의학 전문가라기보다는 티나 터너나 뉴욕의 최신 패션 디자이너처럼 보였다. 그녀가 펴낸 많은 책과 독특한 헤어스타일 덕분에 그녀는 이미 태국에서 유명인사였다. 그녀와 경찰 사이가 늘 좋지는 않았다. 사실 당시 태국 신문에서는 그녀와 역시나 훌륭한 리더이자 좋은 사람인 경찰청 부청장 노파돌 솜분숩이 시신이 실린 들것을 함께 잡고 서로 반대 방향을 향하고 있는 시사만화를 싣기도 했다. 두 사람은 대응 방식을 어떻게 관리할 것인지를 두고 생각이 엇갈렸다.

이런 배경 속에 빌 패터슨과 나는 다른 지역을 평가하러 떠났다. 물론 해안가 지역이 가장 큰 타격을 입었다. 우리는 한때 이 지역 관광지의 꽃이었던 푸켓에 본부를 세우기로 결정했다. 현재 대부분의 도시는 말라가는 진흙으로 뒤덮여 있었고, 거리는 잔해들로 막혀 있었으며, 그곳 사원들에는 부풀어 오른 시신들이 높게 쌓여 있었다.

나는 황폐해질 대로 황폐해진 주변 현황에 대해 너무 깊이 생각하지 않는 것이 최선이라는 것을 알게 됐다. 그런 부분에 연연하는 사람은 오래 버티지 못한다. 하지만 내가 이곳에 도착하기 며칠 전까지만 해도 이 태국의 해안가 리조트들은 방학을 즐기는 어린아이들을 데리고 나온 행복한 가족으로 붐비는 곳이었다. 사람들은 하얀 해변 물가에서 패들링을 하며 놀거나, 호텔 수영장에서 느긋하게 칵테일을 즐기며 누워 있었다. 젊은 배낭여행객들은 몇 달씩 모은 돈으로 이곳을 찾아와 인생의 모험을 즐기고 있었다.

그곳에 도착해서 바닷가 힐튼 호텔 회의실에서 첫 실무자 회의를 준비하고 있으니 그들의 천국이 순식간에 지옥으로 변하고 말았다는 것이 분명하게 느껴졌다. 힐튼 호텔은 비교적 훼손 없이 살아남았다. 하지만 냄새가 풍겼다. 우리 대부분이 잘 아는 냄새, 바로 시체가 부패하는 냄새였다. 며칠 동안 수색한 후에 우리는 그 시신의 위치를 알아냈다. 파도에 떠밀려온 시신이 우리가 작업하고 있는 회의실과 그 아래 가게들 사이의 좁은 공간에 끼여 있었던 것이다.

초기에는 사원에서 시신을 수습했다. 거리의 성지에서는 향 냄새 대신 드라이아이스 냄새가 났다. 수많은 시신이 더위 속에 급속히 부패하는 것을 막기 위해 드라이아이스를 무지막지하게 들여오고 있었다. 사원까지 걸어가면서 보니 수백 구의 시신이 사원 바깥에 둘쑥날쑥하게 놓여 있었다. 어떤 시신은 조잡한 나무관에 들어가 있었지만 대부분은 비닐이나 사망한 관광객이 숙박하던 호텔에서 급하게 가져온 지저분한 리넨 시트에 싸여 있었다. 시신 운반용 부대는 이미 동난 지 오래였다. 부패를 늦추기 위해 군인들이 트럭으로 싣고 온 드라이아이스 말고는 아무것도 덮여 있지 않은 시신도 부지기수였다. 흙바닥에 놓인 시신과 시신의 가슴과 다리에 올려놓은 새하얀 드라이아이스 덩어리의 대조가 인상적이었다. 게다가 드라이아이스에서 올라오는 하얀 수증기가 마치 다른 세상 같은 분위기를 내서 그 대조가 더욱 두드러졌다. 시신의 신원 확인 측면에서 보면 부패는 가장 큰 방해 요인 중 하나다. 지문과 문신을 확인하기가 어려워지기 때문이다.

질서를 유지하기 위해 군인들이 투입되었고, 사망자의 친구와 가족은 사랑하는 이의 흔적이라도 찾기 위해 손수건으로 입을 틀어막고 시신 운반용 부대를 열어보고, 흙투성이 수의를 걷어보며 이 암울한 시신 보관소를 뒤지고 다녔다. 이 친구와 가족 중에도 이 끔찍한 시련을 직접 겪고 간신히 살아남은 이들이 많았다.

살아남은 호텔의 벽은 태국어, 영어, 독일어, 스웨덴어, 중국어 등의 다양한 언어로 쓰인 절박한 메모로 덮여 있었다. 그 안에는 실종자, 그리고 그 실종자를 마지막으로 보았던 곳에 대한 설명이 적혀 있고, 가슴 아픈 사진과 연락용 이메일 주소가 함께 있기도 했다. 우리는 호주 방위군의 헬기를 이용해 공중에서 시신을 수색할 수 있었는데, 가족들이 실종자를 찾을 수 있게 자기도 태워달라고 애원하는 경우가 많았다.

우리의 목표는 최대한 빨리 작업을 개시하는 것이었다. 그것을 가로막는 첫 번째 장애물은 로자나수난드 박사와 나파돌 부청장 사이의 갈등이었다. 이것은 태국 내부의 문제였지만 국제적으로 이루어지는 작업에도 큰 영향을 미쳤다. 누가 무엇을 할지 합의가 되지 않으면 우리도 일을 시작할 수 없었기 때문이다. 결국 사망자 중 태국인으로 보이는 사람은 로자나수난드 박사가, 외국인으로 보이는 사람은 국제 대응팀의 지원을 받아 나파돌 부청장의 팀이 담당하는 것으로 결정됐다.

그다음으로는 국제 대응팀이 어떻게 협력할 것인지 해결하는 문제가 있었다. 이런 규모의 일을 할 때는 두 가지가 핵심이다. 전체적인 과정을 파악한 다음, 올바른 부분에 올바른 인력을 배정하는 것이다. 말이 쉽지 만만치 않은 일이다. 사람들은 자국민만을 대상으로 일을 하고 싶어 했다. 나라마다 인기 있는 리조트가 따로 있기 때문에 사망자와 중점 작업 지역을 선별해서 일을 하고 싶어 한다는 의미다. 예를 들어 푸켓 주변의 카오락 같은 곳은 독일인과 호주인에게 인기가 더 많았다. 그 외의 지역은 영국인이 많이 찾았다. 발리 폭탄테러 사건에서도 나라마다 이런 주장이 나온 적이 있었다. 그래서 처음부터 "이 사람은 독일인 같으니까 독일로 보내서 검사하겠습니다" 같은 말이 나오지 않게 하는 데 초점을 맞추었다. 나는 유족과 정치인으로부터 오는 압박, 그리고 정치인이 받는 압박을 이해했다.

여기에는 시간이 걸렸다. 원래 걸렸어야 하는 것보다 더 많은 시간이 걸렸다. 대부분의 사안에서 합의와 승인이 필요했다. 어떤 절차를 거칠지, DNA의 표본을 어떻게 채취할지, 기록을 어떻게 공유할지, 어느 팀이 어디서 일할지, 전체적인 지원은 누가 담당할지 등등에 관해 모든 이의 동의가 필요했다. 처음에는 일부 팀에서 자기네는 자국민에만 초점을 맞추어 작업하겠다고 말했다. 이들은 고국으로부터 자국민의 시신

326

을 송환하라는 압박을 엄청나게 받고 있었다. 가족들이 실종 가족에 대한 정보에 목을 매고 있었다. 쓰나미가 덮쳤을 당시의 강력하고 불규칙한 파도 때문에 희생자가 수 킬로미터 떨어진 바다로 떠내려갔을 수도 있었고, 수 킬로미터 내륙으로 떠밀려 올라가 나무나 붕괴된 건물에 남겨졌을 수도 있었다. 희생자들은 사망 당시 해변용 반바지나 수영복을 입고 있었던 경우가 많아서 지갑, 신분증, 열쇠 등 신원확인에 흔히 사용되는 표식이 없을 가능성이 컸다. 물론 파도에 이리저리 휩쓸려 다니는 동안 시신에 들어 있던 개인 소지품이 빠져나오기도 한다. 나라마다 자국민의 시신을 데려가기 원한다고는 하지만 물속에서 심하게 손상된 시신을 두고 국적은 고사하고 인종이라도 알아볼 수 있을까? 태국 당국조차 자기네 나라에서 자국민의 신원을 확인하는 데 애를 먹고 있었다. 인종으로는 태국인임을 기적적으로 확인할 수 있다고 해도 그 사람의 국적이 캐나다, 미국 같은 다른 나라 가능성이 여전히 존재한다. 인종이 곧 국적은 아니다. 당시 5000명이 넘는 국제 방문객이 실종되어, 사망이 의심되는 상황이었다.

에어컨도 가동되지 않던 답답한 회의에서 내가 말했다. "사원으로 가서 여기 누워 있는 사람 중에 스웨덴 사람은 모두 손 들어보라고 말하면 시신이 손을 듭니까? 여러분은 지금 마치 그게 가능한 것처럼 생각하고 있어요." 경찰은 이 부분을 이해하는데 외교관은 별로 그렇지 못했다. 이렇게 말하고 나니 그런 식으로 작업해봐야 쓸데없다는 것을 알려주는 데 도움이 되었다. 결국 모든 시신을 그저 쓰나미 희생자로 대하자는 데 모두 합의를 했고, 그렇게 하고 나니 모든 희생자를 잠재적인 자국민으로 여기게 됐다. 다국적 법의학팀이 사후 정보를 생전 정보와 연관 지어 신원을 확인한 후에야 그 시신에 이름과 국적이 부여됐다. 하지만 예를 들어 독일에서 카오락 지역의 수색을 주도하는 등 국가별로 자국민 희생자가 가장 많은 지역을 담당하자는 주장은 합리적이었다. 다만 다른 국가들도 그곳에 지원을 나갈 것이고 부검 이후에 수집된 모든 데이터는 태국 쓰나미 희생자 신원확인센터로 보내기로 했다.

이런 부분을 이해하지 못한(이 많은 시신을 화장하지 않는다는 사실을 태국인들이 얼마나 불편하게 느끼는지도 이해하지 못했을) 일부 유럽 외교관은 '데마르슈démarche'라는 외교정책을 시행하기로 결정했다. 데마르슈란 한 국가에서 자신의 요구를 들어주지 않을 경우 심각한 결과가 초래될 것이라고 상대 국가에 발표하는 것이다. 이런 정책은 태국 관료들에게 잘 먹히지 않았다. 그럴 만했다. 태국 외무부는 모든 사람을 국외로 추방하겠다고 위협했다. 그러자 유럽 쪽은 더 이상 태국으로 관광객을 보내지 않아 태국 경제에 심각한 타격을 주겠다고 맞받아쳤다. 이런 행동으로는 아무도 원하는 것을 얻을 수 없다. 특히 유족들이 그렇다. 빌 패터슨이 능력을 발휘해 이 갈등을 무마했다. 그때 우리는 장비를 현장으로 옮기고 있었다. 세 곳의 수집 지역/시체안치소, 앞에서 언급한 태국 쓰나미 희생자 신원확인센터, 그리고 본국송환센터를 세우는 것이 계획이었다. 수집 지역/시체안치소와 태국 쓰나미 희생자 신원확인센터는 케니언 지원팀이 법의학팀을 포함해서 인력을 지원하고, 다른 국제 대응팀에서 이곳을 이끌고 지원하기로 했다. 대응팀들은 전형적인 패턴을 따라 제휴했다. 예를 들어 영국과 영연방인 호주, 뉴질랜드가 한 지역에서 같이 일하는 식이다. 죽음을 두고도 제휴가 이루어진다.

이 시점에 와서는 막대한 양의 장비가 필요하다는 것이 분명해졌다. 그래서 우리는 푸켓 공항에 사무실을 차렸고, 결국 콴타스항공의 지원을 받았다. 콴타스는 발리 폭탄테러 사고에서 우리와 긴밀하게 일했던 고객 회사 중 한 곳이다. 이 사무실은 작업의 중심이 되었고, 우리는 전세기와 상업용 항공기로 물품을 보내기 시작했다. 한번은 50톤이 넘는 장비를 운반하기도 했다. 우리 회사 창고에 보관된 시신 운반용 부대로는 어림도 없었기 때문에 그 제조회사에 연락해서 당시 휴가로 문을 닫고 있던 공장을 다시 열어 잔업을 해서라도 시신 운반용 부대를 대량으로 생산해달라고 요청했다.

수집 지역/시체안치소 세 곳을 차린 다음 단계는 태국 쓰나미 희생자 신원확인센터를 차리는 일이었다. 이 센터는 타일랜드 텔레커뮤니케이션 건물에 자리잡았다. 세 곳의 시체안치소에서 수집한 기록을 이곳에서 비교해 신원확인을 진행할 것이었다. 이 작전의 지도부는 관련 국가끼리 2주마다 돌아가며 교대로 맡기로 했다. 그 이유는 이해할 수 있었지만 당시에는 지도부를 맡는 사람마다 자기만의 일처리 방식이 달라서 일하기가 어려웠다. 나는 분명 이 센터의 작업이 역사상 가장 크고 복잡한 재난 희생자 신원확인 데이터 운영 작업이었다고 믿는다. 케니언만해도 이 프로젝트가 진행되던 여러 달 동안 사망자 신원을 확인하고 본국 송환을 돕기 위해 동원한 인력이 총 900명에 달했고, 업무가 절정에 도달했을 때는 현장 인원만 200명이나 되기도 했다.

그곳에서 보낸 날들은 힘들었다. 호주 정부에서 골라준 시설 좋은 메리어트 리조트로 옮겼지만 그곳의 시설을 즐긴 사람은 거의 없었다. 내 경우에는 그 시설들이 있는지도 몰랐다. 쓰나미가 있고 몇 년 후에 푸켓을 방문해서 그 메리어트 리조트에 머문 적이 있었다. 매니저가 나를 알아보고 아주 멋진 수영장 옆을 지나 내 방으로 안내해주었다. 내가 매니저에게 저 수영장은 언제 만들었느냐고 물었더니 그가 재미있다는 듯 나를 보며 말했다. "원래부터 있었는데요?" 쓰나미에 대응하느라 내 방을 들락거리면서도 그곳에 수영장이 있다는 사실을 까맣게 모르고 있었던 것이다.

중앙의 통제를 벗어나는 일은 하지 않기로 모두 합의한 상태였지만 여전히 국가의 정치 상황이 개입해 들어왔다. 외국의 몇몇 법의학 전문가가 뼈 표본을 가지고 가다 공항에서 발각됐다. 뼈 표본을 자기네 나라로 가져가서 자체적으로 검사를 해보려고 한 것이다. 태국 당국과 일부 다른 국가에서는 해당 국가의 대사관에게 분명하게 불만을 표시했다.

다른 국제 조직과 마찬가지로 인터폴도 태국 쓰나미 희생자 신원확인센터에서 일할 팀을 보냈다. 혼란 속에서도 느리지만 꾸준히 질서가 잡혀가고 있었다. 유해들이 집으로 돌아가는 여정을 시작했다. 그리고 밀려오는 파도에 생이별을 했던 생존자들도 재회하고 있었다.

사망자 중 일부, 특히 외국 관광객은 치과 기록을 통해 신원을 확인할 수 있었지만, DNA 검사로 할 일이 아주 많았다. 산 사람의 DNA 채취는 그냥 면봉으로 볼 안쪽만 문지르면 되는 간단한 일이지만, 실종자 가족을 둔 수천 명의 친척들로부터 표본을 채취하는 데는 엄청난 시간이 필요했다. 그리고 처음에는 DNA 신원확인 속도도 느렸다. 시신에 이름을 찾아주는 데는 치과 기록이 핵심적인 역할을 했다. 결국 성공한 신원확인 중 80퍼센트 정도는 법치의학을 통해 이루어졌다.

여전히 신원확인이 안 된 실종자들은 이제 미해결사건으로 남았다. 이들이 이름을 되찾을 가능성은 별로 없다. 지갑, 열쇠, 전자장치, 보석 등 이들의 소지품은 쓰나미가 덮친 지역의 경찰서 컨테이너에 보관되어 있다. 그들의 시신은 이름 없는 묘지에 묻혔거나 바다 멀리 사라져버렸다. 언젠가 이들 중 일부는 이름을 되찾고 가족이 찾아올 수 있는 묘지도 갖게 될 것이다.

태국에서의 작업은 성공적이었지만, 다른 곳에서는 수천 명의 사람이 신원확인이 안 된 상태로 남았다. 특히 쓰나미의 공격을 정면으로 받은 인도네시아의 반다아체가 그랬다. 비극 이후에 완전히 새로이 재건이 이루어진 해안 도시에는 추도비가 세워졌고, 어부들도 기념일에는 배를 띄우는 것을 삼간다. 어떤 곳에는 또다시 거대한 파도가 밀려올 때 대피할 수 있도록 추도비 위로 15미터 높이의 '쓰나미 타워'가 세워졌다.

그 타워 꼭대기는 항공 구출 작전이 용이하도록 지붕 없는 단으로 만들어졌고, 4억 달러를 들여 지역 전체에 조기 감지 및 경보 시스템을 구축했다. 관광객도 다시 돌아와 이곳에서 간절히 필요로 하는 투자도 되살아나고 있다. 하지만 여전히 툭하면 지진과 쓰나미가 이 지역을 뒤흔들어, 전례 없는 규모의 사망을 초래했던 그 큰 파도의 기억을 다시 떠올리게 한다.

18

평범한 지옥

○

시신을 수습할 수 있는 날이 며칠밖에 남지 않았다. 리오
틴토 광산회사로 향하던 헬기가 산 사면과 충돌한 페루 북쪽 외딴 지역
의 기상이 악화되고 있었다. 우리는 위태로운 그 추락 지역으로 가야 했
다. 그곳은 정글이 안데스 서쪽 산맥과 만나는 곳에 서 있는 수직 암벽
지대였다. 나에게는 팀이 있었고, 그중에는 산림경비원, 자원봉사 수색
구조 등반가, 주 긴급구조대에서 파견된 사람도 몇 명 있었으며, 케니
언의 작전에 빠지지 않고 참가하는 고정 멤버도 포함되어 있었다. 전에
주 비상구조대 보안관보와 캘리포니아 수색구조대 대장을 맡았고, 내가
'마더 매트Mother Matt'라 부르는 친구도 그렇다. 그는 우리의 안전관리자
로 일하고 있고 항상 내게 이것저것 엄마처럼 잔소리를 하고 싶어 하는
것 같다. 그러니까 그는 내가 일을 안전하게 하지 않는다고 느낀다. 예
를 들면 나는 로프에 클립 끼우는 것을 잊을 때가 있다! 우리 팀에는 전
문 등반가 겸 의료인도 있다. 그의 이름은 키스지만, 현장에서 같이 있
다 보면 하도 지저분해서 내가 일을 꼭 두 번 거들게 만들기 때문에 나

는 그를 '게으름뱅이 텐트Tent Slob'라고 부른다. 하지만 그 말고 다른 사람을 곁에 두고 싶지는 않다. 그리고 역시 비상구조대에서 일했던 밥이 있다. 그는 물류 관리의 천재다. 함께 데리고 갈 수만 있다면 어떤 작업에든 같이하고 싶은 사람이다. 이들이 나머지 팀원을 현장으로 데리고 가는 책임을 맡은 등반가였다. 그리고 법의학팀도 있었다. 그중에는 재능 있는 젊은 인류학자(아마도 그는 높은 곳에서 로프에 매달리는 것을 조금 무서워한 것 같다), 추락 사고 조사관, 그리고 우리와 함께 온 페루 경찰 두 명이 있었다. 이들 모두 준비가 된 상태에서 사고 현장으로 찾아가 절벽을 오르라는 명령을 기다리고 있었다. 날이 이미 어두워지고 있었기에 나는 동이 틀 때 출발하고 싶었다.

그때 회사에서 나온 대변인이 리오틴토의 모든 계약자에게 적용되는 규칙이라며 임무를 수행하기 위해서는 광산 안전 훈련 교육에 하루 참석해야 한다고 고집했다.

내가 지적했다. "하지만 우리는 광산에 들어가는 것이 아니라 산에 오르는 거 아닙니까!"

대변인이 말했다. "죄송하지만 상관없이 받아야 합니다." 그는 호감이 가는 좋은 사람이었지만, 결정권이 없는 처지라 어쩔 수 없었다. 다른 상황이었으면 문제 삼지 않고 따랐을 것이다. 필요한 일이라면 실제 업무와 관련 없는 따분한 교육을 받으며 하루 종일 앉아 있어도 상관없었다. 그리고 나는 리오틴토의 엄격한 건강 및 안전 가이드라인을 존중한다. 논리적으로 적용되기만 한다면 말이다. 지금은 아니었다. 우리는 방금 미국에서 온 상태였다. 페루의 리마까지 날아와 다시 치클라요로, 그리고 다시 일렬 대형으로 픽업트럭을 타고 물이 넘친 개울을 건너며 산타크루스데수그추밤비에서 서쪽으로 16킬로미터 떨어진 지점까지 와서, 추락 사고 현장으로 트레킹과 등반을 시작하려 하고 있다. 기상 상황이 허락하는 시간이 나흘밖에 없는데 우리는 이미 육체적으로 고단한 상황에다 위험이 기다리고 있었다.

"교육을 건너뛰든가 임무를 취소하고 대원들 모두 집으로 보내든가 둘 중 하나를 선택하십시오." 내가 대변인에게 말했다. 몇 시간 후에 그가 돌아와 밤 시간을 이용해서 자기가 교육을 진행하면 된다고 말했다. 나는 광산 안전 교육을 받느라 밤을 뜬눈으로 지새우고 출발하기도 전에 이미 녹초가 된 대원들에게 등반을 시작하게 하는 것도 안전하지 않다고 설명했다. 결국 광산 안전 교육을 건너뛰기로 결정됐다. 우리는 광산 안전의 미스터리에 대한 교육 없이 동이 트자마자 추락 현장으로 출발했다.

신문 머리기사를 대형 추락 사고나 재난 사고가 장식하는 경우가 많지만 우리가 그런 대형 사고에만 대응하는 것은 아니다. 다만 2008년 봄에 페루에서 일어난 이런 사건 같은 소규모 임무도 자체적인 위험을 안고 있다. 접근이 어려운 이런 외딴 지점은 무언가 일이 잘못됐을 때도 혼자 알아서 해결해야 한다. 우리는 위험한 암벽을 올라야 하고, 빽빽한 정글을 마체테 칼을 휘둘러 길을 내며 가야 한다는 것을 알고 있었다. 그래서 키스가 미국을 떠나오기 전에 우리가 도중에 만날 수 있는 독사의 종류와 그 독을 해독하는 면역 혈청을 조사했다. 안타깝게도 헬기가 광산 노동자를 실어 나르다 추락한 치클라요 구리 광산 주변의 정글에는 23종류의 독사가 살고 있었는데 키스는 그중 세 가지 해독제만 찾을 수 있었다. 이에 따라 나는 대원들에게 뱀에 물리면 의식을 잃기 전에 뱀 종류를 잘 살펴보라고 말했다. 우리 임무는 시신을 수습하는 것이지, 보태는 것이 아니라고 말이다.

한 달 전에 그 추락 사고가 있었을 때 우리는 유족, 당국, 리오틴토 인력과 함께 일할 대원들을 보냈다. 추락 사고 직후에 페루 경찰은 근처 바위 돌출부에 아주 짧은 시간 동안 위험하게 헬기를 착륙해서 일부 시신과 비행 기록 장치를 간신히 수습했다. 리오틴트에서는 여기서 일을 더 진척할 수 있다 생각했고, 모든 사망자의 시신을 수습하고 더 철저한 조사를 진행하고 싶어 했다. 우리의 임무는 잔해와 가시 돋은 덤불을 헤치고 그 유해들을 찾아내는 것이었다.

헬기를 이용해서 추락 현장에 접근할 수 있다면 더 쉬웠을 것이다. 그러나 그 지역에 딱 하나 남은 헬기가 그 첫 번째 헬기를 잃어버린 회사의 것이었기 때문에 우리는 하나 남은 헬기는 최후의 수단으로만 사용하기로 합의했다. 우리는 장비를 배낭에 넣어 짊어지고 하이킹을 시작했다. 정글을 헤치고 베이스캠프까지 오르는 것은 정말 힘든 일이었다. 베이스캠프는 계곡 바닥보다 고도가 300미터 높고 거의 수직인 암벽 근처 산등성이에 자리 잡고 있었다. 공기는 고온다습하고, 툭하면 장대비가 내리고, 덤불을 베는 마체테 칼, 로프, 삽, 우리가 땅을 파서 체로 치면서 조사할 지역을 표시할 마커 등 갖고 다니는 짐도 많았다. 그곳의 동식물 군집은 이런 적대적 환경에서 인간이 어떤 일도 하지 못하게 막으려 작심한 듯 보였다. 내 손에는 아지도 가시 하나가 박혀 있다 이 가시는 두 겹으로 낀 장갑을 뚫고 들어와 내 손가락에 믿기 어려울 정도로 깊숙하게 박혀버렸다.

　원래는 경로를 개척하고, 해당 지역에 대해 더 잘 이해할 수 있도록 정찰대를 미리 보내는 것이 정상이다. 하지만 우리는 시간이 촉박한 상황에서 일을 하기 때문에 그런 기회가 잘 생기지 않는다. 첫날 밤에는 나를 비롯한 선발대가 베이스캠프 예정지까지 절반 정도 가고 어둠 때문에 멈췄다. 원래는 다음 날 우리가 출발할 때 후발대, 혹은 본대도 출발할 예정이었다. 그렇지만 우리 작전의 책임자이자 우리를 위해 일했던 최고의 대원 중 한 명인 본대의 대장 제리 노보사드가 일부 사람이 이 지형을 감당하지 못할 거라는 판단을 내렸다. 현명한 판단이었다. 그는 우리가 베이스캠프를 차리고 착륙장을 확보해서 헬기를 이용할 수 있을 때까지 기다리기로 했다. 둘째 날 작전 수행의 근거지가 될 베이스캠프를 차릴 지역에 도착하는 데 8시간 정도가 걸렸다. 절벽 꼭대기의 편평한 지역으로 세 면이 계곡과 강, 한 면이 높은 산에 둘러싸여 있었다. 그 산의 뒤쪽에 헬기가 추락한 장소가 있었다. 우리는 다음 날에 올 대원들을 위해 헬기가 착륙할 장소를 치우고, 텐트를 쳤다. 추락 장소에 도착하려면 먼저 산등성이를 따라 도보로 이동해야 한다. 그다음에는 등강기ascender를 이용해 다른 평지에 도착한다. 그리고 엔진과 동체의 파편들이 자갈 비탈의 가시덤불과 뒤엉켜 있는 잔해 지역에서 작업한다. 첫째 날에 우리 팀에 소속된 마린카운티 소방관 마이크와 내가 가장 무거운 잔해를 치웠다. 엔진이었던 부분이다. 우리는 이 부분을 위아래로 계속 흔들어 헐거워지게 만든 다음 아래 계곡으로 떨어뜨렸다. 우리가 그 지역에서 일하는 동안 그 부분이 저절로 떨어질 가능성이 있어서 그대로 방치할 수가 없었다. 그다음에는 제일 가까운 평평한 땅에 흙을 거를 체를 설치했다. 그리고 사람들이 일렬로 서서 흙이 든 부대를 손에서 손으로 법의인류학자에게 전달했다. 그는 이제 흙을 체로 걸러 사람의 유해를 찾는 일에 착수할 수 있을 정도로 현기증을 극복한 상태였다.

한번은 내가 라펠로 깎아지른 듯한 바위를 타고 내려가 절벽 위로 삐져나온 나뭇가지에 엉킨 사람의 유해를 수습해야 한 적도 있었다. 우리는 낮에는 현장에서 일을 하고, 밤에는 캠프로 돌아왔다. 헬기는 낮에만 날 수 있었기 때문에 우리가 수습한 유해를 야생동물이 먹지 못하게 매일 밤 땅에 묻어야 했다. 매일 밤 우리는 찾아낸 유해들을 매장하면서 그 앞에서 몇 마디씩 말을 했다. 희생자를 존중하고, 얼마 전까지는 이들도 우리와 마찬가지로 희망과 두려움을 느꼈던 사람이었음을 상기하기 위함이었다. 그리고 아침 일찍 그 유해를 다시 파내 들것에 실어 헬기로 옮겼다.

현장에서 나흘을 작업한 후에 우리는 헬기로 그곳을 빠져나와 왔던 길을 되짚어 집으로 돌아갔다. 여러 구의 유해를 수습하고, 조종실 음성 기록 장치를 찾고, 개인 소지품도 몇 가지 찾아냈다는 점에서 성공적인 임무였다. 그리고 우리가 데려온 이들은 모두 집으로 돌아갔다.

⌒

많은 대원에게 이 일은 아주 흥미진진한 작전이었다. 일부 사람에게는 평생에 한 번 있을 법한 경험이었다. 하지만 나에게는 늘 있는 평범한 하루였다. 이 일은 전화 한 통으로 시작됐다. 내 일상에는 정상이라는 것이 없다. 어떤 날은 다국적 기업의 최고경영책임자와 회의를 하고, 어떤 날은 변호사나 회계사를 상대하고, 어떤 날은 인생에서 가장 고통스러운 순간을 보내고 있는 유족과 만나고, 또 어떤 날은 유해와 소지품을 찾아 야생의 세계 깊은 곳으로 들어가기도 한다.

페루로 그 여정을 떠나기 몇 년 전에 케니언은 유엔에 고용되어 앙골라 덤불 지역에서 몇 년 전 일주일 간격으로 반군에게 격추당한 두 대의 유엔 비행기로부터 시신을 수습하는 임무를 맡았다. 이 수색 임무가 특히나 가슴 아팠던 이유는 첫 비행기 추락 사고에서 사망한 한 조종사의 아들이 두 번째 비행기에서 사망했기 때문이다. 이 아들 역시 남아프리카공화국의 젊은 부시 파일럿bush pilot●이었고, 간절한 마음으로 실종된 아버지를 찾아다니다가 거의 비슷한 공격을 받고 사망한 것이었다. 일부 시신은 수습이 됐지만 신원확인은 이루어지지 않았다. 그래서 누가

● 대형 항공기가 접근하지 못하는 지역을 비행하는 소형 비행기의 조종사.

죽었고, 누가 살아 있는지 아무도 모르는 상황이었다. 그동안 반군인 앙골라 완전독립 민족동맹에 포로로 잡혀 있었을지도 모른다는 추측이 이어지기는 했지만 거의 10년이나 지난 마당에 그 희망은 무뎌져 있었다. 그들의 시신을 찾아 집으로 데려올 수 있다면 그 유족에게는 큰 위안이 될 것이었다.

유엔은 거대한 관료 조직이라 평소에는 그들과 일하는 것을 참고 견디기 힘들다. 그럼에도 함께 일을 하는 이유는 그들이 하는 일이 중요하기 때문이다. 모두 유엔의 실패와 문제점에 대해 이야기하기를 좋아하지만, 나는 항상 그들의 성공에 시선을 두려 한다. 유엔은 성공한 일도 많았는데 간과될 때가 많다. 유엔이 없었다면 세상이 어떤 모습이었을지 상상하기 힘들다. 앙골라에서 내전이 끝났을 때부터 유엔 평화유지활동국에 있는 노르웨이 의사 크리스텐 할레 박사는 이 사람들을 집으로 데려오는 것을 자신의 사명으로 여겼고, 우리의 목표는 그를 돕는 것이었다. 앙골라의 시골에는 아직도 40년에 걸친 내전이 남긴 지뢰가 곳곳에 묻혀 있다. 그 내전은 4세기에 걸친 포르투갈의 식민 지배가 갑자기 끝나면서 전면전으로 시작됐다. 고顧 웨일스 공작부인 다이애나는 사망하기 전에 이곳에 묻힌 지뢰를 제거하는 것을 개인적 사명으로 여겼다. 사실 앙골라는 아직도 지구상에서 지뢰가 가장 많이 묻혀 있는 장소 중 하나로, 93제곱킬로미터의 땅이 지뢰로 오염되어 있을 것으로 추정되고 있다. 이런 곳에서 거의 10년 전에 추락한 비행기 잔해를 찾으며 어슬렁거리고 싶은 사람은 없을 것이다.

앙골라는 내전으로 깊은 상처를 입었다. 한때는 포르투갈을 상대로 싸움을 벌였던 게릴라 집단들이 권력을 차지하기 위해 1975년과 2002년 사이에 서로에게 총부리를 겨누었고, 이 내전은 그 자체로 냉전의 대리전이었다. 소련과 쿠바는 수도 루안다에서 집권한 공산주의 진영의 앙골라 해방인민운동을 지원한 반면, 미국과 남아프리카공화국은 반공산주의 게릴라 집단인 앙골라 완전독립 민족동맹을 후원했다. 전쟁이 멈췄다, 새로 시작했다 하는 동안 50만 명이 죽고, 100만 명이 쫓겨나면서 국가의 경제와 기반시설이 완전히 파괴되어 충돌의 흔적만 여기저기 널려 있게 됐다.

냉전이 끝난 후에도 이 무력충돌이 이어질 수 있었던 가장 큰 이유는 앙골라 완전독립 민족동맹이 1990년대에 블러드 다이아몬드[blood diamond]•를 거래한 덕분에 서구의 지원이 줄어든 이후에도 활동을 계속 이어갈 수 있었고, 앙골라 완전독립 민족동맹의 리더 조나스 사빔비가 선거에서 앙골라 해방인민운동에 패배한 것을 인정하지 않았기 때문이었다. 남아프리카공화국 정부군은 남아프리카공화국 용병으로 대체됐고, 그중에는 앙골라 해방인민운동의 편에 서서 오랜 동맹이었던 앙골라 완전독립 민족동맹을 상대로 싸웠던 민간 군사기업 이그제큐티브 아웃컴즈에서 공급한 용병도 있었다.

2005년, 지저분하고 복잡했던 앙골라 내전이 마침내 끝났다. 앙골라

• 분쟁 지역에서 생산되어 전쟁 비용 충당을 위해 불법 거래되는 다이아몬드.

완전독립 민족동맹의 리더 사빔비가 3년 앞서서 강둑에서 정부군 군대의 총에 맞아 사망하고, 한때는 게릴라 집단이었던 이들이 하나의 정당으로 자리 잡게 된 것이다. 유엔에서는 이제 국제구호원와 인도주의적 배달물품을 전쟁 지역으로 싣고 다니던 사람들의 시신을 수습해도 좋을 만큼 앙골라가 충분히 안전해졌다고 여겼다.

유엔 806편 항공기는 크리스마스 바로 다음 날인 1998년 12월 26일에 격추됐다. 이것은 트랜스아프릭국제항공이라는 회사 소속의 비행기였다. 트랜스아프릭국제항공은 남아프리카의 전쟁 지역으로 직원들을 경비행기를 이용해 데려다주기로 유엔과 계약을 맺고 있었다. 그들은 또한 육중한 허큘리스 C-130 수송기를 이용해 식량, 담요, 기타 공급물품을 쫓겨난 난민들에게 실어 날라주었다. 당시 앙골라 전체 인구의 3분의 1 정도가 떠돌이 난민이었다. 조종사는 돈을 벌려고 나선 경험 많은 아프리카의 부시 파일럿이거나, 인생의 모험거리를 찾는 항공병이 많았다. 승무원 중 다수는 필리핀 사람이나 앙골라 사람이었고, 가끔 러시아인이나 미국인도 있었다. 트럭을 이용하기에는 도로가 너무 위험했기 때문에 유엔에서는 사람과 물품의 운송 방법으로 C-130 수송기를 선호했다. 하지만 하늘이라고 위험이 없지는 않았다.

유엔 806편 항공기의 기장은 세상에서 가장 노련한 비행사 중 한 명이었다. 조니 윌킨슨은 51세의 남아프리카공화국 사람으로 주로 허큘리스 수송기를 이용해 비행시간만 2만 3000시간을 달성했고, 세계에서 제일 위험한 장소도 찾아갔다. 그의 비행기는 소말리아 상공에서 집중

사격을 당하기도 했고, 8년간 앙골라에 배치되기 전에는 모잠비크, 수단, 르완다에서 임무를 수행하기도 했다. 그는 일주일에 5일이나 6일 동안 비행을 하면서 루안다의 드렌스아프릭 기지에서 지낸 다음 한 달 휴가를 내어 아내, 두 딸과 함께 요하네스버그 외곽의 집으로 돌아와 지내기도 했다. 당시 25세였던 그의 아들 힐튼은 아버지를 존경했고, 아버지의 발자취를 따라 남아프리카공화국에서 상업용 조종사 자격증을 취득한 다음 앙골라의 또 다른 팀에서 몇 년간 비행기를 몰며 지냈다. 1998년 말에 힐튼의 부모는 간신히 아들을 설득해서 집으로 돌아와 그곳에서 상업용 항공기를 몰게 했다. 그편이 더 안전하다는 것을 알았기 때문이다.

그날 조니 윌킨슨과 승무원들은 루안다에서 출발해서 수도에서 남동쪽으로 480킬로미터 정도 떨어져 있는 앙골라에서 세 번째로 큰 도시 우암부로 비행이 예정되어 있었다. 그곳에서 유엔 인력을 태우고 다시 북동쪽으로 사우리무의 주둔지로 갔다가 루안다로 돌아올 예정이었다. 우암부는 그곳을 자신의 수도라 주장하는 앙골라 완전독립 민족동맹에게 포위되어 있었는데 그 게릴라 중 일부는 고성능의 스팅어Stinger 지대공 미사일로 무장하고 있었다. CIA에서 반군에게 공급한 미사일이었다. 내 친구 찰리 윌슨이 아프카니스탄 무자헤딘에게 날랐던 견착형 미사일과 같은 종류였다. 두 번째 구간의 비행을 위해 우암부를 출발한 지 얼마 지나지 않은 유엔 비행기를 이 미사일 중 하나가 격추시켰을 가능성이 높다. 갑자기 비행기가 루안다 기지와 무선연락이 끊겼다. 전쟁 지역에서는 이런 일이 드물지 않았다. 요즘도 마찬가지다. 그 지역을 통과하던 다른 비행기와도 연락이 닿지 않자 걱정이 커지기 시작했다.

월킨슨의 아들은 아버지가 실종됐다는 소식을 듣자마자 허겁지겁 앙골라로 달려왔다. 비행기에 대해 뭐 하나 전해지는 소식이 없었기 때문에 가족, 유엔, 항공회사 모두 월킨슨같이 재능이 출중한 조종사라면 어디엔가 안전하게 불시착했을지도 모른다는 희망을 가질 수 있었다. 그럼 승무원들이 앙골라 완전독립 민족동맹 병력에 의해 잡혀 어딘가에 있을 가능성도 있었다. 아내인 마리 월킨슨이 아들이 루안다로 가는 첫 비행기에 탈 수 있게 요하네스버그의 공항에 내려주었을 때 힐튼은 이런 말로 어머니를 안심시켰다. "어머니, 제가 꼭 아버지를 집으로 모셔 올게요."

힐튼은 앙골라에서 비행기를 모는 부시 파일럿을 이미 많이 알고 있었다. 그는 연락을 취해서 일주일 후에 우암부로 비행 예정인 트랜스아프릭 항공편을 간신히 잡을 수 있었다. 이 비행기의 기장은 라몬 둠라오라는 경력 많은 필리핀 조종사로 원래는 아내와 아이들을 데리고 새해를 케냐 나이로비에서 보낼 계획이었다. 은퇴를 불과 몇 달 남겨놓은 상황이었는데도 둠라오는 미칠 지경에 있었던 힐튼을 우암부로 가는 항공편에 몰래 태워주기로 하고, 실종된 비행기의 흔적을 살펴볼 수 있도록 충분히 낮게 날겠노라고 약속했다.

그리고 이들이 탄 유엔 806A 비행기도 정확히 같은 지역에서 사라져 버렸다.

일주일 정도 후에 유엔은 협상을 통해 첫 번째 추락 사고 현장에 자체적으로 항공 사고 조사를 하러 방문할 수 있게 됐다. 그리고 2주일 후에 잉골라 완전독립 민족동맹은 유엔이 두 번째 사고 현장도 방문할 수 있게 허락했다. 조사단은 잔해가 약탈당한 후에 하늘에서는 보이지 않게 나뭇가지로 가려져 있는 것을 발견했다. 그래서 수색이 방해를 받은 것이었다. 블랙박스는 회수되었다. 이들은 첫 번째 비행기는 5킬로미터 고도에서 미사일에 격추되었고, 두 번째 비행기는 훨씬 낮은 고도로 날다가 포병대의 공격을 받았다고 결론 내렸다. 일부 뼈 조각을 수습하기는 했지만 모든 실종 선원과 승객의 행방을 파악하기에는 충분하지 못했다. 이 뼈 조각들을 남아프리카공화국 경찰국 법의학부에 인계했지만 유해의 신원확인을 위한 추가적인 검사는 이루어지지 않았다. 엄밀히 따지면 사망 장소가 앙골라이기 때문에 앙골라에서 사망진단서를 발급하는 것이 맞기도 했고, 사망자가 꼭 남아프리카공화국 사람만 있는 것도 아니었기 때문이다. 이들이 유엔에서 고용한 사람이기도 해서 관할권 문제는 더 복잡해졌다.

그래서 실종자의 유해는 지뢰, 녹슬어가는 군사장비 사이에서 앙골라 덤불 숲속에 그대로 남겨졌다. 그러다 2005년이 되어서야 마지막 유해를 데리고 오라는 요청이 들어온 것이었다.

페루의 경우와 마찬가지로 내가 제일 처음 한 일은 우리가 직면할 주요한 위험을 가늠하는 것이었다. 정글에서는 독사가 문제였다면, 앙골라 덤불숲에서는 지뢰가 문제였다. 나는 보스니아나 다른 전투 지역에 가봐서 지뢰에 대해 좀 알고 있었으므로, 우리가 만날 가능성이 있는 지뢰를 모두 목록으로 정리해봤다. 앙골라에서는 22개의 국가에서 생산된 70가지 이상의 지뢰가 사용되었고, 사람이 밟아서는 꿈쩍도 않는 대전차지뢰에서 PP-Mi-SR처럼 끔찍한 공중폭발식 대인지뢰까지 종류도 다양했다. 내가 특히나 싫어하는 PP-Mi-SR는 베를린 장벽이 무너지기 전 체코슬로바키아에서 만들던 것으로, 폭발하면 사람 허리 높이로 튀어 올라 20미터 반경으로 파편을 터뜨리도록 설계되어 있다. 우리 대원을 한 번에 쓸어버릴 수 있는 무기였다.

우리가 유엔으로부터 받은 지침은 해당 지역을 정찰해서 시신 수습이 가능한지 확인하는 것이었다. 따라서 이 임무는 두 번으로 나뉘어 진행하는 것으로 계획되어 있었다. 하지만 이 작업을 한 번에 마무리할 수 있다면 그렇게 할 생각이었다. 그 지역은 너무 위험한 곳이어서 두 번이나 위험을 무릅쓰고 싶지 않았다. 다른 이유도 있었다. 일단 우리가 이 현장에 관심을 보인 이상 지역 사람들이 자극을 받아 거기에 값이 나가는 것이라도 있나 보려고 다시 돌아올 가능성이 있었다. 어쨌거나 이런 임무에서는 많은 장비가 필요하지 않다. 우리는 땅을 팔 모종삽과 측량표, 유해 수집용 주머니만 가지고 갔다.

우리는 먼저 남아프리카공화국으로 날아가 함께 갈 보안팀과 합류했다. 이들은 미국 정부와 일하던 같은 회사 사람들이어서 검증은 확실히 된 사람들이었다. 그중에는 지금은 해체된 32대대의 대원이었던 사람도 있었다. 32대대는 주로 남아프리카공화국 사람, 로디지아 사람, 호주인 등의 백인 장교가 지휘하던 아파르트헤이트 시대의 부대다. 하지만 이 부대의 일반 사병은 주로 내전의 패자 쪽에 서서 싸우다가 조국에서 달아난 흑인 앙골라 사람으로 채워졌다. 이들은 여러 해 동안 앙골라 내부에서 비밀 작전을 수행해왔고, 결국에는 반아파르트헤이트 집단에 대항해 남아프리카공화국 자체의 흑인 거주구에 배치되면서 참으로 논란이 많은 명성을 얻기도 했다.

사실 이들의 팀 리더가 몇 년 전에 그 현장에 다녀온 적도 있었지만 우리는 그 정보를 다른 사람과 공유하지 않았다. 이들은 아파르트헤이트 정권이 종식되고 넬슨 만델라의 아프리카 국민회의가 정권을 잡으면서 1993년에 해체되었다. 나는 우리가 앙골라로 갔을 때 국경을 지키는 경찰들이 이들을 멈춰 세우지 않을까 조금 걱정했지만, 다행히 별 사고 없이 모두 통과할 수 있었다. 우리는 수화물을 모두 검사받은 후에 전세기를 타고 우암부로 갔다. 그 공항은 아직도 조명이 아예 없는 곳이어서 밤이 오기 전에 그곳에 도착해야 했다. 그 전세기, 그러니까 비치크래프트 1900D는 내가 자주 타고 다닌 모델이지만, 추락 사고가 나서 사람의 유해를 수습하는 데 요청을 받는 모델이기도 하다. 이 모델을 탈 때마다 그 생각을 안 하려야 안 할 수가 없다.

우암부는 작고 깔끔한 도시였지만 건물에는 총탄 구멍과 파편 구멍이 보였고 "지뢰 주의Perigo Minas"라는 빨간색 삼각형 표지판이 사방에 있었다. 밤에 운전하기는 위험했다. 일단 도로에 조명이 없고 자동차 중에는 낡아서 헤드라이트 불이 들어오지 않는 것이 많았기 때문이다. 이런 차들은 마치 심해에서 올라오는 상어처럼 어둠 속에서 서서히 모습을 드러낸다.

우리는 호텔에 체크인을 하고 장비를 준비한 다음, 작업 수행을 위해 지역 경찰서장과 지방 행정부 수장을 만났다. 갈 준비를 마친 우리는 무선으로 계속 연락을 취하며 바퀴 자국이 깊이 팬 비포장도로를 따라 일렬 대형으로 차를 몰았다. 가장 큰 장애물은 도로 위로 쓰러진 나무들이었다. 아직 지뢰가 여기저기 깔려 있는 곳이어서 도로를 벗어나 나무를 우회하기는 너무 위험했다. 추락한 항공기 부품을 훔쳐다 집에 덧대어 놓은 것이 보이자, 잔해가 있는 현장에 가까워지는 것을 알 수 있었다. 부품들은 주로 지붕 재료로 사용되고 있었다. 항공기 금속의 품질이야 말할 것도 없이 좋으니까 말이다.

마을의 촌장이 특이한 군복을 입고 우리를 만나러 왔다. 하지만 행사를 위해 차려 입은 것이 분명해 보였다. 쿠바군의 모자와 우의였다. 이해되는 부분이었다. 피델 카스트로가 남아프리카공화국 및 앙골라 완전독립 민족동맹에 대항해서 앙골라 해방인민운동과 손을 잡고 싸울 2000명의 쿠바 병사를 앙골라로 보낸 일이 있기 때문이다. 이곳은 앙골라 완전독립 민족동맹에서 장악한 지역이었으나 그들은 사실상 패배했다. 쿠바군이 철수한 지는 오래됐지만 그들의 유니폼은 남았다. 우리는 추락 사고 현장으로 가면서 야자주, 닭, 소금 등 우정의 징표로 마을의 원로들에게 줄 선물도 사 갔다.

촌장은 그 비행기들이 격추되었던 날을 기억하고 있었지만 유엔에서 이미 추락 사고 조사관들을 보낸 적이 있었기 때문에 우리가 왜 다시 그곳에 왔는지 이상하게 여겼다. 나는 실종된 사람의 유족들에게 답이 필요하기 때문이리 설명했고, 그는 기꺼이 추락 현장까지 우리와 동행해서 그곳에서 작업을 진행할 수 있게 해주겠다고 말했다. 그리고 우리에게 조심하라고 경고했다. 농부 한 명이 바로 며칠 전에 우리가 가려는 그 지역에서 지뢰를 밟아 죽었으니 조심 또 조심해야 한다고 주의를 주었다. 전직 육군 장교이자 팀의 리더로서 나는 추락 사고 현장으로 직접 정찰을 가서 숨어 있는 지뢰가 있지 않은지 확인했고, 대원들에게도 안전하게 움직일 수 있는 범위가 어디까지인지 단단히 일러두었다.

추락 사고 현장에 아직도 땅이 팬 구멍이 보였다. 우리는 그곳에서 이틀간 흙을 파 체로 거르면서 사람의 흔적을 찾았다. 그즈음에는 갈비뼈, 무릎뼈, 넙다리뼈 등 뼈밖에 남은 것이 없었다. 치아도 일부 나왔다. 첫 번째 비행기 추락 사고 현장에는 4~5개 정도의 뼈 조각밖에 나오지 않았지만, 두 번째 현장에서는 거의 90개가 나왔다. 그리고 개인 소지품 몇 가지와 텅 빈 안전금고도 찾아냈다. 심지어 새 결혼반지도 나왔다! 우리를 태우고 온 비행기 조종사들은 여정 내내 우리와 함께 머물렀다. 그들은 지뢰에 대해 적절한 안전 교육을 받은 후에 우리와 함께 현장에 갈 수 있겠는지 물어봤다. 그중 한 명이 신혼이었는데 우리가 현장을 떠날 준비를 할 무렵 추락 사고 현장에서 흙 파는 것을 돕다가 결혼반지를 잃어버렸다고 했다. 우리는 그가 결혼반지 없이 집으로 돌아갔다가는 큰일 난다고 설명하고 모두 다시 현장으로 돌아갔고, 다행히 신속하게 그 반지를 찾아냈다.

　모두들 앙골라 측에서 정치적 책략의 일환으로 어떤 사람의 유해도 앙골라 외부로 반출하지 못하게 막고, 유해를 자기네가 집적 검사해보려 할 것이라고 했다. 하지만 우리가 앙골라 측에 요청하자 그들은 유해를 가지고 남아프리카공화국으로 가는 것에 동의했다. 우리는 유해를 시신 운반용 부대에 담은 후에 그들이 목숨을 바쳐 일했던 대의를 기리기 위해 그 위에 유엔 깃발을 덮었다.

　마땅히 그래야 하는 일이다. 다만 이곳 표현으로 "TIA"라는 말이 있다. "여기는 아프리카야This Is Africa"라는 말의 약자다. 아프리카 대륙은 어디서 작업을 하든 모퉁이만 돌면 보이지 않았던 어떤 상황이 항상 기다리고 있다는 의미다.

　보통 사람의 유해를 가지고 국경을 넘을 때는 허가도 받아야 하고, 사망진단서와 온갖 다른 서류를 준비해야 한다. 하지만 우리가 갖고 있는 것은 신원미상의 유골이었다. 이것은 전염병을 옮길 가능성이 없다. 그리고 사체가 있는 것이 아니기 때문에 밀수에 사용될 가능성이나, 그 안에 불발탄 같은 것이 들어 있을 가능성도 없다. 우리 화물은 아주 부서지기 쉬운 뼈 조각들이라 자칫 잘못 다루었다가는 가루로 박살날 수도 있었다. 그래도 거기서 DNA 검사 결과를 얻을 수 있고, 우리가 궁극적으로 원하는 것도 그것이었다. 나는 남아프리카공화국의 경찰 법의학 팀을 지휘하는 준장 및 수석 병리학자와 미리 협의를 해두었다. 유해를 갖고 가서 도착하는 대로 모든 것을 그 병리학자의 직원에게 인도할 계획이었다.

이그제큐티브항공이라는 회사에서 전세 낸 항공기를 타고 요하네스버그의 린세리아국제공항에 도착해보니 저녁이었다. 하지만 우리로부터 유해를 인수받기로 되어 있던 법의학 전문가가 그곳에 없었다. 우리는 너무 늦은 시간이라 집으로 갔나 보다 했는데 나중에 알고 보니 정보기관 장교가 집으로 보낸 것이었다. 나는 시신 운반용 부대를 우리가 갖고 있다가 다음 날 아침에 전달하면 되니까 문제가 없을 줄 알았다. 그래서 우리가 머물 빌라로 가서 씻고, 작전 성공을 기념하며 저녁식사를 하고 있었는데 경찰이 우리 빌라를 급습했다. 경찰이 이렇게 말했다. "시신을 내놓으시오." 무슨 말인지 이해할 수 없어서 내가 다시 물어봤는데 같은 말만 되풀이했다. "시신을 내놓으시오." 그러고는 우리가 용병의 시신을 밀반입하고 있는 것을 다 알고 왔다고 설명했다.

내가 이렇게 말했다. "뭔가 혼동이 있는 것 같군요. 우리가 갖고 있는 것은 1990년대에 있었던 두 건의 비행기 추락 사고에서 수습한 유골입니다. 원래 여러분의 법의학 전문가가 인수해 가기로 되어 있었죠." 경찰이 우리가 거짓말을 하고 있다고 고집을 부리자 나는 그들에게 뼈 조각을 보여주었다. 그들의 얼굴에서 이런 것은 전혀 예상하지 못했다는 표정을 읽을 수 있었다. 그럼에도 그들은 실수를 인정하기는커녕 우리에게 함께 경찰서로 가자고 했다.

그때 빌라의 주인이 몹시 화를 내며 경찰에게 쏘아붙였다. 당시만 해도 남아프리카공화국은 여전히 끔찍한 범죄로 들끓고 있었고, 그 주인 여성은 범인이나 잡아야 할 귀한 시간을 우리에게 낭비하는 것에 대해 따져 물었다. "내 딸이 얼마 전에 차량 절도를 당했는데 잡으라는 그 범인은 안 잡고 여기 와서 우리 손님이나 괴롭히고 있다니!" 주인 여성이 고래고래 소리를 질렀다.

경찰이 집주인에게 맹공을 당하는 동안 나는 그중 고참으로 보이는 사람의 곁으로 다가섰다. 알고 보니 그 사람은 경찰이 아니라 남아프리카공화국 정보부 사람이었다. 그는 경찰에서 우리를 용병으로 의심하고 있다고 고백했다. 거기에는 우리 보안팀 사람 중 일부가 32대대 출신인 탓도 있었고, 우리가 이용한 전세기 회사의 이름을 두고 일어난 혼란 탓도 있었다. 듣자 하니 당국에서 이그제큐티브항공을 에벤 발로라는 남아프리카공화국 전직 장교가 만든 민간 군사기업 이그제큐티브아웃컴즈로 혼동했다고 한다(민간 군사기업은 '용병'을 현대적으로 완곡하게 부르는 이름이다). 실제로 에벤 발로는 앙골라 정부와 계약을 맺고 남아프리카공화국의 오랜 동맹인 앙골라 완전독립 민족동맹을 상대로 싸우기도 했다.

보통 이런 혼란스러운 상황에서는 유엔 업무 등 외교적으로 승인받은 임무를 띠고 온 외국인의 처우에 관한 비엔나 협약을 인용하면서 경찰서 동행을 거부하고 그들이 우리 대사관과 유엔에 직접 통지를 해야 한다고 고집했을 것이다. 하지만 우리 인원 중 한 명이 남아프리카공화국 사람이고 사실 전직 경찰서장이기도 해서 그에게는 이런 보호협정이 적용되지 않는다. 그리고 대원들은 항상 모두 함께 있자는 것이 나의 또 다른 규칙이었기 때문에 우리는 경찰서에 동행하기로 했다.

　"그럼 경찰서에 가서 한두 시간 정도 있다 오면 되는 겁니까?" 내가 물었다. "아닙니다. 사나흘 정도 수감될 겁니다." 우리를 체포하러 온 경찰관 중 한 명이 말했다. 그들이 우리를 경찰승합차에 태우려 했는데 차에 시동이 걸리지 않았다. 민망해진 그들이 우리에게 차를 밀어달라고 했다. 우리는 당연히 거부했고, 그들은 시동을 거는 데 결국 성공했다. 나는 그 정보부 사람의 차에 탔다. 그는 무언가 일이 잘못 돌아가고 있다는 것을 깨닫고 내게 전화를 좀 걸어보는 것이 좋겠다고 조언했다. 그즈음 우리가 묵는 빌라의 주인이 이미 우리 본사에 상황을 알렸고, 본사에서는 유엔, 미국 국무부, 영국 외무부에 이 사실을 통보하기 시작했다.

　경찰서에 도착하니 구류 담당자가 우리를 수용하기를 거부했다. 그러다 결국 경찰관들이 우리를 대기 장소에 데리고 있는 것에는 동의했다. 그곳에서 우리는 그 밤을 대부분 통화하고, 보안대 팀장과 경찰 법의과학팀 팀장의 방문을 받으며 보냈다. 그리고 우리 남아프리카공화국 출신 대원의 아내가 경찰 고위관료와 어떻게 연락이 닿았고, 그 사람이 우리를 풀어주라는 명령을 신속하게 내려주었다.

　나중에 나는 대체 무슨 일이 일어난 것인지 이해하려고 여기저기 물어보았다. 그랬더니 경찰과 정보부 사이에 권력다툼이 있었다고 한다. 정보부는 경찰의 지휘 아래 있었지만 정보부는 경찰 밑에 있지 않고 독립하기를 원하고 있었다. 그래서 경찰로부터의 독립성을 과시하고 싶었던 정보부가 경찰과 함께 추락한 비행기에서 동료의 시신을 훔치려던 용병 무리를 잡아들여 경찰에 망신을 주고 정보부를 독립시키라는 주장에 힘을 실으려 했던 것이다. 하지만 정보부의 능력이 그들의 야심을 따라가지 못했다. 경찰 측에서 일부러 우리의 석방을 굼뜨게 진행했을 가능성도 있다. 그럼 이것이 국제적인 사건으로 비화되어 정보부 수장에게 망신살이 뻗칠 수 있기 때문이다. 실제로도 거의 그렇게 됐다. 경찰은 쓸데없는 혼란을 일으킨 점에 대해 사과했고, 나는 정보부 각료로부터 사과의 편지도 받았다. 좋은 일이지만, 그리 중요한 일도 아니었다. 중요한 것은 우리가 어떻게든 유해를 법의학부로 가져가는 데 성공했다는 점이다.

조니 월킨슨의 미망인 마리는 마침내 아들의 유해가 신원확인되었다는 전화를 받을 수 있었다. 하지만 그녀는 아들이 살아서 집으로 돌아오리라는 소식을 기대하고 있었다고 한다. 희망이란 이렇게 질긴 것이다. 그 대신 그녀는 이제 사랑하는 아들에게 무덤을 마련해주고, 마침내 아들을 찾아가 볼 수 있는 곳이 생겼다. 그리고 남편과 다른 사람들에 관한 표식도 받았다. 양쪽 비행기에 탑승하고 있던 23명 중 8명의 DNA 프로필이 만들어졌다. 슬프게도 모든 희생자의 신원이 확인되지는 않았지만 생존자가 없었음을 사람들에게 확신시키는 데는 무리가 없었다. 나중에 이 유골들은 모두 남아프리카공화국의 행정수도 프리토리아의 추도식에서 많은 유족이 참석한 가운데 묻혔다.

재난의 정치적 폭풍

○

2017년 따듯한 여름밤에 노동자 계층 주민(이들 중 일부는 저개발 국가에서 온 이민자였다)이 모여 사는 런던의 한 고층 건물에 불이 났을 당시 영국 총리 테리사 메이의 행정부는 이미 곤경에 빠져 있는 상태였다.

1년 전 유럽연합 탈퇴 여부를 두고 치러진 브렉시트Brexit 국민투표 이후로 영국은 어느 때보다 깊이 분열되어 있었다. 경악스러울 정도로 리더십이 결여된 상황에서 국민투표를 감독했던 메이 총리의 전임자 데이비드 캐머런 총리가 사임했다. 큰 분열을 초래하는 쟁점에 대한 지지를 확보하는 데 실패한 메이 수상은 정치 형세를 잘못 판단하고 의회에서 자신의 입지를 강화하기 위해 6월 8일에 조기 선거를 결정했다. 하지만 이 결정은 정치적 재앙이었다. 그녀는 오히려 다수당의 지위를 잃고 소규모 극우 정당인 북아일랜드 민주연합당과 손을 잡고 위태로운 연립정부를 수립해야 했다.

그로부터 일주일도 지나지 않은 6월 14일 밤에 켄징턴 첼시의 소방서에 1960년대 콘크리트 고층 건물로부터 화재경보가 들어왔다. 이 고층 건물은 부유한 런던 서쪽 자치구에 있는 정부 보조 아파트단지였다. 초기 대응에 나선 소방관들은 이를 간단한 문제로 여겼을 것이다. 콘크리트가 쉽게 불이 붙는 재료가 아니라서 콘크리트 건물의 불은 대체로 금세 잡히기 때문이다.

그렌펠타워 화재 참사를 둘러싼 이 위기는 다른 위기와 비슷했다. 이것은 한 번의 사고, 혹은 한 번의 나쁜 판단, 혹은 한 번의 대응 실수로 만들어진 결과가 아니었다. 이것은 몇 가지 서로 다른 일이 한 번에 겹쳐지면서 생긴 결과였다. 내가 보기에 의사결정이 타당하게 이뤄지지 않았던 것이 가장 부족한 부분이 아니었나 싶다. 결국에 가서는 불이 난 건물의 주민들을 대피시키자는 결정이 내려졌지만 누군가 진작 그런 결정을 내렸어야 했다. 요즘에는 고발을 당하거나 직장을 잃을지 모른다는 두려움에, 혹은 소셜미디어에서 악성 댓글 공격을 받을지 모른다는 두려움에 의사결정 과정을 조직으로 떠넘기는 기관이 너무 많아졌다. 그래서 많은 사람이 손발이 묶인 것처럼 느끼곤 한다. 영국은 안전기준, 안전점검, 지역 설정 규칙을 통해 화재 예방 시스템을 훌륭하게 갖추고 있다. 미국의 도시에서는 어디선가 항상 소방차 소리가 들리지만 영국에서는 좀처럼 듣기 힘들다. 여기에도 단점이 있다. 화재 진압 경험이 부족해진다는 것이다. 소방 같은 업무를 수행할 때는 경험만큼 중요한 것이 없다.

불은 살아 숨 쉬는 존재다. 패턴을 따르지만 그 패턴이 연료, 건물 구조, 날씨, 기타 다양한 요인에 따라 달라진다. 소방관들은 훈련을 통해 그런 패턴을 배운다. 나도 버지니아에 파견되어 있는 동안에 소방 자원 봉사대원으로 일한 적이 있어서 조금은 알고 있다. 노련한 소방관은 건물 옥상에서 보이는 불이 거기서 시작된 것이 아니고, 건물 내부에서 나오는 것도 아님을 알면 그곳 어디에 일종의 굴뚝같은 것이 존재한다는 의미임을 바로 알아본다. 건물의 가장자리를 따라 어딘가로 열과 화염의 기둥이 솟구치고 있는 것이다. 다른 화재를 경험해본 적이 있으면 화염 기둥이 외장재를 타고 오르고 있음을 눈치챌 수 있다. 그리고 일단 불이 지붕까지 옮겨 붙었으면 그것으로 끝이라는 것도 알 수 있다. 열기는 위로 상승하지만, 더 오를 곳이 없으면 밖으로, 왼쪽으로, 오른쪽으로 퍼져나가고, 사각형 건물에서는 결국 중앙에서 만나 건물을 집어삼킬 것이다. 그리고 불이 꼭대기까지 퍼졌다면 무슨 장비로 그 불을 끌 것인가? 대부분의 장비는 7층에서 10층까지 도달할 수 있다. 그렌펠타워는 24층 건물에다 건물 주변으로는 큰 트럭이 움직일 여유 공간도 거의 없었다.

당신이 불을 냈는데 한 시간 후에 옥상에서 불이 보일 정도면 불이 얼마나 빠르게 올라갔는지 알고 당연히 문제가 심각하다고 여겨야 한다.

하지만 화재 시 영국의 기본 방침은 '자택 대기shelter in place'다. 99퍼센트의 경우에서는 좋은 생각이다. 이 방침은 불이 건물 내부에 붙어서 바깥으로 번지는 데 시간이 걸리는 것을 고려해서 설계된 것이다. 하지만 그렌펠타워 바깥은 런던의 궂은 날씨로부터 건물을 보호하기 위해 설계된 알루미늄 외장재로 덮여 있었다. 이것이 건물 콘크리트와 외장재 사이에 일종의 굴뚝을 만들어냈다. 내장된 방화대가 없는 상태에서 화염이 이 굴뚝을 타고 지붕으로 번져 이 고층 건물을 1800도로 불타오르는 거대한 로만캔들Roman candle●로 바꾸어놓았다. 소방대의 지시에 귀를 기울이고 있던 주민들은 복도가 검은 연기로 차오르는 것을 보았다. 살려면 아무래도 도망가야겠다고 생각했을 때는 이미 너무 늦어버렸다. 이들은 바로 눈앞에 있는 것도 보이지 않았을 것이고, 안전하게 빠져나갈 수 있는 계단을 찾기도 전에 금방 질식해 쓰러졌을 것이다. 열기가 너무 강해서 콘크리트가 갈라지며 물에 노출된 콘크리트 보강용 강철봉이 시간이 지나면서 팽창했다. 스폴링spalling이라고 하는 이 현상으로 인해 건물의 전체 구조가 불안정해졌다.

소방서에서는 몇 시간이 지나고 나서야 이런 유형의 화재에는 기존의 자택 대기 방침이 적절하지 않다는 것을 깨달았다. 하지만 훈련을 통해 그런 방침이 머리에 각인이 되어 있었기 때문에 현장 상황에 따라 유연하게 다른 판단을 내릴 수가 없었다. 이들에게는 책에 쓰어 있는 것이 아니라, 눈으로 보는 것을 바탕으로 판단하고 결정을 내릴 권한이 주어져야 했다.

나는 이 화재가 일주일만 빨리 일어났어도 영국의 정치, 어쩌면 유럽의 미래까지도 바꾸어놓았을지 모른다고 믿는다. 그러면 메이 총리는

● 원통 속에 화약을 넣고 터트려 불똥을 튀기는 폭죽.

노동당에 패했을 것이고, 브렉시트는 절대 일어나지 않았을 것이다. 단지 화재 때문만이 아니라 그에 대한 대응 때문이기도 했다.

대규모 참사는 사회를 뿌리까지 뒤흔들 수 있다. 정부를 무너뜨리고 심지어 충돌을 촉발할 수도 있다. 2003년에 스페인은 알카에다 테러 조직이 마드리드에서 기차를 폭파시켜 193명이 사망하고 2000명 이상이 부상당하는 최악의 테러 공격을 받았다. 총선을 불과 3일 남겨둔 시점이었다. 호세 마리아 아스나르 총리의 집권 보수당에서는 이슬람의 공격으로 역풍이 불어 스페인이 논란을 무릅쓰고 미국 주도의 이라크 점령에 군사적으로 관여한 일에 비난이 쏠릴 것을 두려워해 바스크 분리주의자에게로 비난의 화살을 돌리려 했다. 하지만 곧 진실이 드러났고, 폭탄테러와 은폐 시도 모두에 분노가 분출됐다. 결국 아스나르의 정당은 뼈아픈 패배를 당했다.

그와 유사하게 1970년대에 방글라데시가 파키스탄으로부터 독립을 쟁취할 수 있었던 것도 이슬라마바드 정부가 당시 동파키스탄으로 불렸던 지역을 갈기갈기 찢어놓은 치명적인 태풍에 건성으로 대응하면서 피비린내 나는 전쟁이 벌어졌기 때문이었다.

그렌펠타워에 화재 참사가 일어났을 때 테리사 메이 총리와 그녀의 보수당은 이미 곤경에 처해 있는 상황이었다. 메이 총리와 켄징턴 첼시 왕립구 의회 지도부는 처음부터 문제가 많았다. 정말 답답한 부분은 소방 당국에서 자기네 지침서를 따르지 않았더라면 그 화재로 목숨을 잃은 사람의 숫자가 그렇게 많지 않았을 것이고, 총리와 켄징턴 첼시 왕립구 의회가 잘 만들어진 자기네 지침서인 인도적 지원에 관한 정부 매뉴얼을 잘 따랐더라면 훨씬 나은 대응을 할 수 있었으리라는 점이다.

물론 대응이 모두 나쁘기만 했던 것은 아니다. 중앙정부는 그렌펠 복구 기구를 만들고 인력을 지원했다. 그렌펠 복구 기구는 사실상의 건물 소유주인 켄징턴 첼시 왕립구가 잠재적인 수사 대상이어서 현장에 참여할 수 없었기 때문에, 그렌펠타워 내부에서 이루어지는 복구 행위를 감독하기 위해 만들어졌다. 그렌펠 복구 기구는 비상구조대, 지역 봉사 사무소, 런던 소방청 등에서 모인 성실하고 훌륭한 사람들로 이루어져 있었다. 이 모든 사람을 지휘하는 최고책임자 역시 다른 위원회에서 데려왔다. 경찰도 환상적으로 일을 처리했다. 특히 불에 탄 아파트에서 지문을 찾는 데 걸리는 시간을 생각하면 굉장히 훌륭한 일처리였다. 지문을 찾으려면 방을 하나하나 손수 조사해야 하고, 표면을 빠짐없이 경찰관 자신의 손으로 건드려보아야 한다. 이들은 사망자를 모두 신원확인했을 뿐 아니라, 이들이 유족들에게 보여준 배려도 대단히 인상적이었다. 늘 그렇듯이 아랫사람의 공이 실제 사건과 거리가 있는 사람들의 결정과 행동으로 가려지는 경우가 너무 많다.

때마침 그때는 브렉시트로 인해 국수주의와 반외국인 정서가 팽배해 있던 시기였다. 수십 년 동안 영국 최악의 화재였던 이 사건을 빌미로, 때로는 범죄 행위와 연루되기도 하는 열등한 사람들이 영국에서 가장 부유한 지역의 고층 건물에 모여 살고 있다는 인식을 퍼뜨리려는 사람들이 있었고, 그것이 상황을 더 악화시켰다. 절대적으로 부도덕하고 부당한 인식이었다. 사실 런던의 여느 고층 건물과 마찬가지로 이곳 주민은 대부분 그저 근면하게 살아가는 사람들이었다. 이들은 집도 깨끗하게 잘 관리하며 살았나. 물론 법적으로 문제가 있는 사람도 있겠지만, 그런 사람 없는 곳이 세상 어디에 있던가?

마침내 총리가 현장을 방문했을 때 그녀는 소방관의 노고는 치하했지만 정신적 외상을 입고 혼란에 빠져 있는 생존자를 만나는 일에는 주저했다. 어쩌면 방치되고 무시당하고 있는 이 생존자들이 이미 잔뜩 화가 나 있고, 권력자를 향한 대중의 분노가 끓어오르고 있었기 때문인지도 모른다. 어쩌면 그냥 영국이어서 그랬는지도 모르겠다. 발리의 유족 지원센터에서 호주의 총리 존 하워드가 찾아와 소매를 걷어붙이고 돌아다니며 사람들과 대화를 나누던 모습이 떠오른다. 더 중요한 점은 그가 사람들의 목소리에 귀를 기울였다는 사실이다. 하지만 영국 대사관에서 나온 한 외교관은 더블슈트를 입고, 경호원을 대동하고 나타났다. 이 경호원들은 유족이 다가오는 것을 막았다. 사람들과 소통하려는 모습도 아니고 "제가 여러분과 함께 있습니다. 여러분을 도우러 이곳에 왔습니다"라는 메시지를 전하지도 않았다. 주민, 생존자, 그리고 사망자의 유족은 누군가 자기의 목소리에 귀를 기울여줄 사람이 간절했고, 다음에 대체 어떤 일이 기다리고 있는지 알아야 했다.

경찰이 인명 손실이 있었을 것으로 예상되는 집은 일부 조사해서 치워놓은 상태였다. 하지만 건물이 불안정해서 출입이 금지된 다른 많은 집에는 여전히 주민들의 소유품이 가득 들어 있었다. 그래서 경찰은 이 물건들을 밖으로 꺼내 소유주에게 돌려주기 위해 케니언을 불렀다.

나는 도착하자마자 그 건물로 갔다. 이 건물은 수도로 들어가는 주요 도로 중 한 곳과 가까웠다. 나는 카메라를 손에 들고, 위험물질 보호복과 마스크를 착용한 상태에서 건물에 대한 조사를 시작했다. 내가 제일 먼저 마주친 것은 소방서에서 1층 계단통 내부에 임시로 만들어놓은 지휘소였다. 지저분한 벽에 마커로 어지러이 쓰인 글씨들이 그 끔찍한 밤의 혼란을 말해주고 있었다. "0215호 창문에 화염" "지붕에 사람들" "9-손 흔드는 사람" "11-매달린 사람". 마지막 글은 아마도 사람들에게 자신의 존재를 알리려고 애쓰며 11층 창에 매달려 있던 사람을 지칭하는 게 아닌가 싶다. 그렌펠타워는 로비 층을 아파트 층으로 전환하면서 층 번호를 새로 매겨놓은 상태인 탓에 혼란이 더 가중됐다.

맹렬한 화마가 건물을 덮쳤음에도 불길을 빗겨 간 방과 공간이 꽤 있었다. 역설적이게도 그 때문에 자기 집으로 들어가 물건을 가져올 수 없는 이유를 이해하지 못하는 주민들의 혼란과 분노만 더 커졌다. 화재가 있었던 직후에 경찰 조사관이 보여준 거의 새것처럼 무사히 보존된 실내 사진을 본 사람도 있었기 때문이다.

하지만 연기나 화염에 손상되지 않은 집도 이미 곰팡이가 피기 시작하고 있었다. 소방대원들은 불을 끄기 위해 위층에서 60만 리터 정도의 물을 들이부었다. 그 물이 다 어디로 갔겠는가? 아래층으로 흘러들어갔다. 내가 만나본 주민 중에는 석면을 걱정하는 사람들이 있었는데 사실 건물 안에서 작업하는 사람의 건강에 더 해로운 것은 곰팡이다. 더군다

나 소방관들은 눈에 보이지 않게 숨어 있는 불씨들을 확실히 잡기 위해 도끼, 곡괭이 같은 연장으로 벽을 때려 부수고 천정을 무너뜨렸다. 거기서 나온 돌무더기가 침내와 가구 위로 떨어져 더 지저분해졌다. 마찬가지로 벽장도 벽에서 뜯어낸 상태였다. 그 바람에 안에 들어 있던 그릇들이 모두 박살 난 경우도 많았다. 건물이 심하게 손상을 입은 상태에서 위층을 떠받치기 위해 건축업자들이 버팀목을 받쳐놓았다. 이 버팀목은 길이 조절이 가능한 막대기로 서로 이어 붙여 위층의 무게를 지탱하는 골격을 만든다. 이렇게 연결된 막대기들이 아파트 벽과 유리창을 뚫고 나가 바깥쪽의 비계와 만난다. 아수라장이었다. 언뜻 괜찮아 보이는 장소들도 예외가 아니었다. 이런 상황을 주민에게 제일 먼저 알려야 하는데 아무도 그에 대해 주민에게 설명하는 사람이 없었다.

내가 위원회에 거주민들을 상대로 제대로 된 브리핑이 필요하다고 건의했더니 나더러 브리핑을 하라는 제안이 들어왔다. 내가 만나본 사람들의 얼굴에 분노가 끓어오르고 있었다. 그리고 그들은 출입이 금지된 건물이라 자기도 자기 집에 못 들어가고 있는데 어째서 미국에서 온 사설 계약자(바로 나)는 들어가도 되는지 이해를 못하고 있었다. 그 심정을 충분히 이해할 수 있었기 때문에 나는 그곳에 서서 그 사람들의 비난을 그대로 감수했다. 심지어 30분 정도 장황하게 내게 비난을 퍼붓는 여성도 있었다. 그 얘기들을 들어준 다음 나는 앞으로 어떤 일이 일어날 것이고 왜 그런지에 대해 최대한 명확하게 설명했다. 사람들도 정확한 상황을 알아야 그를 바탕으로 무언가 행동을 할 수 있기 때문이다 어떤 대응을 시작하기 전에 우리가 제일 먼저 하는 일 중 하나는 사건에 직접적으로 영향을 받은 사람이 누구이고, 그 사람이 어디 출신이고, 그들의 문화규범, 종교, 배경이 무엇인지 대체적인 그림을 그려보는 것이다. 그런 식으로 접근하면 그들의 필요를 충족하는 데 조금이라도 도움이 된다. 내가 어떻게 생각하고, 무엇을 바라는지는 중요하지 않다. 내가 당사자는 아니기 때문이다. 나는 가끔 일부 주민이 화재 안전에 대해 불평을 하면서, 자기가 죽든 말든 아무도 신경을 쓰지 않는다고 느꼈다는 것을 알게 됐다. 그리고 정부를 불신하는 것이 당연하고, 은행 시스템 사용이 안전하지 않은 국가에서 영국으로 도망 온 사람도 있었다. 또한 그들 대부분이 그렌펠에 소속감을 느끼고 서로를 돕기 위해 기꺼이 함께 일하려 한다는 것도 알게 됐다. 이 모든 것이 중요한 부분이었다.

우리가 맡는 임무는 대부분 비행기 추락 사고 혹은 폭탄, 지진, 홍수 등으로 파괴된 건물과 관련된 일이지만 이번 임무는 한밤중에 불을 피해 달아나야 했던 사람들의 가정을 돌아다녀야 해서 이상하게 사람 냄새가 느껴졌다. 허리케인 카트리나 때와 아주 비슷했다. 냉장고에는 아직도 썩어가는 채소가 가득 들어 있었고, 식료품 저장실에서는 감자가 싹을 내밀고 있었고, 여러 나라의 동전이 주방 선반 위에 흩어져 있었다. 아이들의 봉제 인형은 마지막 날 밤에 놀던 당시의 모습 그대로 침대보 위에 널브러져 있었다. 마치 갑자기 중단되어버린 삶을 담아놓은 스냅사진 같았다. 그리고 고통스러운 작업이기도 했다.

우리는 아파트로 들어가서 최대한 많은 물건을 수습하기 시작했다.

제한요소가 있었다. 한 번에 건물에 들어갈 수 있는 사람의 숫자, 그리고 출입 통로가 하나밖에 없다는 사실 등이었다. 이 출입 통로는 불이 났던 날 밤에 겹에 실린 주민들이 아래층으로 달아날 때 사용했던 아주 좁은 계단통이었다. 무거운 짐을 옮기다가 그 출입로가 차단될 위험을 감수할 수는 없었기에 전자레인지보다 큰 물건은 옮기지 않기로 결정했다. 대피해야 할 상황이 찾아왔을 때 위에 갇히는 사람이 없도록 자기보다 위층에서 일하는 사람이 아무도 없을 때만 상자를 갖고 나올 수 있었다. 우리가 아파트 내부를 치우고 있는 동안 경찰은 불 때문에 파편으로만 남은 유해가 아직 남아 있는 가구들을 수색했다. 모든 가구에 비계 버팀목이 설치된 것은 아니었기 때문에 시간이 촉박했다. 일꾼들이 오고 있었지만 아직 모든 층에 도달하지는 못한 상태였다. 그동안 우리는 안으로 들어가 신속하게 그곳의 물품을 목록으로 작성하고, 사진을 촬영한 다음 갖고 나올 수 있는 것을 갖고 나왔다. 조리 기구나 옷은 갖고 오지 않았다. 이미 곰팡이가 핀 침구류도 마찬가지였다. 우리는 매일 사람들의 물건을 트럭에 실어 창고로 날랐다. 그럼 창고에서는 다른 팀이 출동해서 물건을 말리고, 사진을 저장하고, 더 자세한 목록을 작성했다. 우리는 지갑, 여권처럼 신속하게 돌려줘야 할 물품을 분리하는 데도 무게를 두었다. 이런 것은 사람들이 일상생활을 하는 데 필요한 물품이다. 처음에는 일부 제한된 집에서만 물품을 회수했지만 결국에는 곧 대부분의 가구를 대상으로 작업하게 됐다. 높은 층으로 올라갈수록 건물도 더 많이 훼손되어 있었고, 물품을 복원하는 데도 더 많은 품이 들어갔다.

이런 식으로 몇 달이 지나갔다.

　나는 일을 잘하지는 못해도 어떻게든 잘 해보려고 노력하는 사람은 좋게 보려고 한다. 하지만 켄징턴 첼시 왕립구는 좋게 보려야 봐줄 수가 없다. 이들은 이 모든 부분에서 전혀 도움이 되지 않았다는 말만으로는 부족하다. 주민들은 어떤 물건을 회수할 수 있고, 언제 어떻게 회수할 수 있는지 등 가장 기본적인 정보조차 얻지 못했다. 우리까지 그럴 수는 없어서 캐니언에서는 이 핵심적인 정보를 설명할 웹사이트를 개설하고 물품 회수 진행 상황, 곰팡이로 인해 생기는 위험, 고려해야 할 사항과 몇몇 동영상, 그리고 내가 직접 작성한 묻고 답하기 코너 등의 정보를 올렸다. 주민들과 무슨 일이 벌어지고 있는지 알지 못하는 주민들의 사무변호사들로부터 전화가 밀려왔다. 사람들은 뭐 하나 건질 것이라도 남아 있는지 알고 싶어 필사적이었다.

　그런데 켄징턴 첼시 왕립구에서 사이트 폐쇄를 요구해왔다. 우리는 그 요구를 거절했다. 그들이 말하는 이유는 이랬다. 우리 소관이 아니라는 것이다. 그들은 말 그대로 우리가 물건을 어디에 보관하는지 사람들에게 알려주지 말고 그냥 물건만 가져다가 보관하기를 원했다. 하지만 정작 그들 자신은 주민에게 그들의 물건이 어디에 있는지 아무런 정보도 제공하지 않았다. 결국 우리는 그렌펠 복구 기구를 통해 주민들의 연락처를 확보할 수 있었고, 그 덕에 주민들을 우리 사무실로 불러 자기 물건을 찾아보도록 조치할 수 있었다. 한 남성이 자기 물건을 찾으러 왔다. 우리는 그 물건들을 열린 상자에 담아두었다. 그가 대뜸 왜 건물 전체에서 모은 물건을 자기한테 보여주느냐고 물었다. 우리는 그 사람의 집에서 회수한 물건들만 보여주는 것이라고 대답했다. 그는 자기가 갖고 있었던 물건이 얼마나 많은지, 그리고 얼마나 많이 회수되었는지 보고 어리둥절해했다. 우리는 그에게 우리 창고에 들어와 있는 물건이 얼마나 많은지 보여주었다. 그러자 그 남성은 자기 이웃의 물건도 여기 있느냐고 물었고, 우리가 그렇다고 대답했더니 이웃한테 우리 쪽으로 연락해보라고 말해줘야겠다고 했다. 그 이웃은 자기네 아파트에서 건진 물건이 있는지 까맣게 모르고 있다는 것이다. 그런 식이었다.

한편 나는 정부가 현재 겪고 있는 정치적 폭풍을 헤쳐 나갈 수 있게 도와줄 전략적 제안을 마련했다. 나는 행정 당국에 이해당사자가 누구인지 분명하게 확인해서 경찰이 임무를 마무리했을 때 건물 안에서 이루어질 모든 행위를 조정할, 법적으로 인정받은 합의체나 위원회를 만들 것을 재촉했다. 그래야 주민이 참여해서 상황을 주도할 수 있기 때문이다. 나는 투명성이 핵심이며 기존의 대형 화재 사고에 대해 조사해서 조사와 수사에 얼마나 오래 걸리는지 그들이 대충이라도 알고 있어야 한다고 경고했다. 적어도 몇 년이 걸리리라는 것을 알고 있었기 때문이다. 이유를 말해주지도 않고 캄캄한 상태로 사람들을 오래 붙잡고 있을 수는 없다. 나는 9·11테러 이후에 그랬던 것처럼 중재인을 뽑아서 사람들의 요청을 관리할 것을 제안했다.

하지만 정치인들은 마치 전에는 이런 일이 한 번도 없었던 것처럼 행동했다. 잠깐만 인터넷 검색을 해봐도 비슷한 화재가 꽤 나오는데 말이다. 그중 하나가 비교적 최근인 2009년에 런던의 또 다른 고층 건물에서 일어난 화재다. 라카날 하우스의 불로 캠버웰의 14층 아파트 건물에서 6명이 죽었다. 나는 관련 당사자 모두에게 이 과정이 얼마나 오래 걸릴지 보여주고 싶었다. 서더크 의회도 화재가 일어난 지 8년이 지나 그렌펠타워 화재가 일어난 해인 2017년이 되어서야 태만에 의한 과실에 대해 유죄를 인정하고 있었으니까 말이다.

"이건 지뢰밭입니다. 그 지뢰밭을 지도도 없이 건너가고 있는 겁니다." 나는 경고했다.

내가 알기로 이 정부는 듣는 둥 마는 둥 했다. 우리는 사람들의 물건을 계속 치우고 복구하는 일을 진행하면서 주민들이 무엇이든 건지는 걸 도울 수 있다면 어떤 일도 마다하지 않았고 마침내 2020년 초에는 일을 마무리할 수 있었다.

테리사 메이 총리는 2년 더 자리를 지키면서 자신의 브렉시트 계획을 강행하려 했지만 마무리하지 못하고 물러났다. 하지만 그렌펠타워 화재와 그녀의 관계는 그것으로 끝이 아니었다. 그녀는 사임 연설에서 그렌펠타워 화재 대응을 자신의 성공 중 하나로 꼽았다. 이 말에 생존자와 소방관 사이에서 새로운 분노가 폭풍처럼 일었다. 소방관들은 불에 정면으로 맞서 싸운 것은 토리 정부가 아니라 자신들이었다고 말했다(런던 소방국장은 그렌펠타워 화재에 대한 대응에 책임지고 2019년에 자리에서 물러났다). 소방관들은 토리 정부에서 메이가 내무장관으로 일하던 당시 위험을 무시하고 건설업자들을 위한 안전규제를 철폐했다고 비난했다.

분명 이 안전규제는 눈여겨보아야 할 부분이다. 그렌펠타워 화재 생존자 그룹인 저스티스4그렌펠Justice4Grenfell의 한 대표자는 그녀의 말과 그 비극의 책임을 물어 고발당한 사람이 아무도 없다는 사실을 맹비난하며 이렇게 비꼬았다. "72명이 사망했는데 아무도 구속된 사람이 없다는 것은 절대 자랑스러운 일이 아니죠." 이렇게 말했으면 더 좋았을 것이다. "72명이 사망했는데 지금까지 구속된 사람은 그 건물 주민 중 무관한 범죄로 구속된 사람들뿐이고, 화재 예방 및 대응 방식에 아직까지 아무런 변화가 없다는 것은 절대 자랑스러운 일이 아닙니다." 누군가 고발당할 사람이 있을지 지켜볼 일이다. 영국에서는 먼저 청문회가 열리고, 그것이 몇 년 정도 이어지다가 형사 기소가 이루어진다. 그렌펠타워 화재 대응도 그런 패턴을 따른다면 2023년이나 2024년 정도나 돼야 기소가 진행될 듯싶다.

그렌펠타워의 비극은 모든 수준에서 효과적으로 리더십이 작동해야 한다는 것과 자격이 없는 사람이 책임을 맡았을 때 어떤 파괴적인 결과가 생기는지 보여준다. 위기가 벌어지면, 압박감 속에서 어려운 결정을 내리고, 갖고 있는 것을 모두 잃어버린 사람과 얼굴을 마주하고 대화를 나눌 수 있는 진정한 리더가 누구인지, 여론을 주도하는 표적 집단과 여론에 휘둘리며 경직된 규칙만을 따르는 관리자에 불과한 인물이 누구인지 극명하게 드러난다.

이 글을 쓰고 있는 지금도 그 건물은 여전히 비닐에 싸여 버려진 채 런던의 스카이라인 위로 묘비처럼 서 있다. 종종 조용한 밤에 그곳에서 일하는 사람들이 있다. 비닐 시트 뒤로 작업등 불빛이 새어 나오면 마치 건물에 다시 불이 난 것처럼 섬뜩하다. 언젠가 이 건물은 철거되겠지만, 만약 영국이 이 대응 과정과 수사 과정으로부터 교훈을 얻지 못한다면 예방 가능했던 또 다른 그렌펠타워의 비극이 찾아올 것이다.

20

상실과의 타협

○

　　재난 대비는 사실 그렇게 힘들지 않다. 나쁜 일이 언젠가 일어나리라는 것을 받아들이고, 재원을 마련하고, 실제로 재난이 일어났을 때 적절히 대응하면 된다. 어떤 사람은 사회가 무르고 나약해졌다고 주장한다. 무언가 원하면 스마트폰의 링크를 누르는 것만으로 집 앞으로 그것이 배달된다. 배달이 몇 분만 늦어져도 우리는 불평의 리뷰를 올린다. 심리학자들은 사람들이 아주 짧은 시간만 휴대폰과 분리되어 있어도 고통스러워하는 '휴대폰 분리 불안phone separation anxiety'이라는 신경장애의 존재를 확인했다. 우리의 문제는 우리가 나약한가 강인한가가 아니라 인내심과 끈기, 리더십, 자기책임, 규율이 결여되어 있고, 지식을 활용할 능력이 부족하며, 그와 동시에 사실을 무시한다는 데 있다.

　　오늘날 인류는 역사상 그 어느 때보다 많은 정보에 접근할 수 있다. 하지만 역사를 이해하고 과거를 연구하여 미래에 무엇이 우리를 기다리는지 이해한다는 면에서 보면, 일반적으로 사람들은 뉴스 머리기사 너머까지 읽거나 시간을 내어 그 뉴스가 실제로 의미하는 바가 무엇인지 이해할 절제력이 없다.

2017년에 허리케인 하비가 휴스턴을 강타해 우리 회사의 본사가 물에 잠긴 이후에 나는 민간 기관에서 지방, 주, 전국 단위에 이르기까지 다양한 정부 기관 등 60개 정도의 기관과 전화회담을 하고 있었다. 거기 올라온 안건 중에는 항불안제 공급 현황에 대한 것이 있었다. 나는 마약이 유행병처럼 심각하게 번져, 내 기억으로는 미국인의 평균 기대수명이 처음으로 떨어지고 있는 상황에서 벤조디아제핀 같은 중독성 약물을 나누어주는 것에 조금 의구심이 있다. 그런 약이 필요한 상황에서 약물을 사용하는 것에 반대하는 것은 아니다. 다만 그보다 나은 선택이 있을지 모른다는 생각이다. 위기관리를 두고 문화적으로 불안이 있지만 그런 사고가 났을 때 생기는 불안을 줄이는 가장 좋은 방법은 충분히 대비하는 것이다. 이런 대비는 정부 수준만이 아니라 개인 수준에서도 이루어져야 한다. 그리고 일단 사건이 터진 후에는 좋은 정보를 일관성 있게 제공하는 것 역시 중요하다.

허리케인 하비가 휴스턴을 강타했을 때 내 배우자와 나는 키웨스트에 있었다. 그곳에 가서 사람들을 돕기 위해 텍사스로 떠날 채비를 하고 있는데 허리케인 어마가 키웨스트로 방향을 틀었다. 배우자와 내가 2년에 걸쳐 함께 땀을 흘리며 집을 지은 곳을 지금 최고 등급인 카테고리5의 허리케인이 정면으로 관통하려고 했다. 방금 푸에르토리코의 한 섬을 산산조각 낸 허리케인이었다. 우리는 당황하지 않았다. 이곳으로 이사 올 때 허리케인의 위험에 대해서는 이미 알고 있었다. 나는 지도를 보며 키웨스트의 어느 지역이 홍수에 취약한지 연구했고, 거기에 맞춰 대비해놓았다. 팬 날개와 야외 스피커들을 떼어내고 창에 폭풍 대비 덧문을 달았으며, 차오른 물이 들어가지 않게 자동차 흡입관을 막았다. 강한 바람에 날리는 코코넛도 위험할 수 있기 때문에 나무도 가지치기를 했다. 문을 테이프로 막고 모래주머니를 쌓았다. 침수로 인한 피해를 최소화하기 위해 가구들은 홈디포에서 구한 파이프 엔드캡에 올려두었다. 이렇게 하면 가구가 물이 들어왔다가도 빨리 빠져나가기 때문에 그냥 물에 잠겨 있는 경우보다 피해를 줄일 수 있다. 허리케인용 공구세트는 이미 갖고 있었다. 그 안에는 방수포, 지붕못, 밧줄, 방수 실리콘 등이 들어 있다. 식료품 상자와 발전기도 갖고 있었다. 이 모든 것을 준비하려면 골치 아픈 것이 사실이다. 하지만 피해를 최소화하고 재앙이 될 수 있는 상황을 어느 정도 통제할 수 있게 해준다. 내가 허리케인을 멈출 수는 없지만 내 집이 박살나고 있는데 아무것도 하지 못하고 누군가 나를 구조하러 올 때까지 마냥 기다리고만 있을 필요는 없다. 사건 자체를 통제할 수는 없지만, 그에 대한 대응은 통제할 수 있다.

불안은 앞으로 일어날 일에 대한 두려움이다. 이것이 심신을 황폐화할 수 있다. 스트레스는 건강에 심각한 영향을 미칠 수 있으며 약물로는 그 핵심 문제를 치료할 수 없다. 피해를 최소화하기 위해 능동적으로 대처하는 것이 그런 스트레스를 줄이는 데 도움을 준다. 그럼 무기력한 방관자로 남지 않고 스스로 문제를 해결하고 있다는 자신감이 생기기 때문이다. 그리고 이렇게 한 일이 사건이 끝난 후에 피해를 복구할 때도 실제로 도움이 된다.

테러의 경우도 마찬가지다. 우리가 테러 공격을 모두 막을 수는 없다. 테러리스트는 공격을 천 번 시도해서 운 좋게 한 번만 성공하면 된다. 반면 착한 사람은 단 한 번도 실패하는 일이 없어야 이런 공격을 피할 수 있는데 통계적으로 봐도 그런 일은 있을 수 없다. 지진, 허리케인, 산불 같은 것도 항상 일어난다. 이것은 그냥 단순한 사실이다. 과거보다 지금에 와서 위협이 더 커지지는 않았다. 오히려 우리는 위협을 감시하고 예측하기에 그 어느 때보다도 좋은 환경을 갖추고 있다. 하지만 그런 위협을 계속 머릿속에 담아두고 있다 보면 공포나 혼란에 사로잡힐 수 있다. 물밀듯이 쏟아져 들어오는 정보가 사람을 과부하에 걸리게 만든다. 역설적이게도 정보가 너무 많아서 오히려 제대로 된 판단을 내릴 수 없게 된다. 정보 포화에 빠지는 것이다.

재난은 항상 스트레스다. 하지만 그냥 스트레스 때문에 뜬눈으로 밤을 지새우며 행여나 폭풍이 다가오지 않는지, 홍수가 터지지 않는지 지켜보는 것이 회복력은 아니다. 회복력은 시간, 경험, 교육, 준비로부터 온다. 스트레스와 공황도 서로 큰 차이가 있다. 숲에서 곰을 보면 우리 몸은 투쟁-도피 상태로 돌입한다. 하지만 무작정 달아나기 전에 곰을 어떻게 상대해야 할지 조금만 살펴보면 살아서 빠져나가기 위해 어떻게 대응해야 하는지 아이디어를 얻을 수 있다. 비명을 지르며 정신없이 숲길을 달리는 것이 꼭 올바른 대응은 아니다. 그렇다고 곰과 만나는 일에 스트레스가 없다는 말은 아니다. 물론 스트레스를 받는다. 하지만 하이킹을 하면서 몇 번 곰을 만나다 보면 자연히 스트레스는 줄어든다.

이런 식으로 생각해보자. 운동은 당신의 근육과 순환계에 스트레스를 준다. 땀도 나고, 처음에는 근육에 알도 배긴다. 하지만 시간이 지나면서 이 스트레스는 당신을 더욱 강인하게 만들어 앞으로 있을 육체적 과제에 더 잘 적응할 수 있게 해준다.

1994년에 미국에서 아이티를 침공했을 때 나는 그곳 사람들의 경이로운 회복력에 놀랐다. 아이티에서 착한 사람과 나쁜 사람을 구분하기는 쉽다. 말랐으면 착한 사람이고, 뚱뚱하면 나쁜 사람이다. 아이티는 부패한 '가진 자'와 정직한 '갖지 못한 자'로 극명하게 나뉘어 있었다. 아이티에 가해진 금수조치 때문에 사람들은 남은 자동차 부품을 가지고 물 펌프를 만들 수 있게 됐다. 어떻게든 살아남으려면 수완이 좋아야 한다. 2010년 지진으로 내가 아이티로 돌아갔던 당시로 가보자. 그때 아이티는 16번에 걸친 유엔의 원조 이후로 습관적으로 도움에 의존하는 국가가 되어버렸다. 나는 사람들이 원조 트럭이 통과할 수 있게 쓰레기를 치우고 도로를 청소하는 대신, "도와주세요"라는 팻말을 들고 무너진 집 밖 플라스틱 의자에 마냥 앉아 있는 모습을 보았다. 제2차 세계대전으로 영국과 독일이 도시들이 폭격으로 완전히 무너졌을 때 전쟁에 익숙해질 대로 익숙해진 주민들은 인간 사슬을 만들어 손에서 손으로 벽돌을 나르며 손수 거리를 청소했다. 9·11테러로 세계무역센터가 무너졌던 첫날에도 사람들은 그런 식으로 줄 지어 서서 양동이로 잔해를 나르며 청소했다.

정치인, 정책 입안자, 일반인이 기억해야 할 것이 하나 있다. 우리가 생각보다 통제력이 크지 않다는 사실이다. 대량 사망 사고와 위기처럼 이런 사실을 적나라하게 보여주는 경우도 없다. 우리는 그런 사실을 받아들이는 법을 배워야 한다. 하지만 우리는 대부분이 생각하는 것보다 대응 능력이 뛰어나기도 하다. 통제할 수 없는 것과 싸우지 말고 통제할 수 있는 것에 초점을 맞춰야 한다.

우리 문화권에서는 나쁜 일은 잊어버리고 앞으로 나아갈 것을 재촉한다. 나쁜 기억은 훌훌 털어버리고 정상적인 일상으로 돌아가라고 말이다. 그러나 그냥 '그런 일이 있었지'라고 넘어가버릴 뿐, 과거의 실수를 솔직하게 인정하며 그로부터 교훈을 얻지 않는다면 나쁜 일은 되풀이 될 것이다.

요즘에는 모두들 1918년 스페인독감 대유행이 현재 지구를 휩쓸고 있는 코로나19 대유행의 역사적 선례라 얘기하고 있다. 그렇지만 싱가포르와 홍콩에서 시작해서 11만 6000명의 미국인을 비롯해 전 세계적으로 1100만 명의 사망자를 낸 1957년 H2N2 인플루엔자 대유행에 대해 알고 있는 사람이 얼마나 될까? 아니면 미국인 10만 명을 비롯해 전 세계적으로 100만 명의 사망자를 낸 1968년 H3N2 조류독감은? 이런 세계적 대유행은 좀 더 최근에 일어났고, 현재의 코로나바이러스 대유행 기간에 미국에서 일어나고 있는 일과 유사한 부분도 더 많다. 그런데도 우리는 우리가 한 세기에 한 번쯤 일어나는 세계적 대유행 시기에 살고 있다고 생각한다. 무서운 사건을 기억하고 싶지 않기 때문이다. 우리가 통제하지 못한다는 느낌을 받기 때문이다. 우리는 달을 정복했고, 생명, 자유, 행복추구권을 보장받았다. 하지만 사실 그런 보장 같은 것은 존재하지 않는다.

이것이 우리 사회가 인정하기를 주저하고 있는 현실이다. 이런 망설임이 우리의 자립정신을 좀먹고 있다. 내가 캘리포니아에서 젊은 보안관보로 일할 때 개인용 안정장비가 도입되기 시작했다. 길을 잃은 도보여행자나 등산객에 문제가 생겼을 때 켤 수 있는 위치 표시 장치였다. 그러자 갑자기 구조 건수가 급증했다. 사람들은 만일의 사태에 필요한 추가 장비가 없어도, 숲에서 길을 잃었을 때 하루 이틀 정도 생존하는 데 필요한 기본 기술을 몰라도 요세미티 같은 험난한 곳에 갈 수 있다고 생각하기 시작했다. 버튼 하나만 누르면 어느새 헬기가 출동해서 자기를 구출해줄 거라고 말이다. 구조자가 감수해야 할 위험과 비용 따위는 안중에도 없었다. 기술의 발전을 비난하는 것은 아니다. 이 기술은 확실히 사람의 목숨을 구하고 있다. 하지만 기술은 상식, 훈련, 대비를 결코 대신할 수 없다. 기술의 발전은 힘든 상황에 직면했을 때 필요한 자립정신을 좀먹는 의도치 않은 결과를 낳았다. 예를 들어 요즘에는 내가 어렸을 때에 비하면 지도를 읽을 줄 아는 사람이 훨씬 줄어들었다.

내가 오랜 경험을 통해 배운 것이 있다. 자신을 위기에서 구출할 사람은 바로 자신이라는 것이다. 부엌에서 기름에 불이 붙었는데 소화기를 갖고 있다면 그 불을 끌 수 있을 것이다. 하지만 소방서에 전화를 걸어 그들이 도착할 때까지 기다리면 기름에 붙은 불이 집 전체로 옮겨 붙어 훨씬 많은 것을 잃게 될 것이다. 물론 나도 혼자 불을 잡지 못할 경우를 대비해 소방서에 신고는 할 것이다. 그러나 제일 먼저 화재 진압에 나서야 할 사람은 나다. 이렇게 생각해보자. 배를 타고 바다로 나갔는데 배가 가라앉으면 해안경비대가 나를 구하러 올 것이다. 하지만 5분 안으로 도착할 수는 없다. 그러므로 구명조끼를 준비하고 경비대가 나를 찾을 때까지 물에 떠 있는 법을 알아두어야 한다. 허리케인이 있고 한 시간 안으로 정부가 당신에게 식수를 가져다줄 수는 없다. 우리 스스로 기본적인 생존 기술을 익히고, 자급 능력을 갖추어야 한다.

이런 부분을 일일이 대비하기가 부담스럽다는 것은 나도 안다. 허리케인용 공구세트를 갖추려면 돈도 들어가고, 보관할 장소도 필요하다. 하지만 다음에 치명적인 질병이 돌아서 화장지를 사려고 슈퍼마켓 바깥에서 긴 줄을 서고 기다릴 일이 생기면 아마도 모르몬교 사람들이 준비하는 비상용 물품 생각이 날 것이다.

언론에서 폭풍과 자연재해 등을 다룰 때 범하는 오류가 있다. 재난에서 진짜 최악인 부분은 폭풍 자체가 아니라 그 후의 복구라는 점이다. 이런 복구를 미리 계획해놓는 사람은 없다. 내가 이 책을 쓰기 시작했을 때 노스캐롤라이나 넓은 지역이 허리케인 플로렌스로 물난리가 났다. 수십만 명의 사람이 폭풍을 피해 달아났지만 어디로 가야 할지 몰랐다. 이런 대형 허리케인이 해안을 덮친 지 여러 해가 지났기 때문이다. 그래서 이들은 흠뻑 젖고 탈진한 상태로 내륙의 주거지나 호텔에 도착했고, 그동안 애써 저축해두었던 돈이 그곳에 잠시 머무는 동안 순식간에 숙

박비로 빠져나갔다.

보통 허리케인 생존자들은 몇 주를 기다려야 집으로 돌아갈 수 있다. 역사적으로 폭풍이 잦은 지역에 살고 있는 그들이지만 허리케인이 낙쳤을 때 어디에 대피해 있을지 미리 계획을 세워둔 사람이 몇이나 될까? 집으로 돌아갔다 한들, 그 집이 사람이 살 수 있는 상태일까? 아마도 아닐 것이다. 산불도 마찬가지다. 인구가 늘어나면서 기존에는 출입금지 구역이라 여겼던 지역까지 도시 개발이 이루어지고 있어서 산불의 피해를 입는 사람도 늘고 있다. 따라서 비상 대비책이 필요한 것이다. 아이가 있는 경우라면 한 학기 정도는 친척의 집에 보내고 싶어질 것이다. 집 안 내부를 수습하며, 망가진 가구나 세간은 버리고, 집을 보수할 건축업자도 알아보아야 할 테니까 말이다. 이런 지역에서는 그런 기술자에 대한 수요가 갑자기 폭증해서 사람을 구하기도 쉽지 않다. 이렇게 몇 달 정도 살 곳 없이 목돈이 나가고, 정부 보상이 내 손에 들어오려면 아마도 몇 년이 걸릴 텐데, 그 많은 돈을 어떻게 감당할까? 수백만 미국인이 하루하루 근근이 살아간다. 그동안 가족은 어디에서 재우고 먹일 것인가? 회복력을 갖추는 데 계획 세우기는 아주 큰 부분을 차지한다.

여기에 문제가 있다. 허리케인 생존자들은 20년마다 파괴적인 허리케인이 들이닥치는 지역에 살고 있다. 그래서 20년 정도는 그곳에 살아도 아무 일이 생기지 않는다. 그러다 어느 해에 그런 허리케인이 일어나면 그것으로 그 20년을 까먹는 셈이 되어버린다. 그렇다고 그 지역에 사는 것이 무모하다는 소리는 아니다. 내 배우자와 나는 허리케인 빈발 지역에 산다. 우리가 그에 따르는 위험과 보상을 잘 이해하고 있다는 의미다. 하지만 많은 사람이 위험을 잊는다. 어찌 보면 그것이 인간의 본성이기는 하지만 최근에는 더 나빠진 것 같다.

당신이 그런 지역에 살 수 있을 만큼 육체적 정신적 경제적으로 튼튼해서 그런 문제를 감당할 수 있는 경우라 해도 계획은 여전히 필요하다. 그런 계획을 세우지 않을 거라면 다른 지역에 가서 살아야 한다.

스트레스와 상실에 대한 내성은 사람마다 다르다. 내가 어떤 일을 맡을 때마다 거의 틀림없이 한계에 부딪히는 사람이 나오는데 그러면 나는 그런 사람을 집으로 보낸다. 정신적 외상은 팔을 뻗은 채 물주전자를 들고 있는 것과 비슷하다. 작은 일이 생길 때마다 그 주전자에 물이 몇 방울씩 떨어진다. 그러다 보면 어느 순간에 가서는 도저히 들고 있을 수 없을 정도로 주전자가 무거워진다. 개인적으로 어떤 비극을 겪은 바람에 사망자 관련 일을 하기 어려워지는 경우도 많다. 내가 어떤 사람에게 버스 추락 사고 현장에서 일을 같이 하자고 요청한 적이 있었는데, 그 사람이 말하길 근래에 두 명의 사망자가 생긴 교통사고를 겪어서 도저히 그 일은 못하겠다고 했다. 그는 정신적으로나 육체적으로 회복할 시간이 필요했고, 나는 그의 뜻을 존중해주었다.

나는 함께 일하는 모든 사람에게 자신의 정신 상태에 대해 정확히 인식하고 평가할 것을 주문한다. 일상적으로 어려움에 익숙해진 사람이라도 정신적 외상에 비이성적인 반응을 보일 수 있다. 아이티 지진의 경우에는 딸을 잃은 한 엄마가 있었다. 그 엄마가 찾은 것이라고는 양말과 신발이 그대로 신겨 있는 딸의 잘린 다리밖에 없었다. 그 엄마는 그 다리를 집으로 데려가 씻겨서 침대에 눕혔다. 그 엄마가 미친 것은 아니었다. 정신적 외상을 입으면 누구나 이상한 행동을 할 수 있고, 한동안 누구인지 알아보지 못할 정도로 변하기도 한다.

회복력은 학습도 가능하고, 전달도 가능하다. 허리케인, 홍수, 산불 같은 것을 겪어본 사람들은 새로 이사 온 사람들에게 그 위험에 대해 경고해주어야 한다. 그것을 겪어보지 않은 사람이 그 실상을 어떻게 알 수 있겠는가? 물론 텔레비전 뉴스에서 재난 장면을 본 적은 있겠지만 텔레비전이 냄새나 현장의 소리를 전달해주지는 못한다. 그런 장면에는 현장에서만 느낄 수 있는 감정적 요소가 빠져 있다. 그런데 그런 일을 몸소 체험한 사람조차 그 경험을 전달해주지 않는 경우가 많다. 사람들이 위험을 부풀려 허풍을 떤다고 비웃을까 봐 두려운 것인지도 모르겠다. 여섯 달 동안 아이들을 다른 곳으로 보내서 떨어져 살아야 하나? 우리는 이런 현실적인 결정을 해야 할 상황에 직면하게 된다. 하지만 우리 사회는 이런 일에 별로 신통치 못하다. 허리케인이 지나고 나면 미디어에서는 다시 화려한 쇼가 이어지고, 사람들은 갈 곳이 없어진 수만 명의 피난민들이 검게 곰팡이가 피고 지붕도 없는 피난처, 모텔, 집에 묶여 있다는 사실을 잊어버린다.

과학자들은 기후온난화의 영향으로 허리케인, 산불, 유행병, 홍수 등의 재난이 더 나빠지기만 할 것이라 경고하고 있다. 기후온난화의 원인이 인간에 의한 것이냐, 지질학적 변화에 의한 것이냐, 신이 내린 벌이냐를 두고 얼굴이 파래지도록 논쟁을 벌일 수도 있겠지만, 이유야 어쨌든 그런 일이 실제로 일어나고 있다면 대비가 최선이다.

위험 감지 및 회피 분야의 세계적 전문가 중 한 명인 개빈 드 베커는 고전이 된 그의 책 《서늘한 신호》에서 이렇게 말했다. "부정denial은 흥미롭고도 은밀한 부작용을 갖고 있다. 마음의 평화를 얻기 위해 사람들은 현실을 부정하면 아무 일도 일어나지 않을 것이라 생각한다. 이런 사람들은 위험이 닥쳐 피해자가 됐을 때 그 가능성을 받아들인 사람보다 훨씬 큰 피해를 입게 된다." 이 책을 아직 읽어보지 않았다면 일독을 추천한다. 인간의 본성을 잘 보여주는 중요한 책이다.

우리는 나만의 가상의 공간을 만들고 그 안에 들어가 살면서 나는 예외일 거라고, 역사가 나한테만큼은 친절할 것이라 믿을 수도 있다. 아니면 좀 합리적으로 접근해서 우리가 직면할 수 있는 위험을 냉정하게 평가해볼 수도 있다. 드 베커는 이렇게 적었다. "부정은 지금 아껴두었다가 나중에 지불하는 전략이다. 이것은 깨알 같은 글씨로 계약서 한 구석에 적혀 있는 계약조건과 같아서 장기적으로는 부정하는 사람도 그 사실을 어느 정도는 인식하고 있다. 그리고 이것이 지속적으로 마음속에 약간의 불안을 야기한다." 신경안정제를 아무리 많이 복용해도 그 불안을 완전히 지우지는 못한다.

우리는 위기의 순간에 사람들이 논리적으로 혹은 감정적으로 대응하리라 기대하는 오류를 종종 범한다. 사실 상황을 논리적으로 이해해야하지만, 자신의 감정을 비롯해서 그와 관련된 실질적인 감정도 이해할 수 있어야 한다. 2020년 3월에 새로운 바이러스인 코로나19가 많은 인명피해를 낳을 수 있는 위협임을 갑자기 깨닫게 되자 사람들은 동네 슈퍼마켓으로 달려가 화장지를 싹 사재기했다. 이것은 전혀 논리적인 행동이 아니었기 때문에 사재기를 멈추라는 말이 나왔다. 과연 멈췄을까? 물론 아니다. 하지만 그들은 두려움 때문에 그렇게 했다. 자기가 통제할 수 있는 것을 통제하려고 들었지만 자기에게 진짜 필요한 것이 무엇인지는 이해하지 못하고 있었던 것이다.

마스크도 마찬가지다. 과학자들은 마스크가 감염을 극적으로 줄여준다고 말했고, 실제로 그렇다. 그렇지만 일부 사람들은 마스크를 쓰라는 얘기를 들으면 분개하면서 자신의 자유를 침해했다고 여긴다. 물론 그것만은 아니다. 마스크를 쓰면 귀찮은 일이 많다. 안경에 뿌옇게 김이 서리고, 불편하고, 숨 쉬기 어렵다는 사람도 있다. 그러나 그것이 진짜 이유는 아니다. 심리적으로 더 깊이 들어가보면 마스크를 착용한다는 것은 상황이 좋지 않음을 노골적으로 인정하는 셈이 된다. 그것이 싫은 것이다. 마스크를 쓰지 않으면 다시 돌아가고 싶은 예전의 정상적인 삶이 떠오른다. 비행기 추락 사고로 사망한 가족의 소식을 갖고 온 경찰관에게 문을 열어주지 않는 가족처럼, 우리는 죽음과 재난 앞에서 눈을 감으려 한다. 혹은 그 일이 다른 누군가에게 일어난 일이라 상상한다. 여기에 한술 더 떠서 일부 정치 지도자나 매스컴이 건강 관련 지침을 경시하거나 정치화하는 바람에 많은 사람들이 위협이 과장되었거나, 자가격리를 해봐도 효과가 없다는 생각을 하게 된다. 그것이 수만 명의 목숨을 앗아 갔고, 상황은 더 나빠졌다.

코로나바이러스는 우리 사회가 수십 년 동안 겪어보지 못했던 도전을 제시했다. 이것을 예상치 못했던 깜짝 놀랄 일이라고 해서는 안 된다. 유행병학자들은 이 위협을 꾸준히 경고해왔다. 우리 사회가 정신적으로나 실질적으로 대비가 되어 있지 않았을 뿐이다. 그리고 우리는 어느 정도의 회복력을 보여주었을까? 사회가 붕괴하지는 않았다. 초기 발병 상황에서는 전 세계 수억 명의 사람들이 가급적 집에서 나오지 말라는 정부의 지도를 잘 따라서 확진자 그래프를 꺾어 의료 붕괴를 막을 수 있었다. 경제는 회복력이 훨씬 약한 것으로 밝혀져, 몇 주 만에 심각한 불황이 찾아왔다. 공급사슬이 전 세계적으로 과도하게 확장되어 있었는데 보호무역주의가 부상하면서 사회 안정망이 갖추어지지 않은 많은 국가에서는 사업체들이 문을 닫았고, 일자리를 잃은 노동자들은 감염의 위험에 노출되면서까지 일을 찾아 나서야 했다. 우리는 저렴한 물건만을 찾았을 때 따라오는 위험을 이해하지 못하고 더 싼 물건만을 원해왔다. 두 명이 함께 벌어야 먹고살 만했던 학부형 맞벌이 부부도 갑자기 학교가 문을 닫아버려 누군가는 집에서 애를 봐야 할 난감한 상황이 됐다.

두말하면 잔소리지만 치솟는 사망자수에 대처하기 위해 케니언이 급히 호출을 받았다. 뉴욕시는 이 병으로 가정에서 사망한 사람들의 시신을 처리하기 위해 우리를 고용했다. 허리케인 카트리나의 경우에서 보았듯이 현역 군인이나 연방 지휘하의 주 방위군은 민간인 거주지의 출입이 법적으로 금지되어 있기 때문이다. 경찰도 이 일을 맡기를 주저했다. 경찰에겐 밀폐공간에 들어갈 때 사용할 개인용 보호장비가 없었고, 시신이 있는 집은 분명 바이러스로 오염되어 있을 것이기 때문이다. 이병으로 경찰 인력을 잃게 되면 범죄와의 싸움에서 문제가 생길 수 있었다. 그래서 우리가 들어가 질병의 중심지에서 1400구의 시신을 수습했는데, 그 과정에서 단 한 건의 감염도 발생하지 않았다. 우리는 시체안치소에서 과도해진 업무를 감당할 수 있도록 표준 냉동트럭을 개조하는 방법을 조언해주었다. 시신을 올려놓을 선반을 설치해 시신이 냉동실을 앞에서 막아버리지 않게 하는 방법이다. 시신이 앞을 막아버리면 어떤 시신은 꽁꽁 얼어붙고, 어떤 시신은 충분히 냉각되지 않아 부패가 진행된다.

우리는 장례식장에서 밀려오는 시신을 감당하지 못해 렌트한 화물트럭에 보관 중이었던 수십 구의 시신도 처리해야 했다. 이 일 때문에 주변 사람들이 격분하기도 했다. 근처 사업체에서 일하는 노동자들이 장례식장 뒤편에 주차된 트럭에서 불쾌한 냄새가 난다고 경찰에 신고했다. 장례식장은 갑자기 밀려드는 막대한 시신에 어쩔 줄을 몰랐고, 시신을 보관할 공간이 다 차자 최후의 수단으로 냉동장비가 설치되지 않은 렌탈 트럭에 보관한 것이다.

한편 우리는 영국 카운티 의회들을 도와 코로나바이러스 사망자 시신을 보관할 비상저장소를 설치했다. 버밍엄 공항에는 2300구의 시신을 수용할 수 있는 저장소를 설치했고, 런던 바로 북쪽 에식스의 주차장에도 하나를 설치했다. 처음에는 온갖 지방 정부 당국으로부터 요청이 쇄도했다. 우리는 그들에게 지방 정부와는 일을 하지 않는다고 말해야 했다. 해당 영역이 얼마나 심한 피해를 입었는지가 분명하지도 않았을 뿐더러, 업무의 낭비와 중복이 일어날 수 있기 때문이다. 나는 지역 단위로 작업을 꾸릴 것을 조언했다. 작은 보관소를 수십 개씩 두면 어디는 텅 비고, 어디는 넘쳐날 수 있어서 시신을 중앙의 저장장소로 옮기는 것이 훨씬 낫기 때문이다. 허리케인 카트리나가 온 기간에 뉴올리언스에서 그랬던 것처럼 일부 지방 당국에서는 사망자수를 터무니없이 많이 추정해서 처음부터 수만 구 이상의 시신을 수용할 수 있는 시설을 원했다. 나는 그들에게 몇백 구의 수용 규모로 시작해 상황을 보면서 규모를 키우는 것이 낫다고 조언해주었다.

이 코로나19 전 세계 대유행이 장기적으로 어떤 영향을 미칠지 예견하기에는 아직 이르다. 하지만 두 가지는 이미 분명해지고 있다. 한 세대 학생들의 교육이 붕괴되어 생기는 영향과 함께 심리적 영향이 오래도록 느껴질 것이다. 사랑하는 이의 마지막을 곁에서 지켜줄 수 없었던 상처 역시 극복하기가 쉽지 않을 것이다. 질병의 전파를 막기 위해 병원으로 데려가 엄격한 격리에 들어가는 바람에 마지막 작별의 인사조차 못한 사람이 많다. 어떤 사람은 가족과의 마지막 만남이 짧은 스마트폰 영상통화였던 경우도 있다. 마스크를 쓴 간호사가 환자에게 진정제를 투여하고 삽관을 하면서 이 환자가 다시 깨어날 가능성이 희박하다는 것을 알고 스마트폰을 들어 가족과의 영상통화 자리를 마련해준 것이다. 집에 있는 가족들도 접촉자로 분류되어 2주간의 자가격리를 명령받은 상태라 마냥 집에 앉아서 사랑하는 가족의 병세에 관한 소식을 기다리는 수밖에 없었다. 질병 전파의 위험 때문에 장례식, 가족 모임, 추도식 같은 것을 열 수 없거나, 열어도 제한된 인원만 참석할 수 있었고, 이는 많은 사람에게 결정적인 타격으로 작용했다. 새로운 현실을 받아들일 수 있도록 수천 년에 걸쳐서 다듬어져온 죽음의 의식이 갑자기 중단되면서 슬픔에 빠진 유족들이 분노, 죄책감, 혹은 우울을 느끼게 됐고, 비난할 대상을 찾는 경우도 많았는데, 그 비난의 화살은 보통 자기 자신을 향했다.

코로나19의 전 세계 대유행 이후에는 정신건강의 위기가 우리를 기다리고 있다.

21

나의 기록

○

　　내가 지금까지 모은 것을 보면 머릿속에 담겨 있는 온갖 이미지 말고도 사건 파일이나 옛일을 떠올려주는 물리적인 것도 있다. 페루 아마존 지역에 갔을 때 내 오른손에 박혀 아직도 나오지 않고 있는 가시 조각이 그런 경우다. 가끔은 파일을 기록보관소에 저장하거나 파기할 때 내용을 다시 훑어보기도 한다. 최근에는 오래된 밀착인화지 사진을 우연히 보게 됐다. 그 인화지의 첫 사진 3장은 딸이 만 4세였을 때 추수감사절 파티에서 찍은 것이었다. 카메라를 보며 미소 짓는 귀엽고 어린 소녀의 모습이 담겨 있다.

　　그다음 사진은 멍들고 부어오른 한 여성의 시신이었다. 이 여성은 미국 상무장관 론 브라운이 사망한 1996년 크로아티아 비행기 추락 사고에서 사망했다. 이 비행기는 착륙이 어렵기로 악명 높은 두브로브니크 공항에 접근하다 폭우 속에서 추락했다. 나는 추수감사절 직전에 집을 떠나야 해서 버지니아 포트리를 떠나기 전에 사진을 몇 장 찍어두었다. 그리고 나서 똑같은 카메라에 추락 사고의 여파를 담아놓은 것이다. 나는 이 밀착인화지를 현상해야 했던 가엾은 육군 기술병이 딱해졌다. 이런 사진들이 나란히 찍혀 있는 것을 보고 굉장히 기분이 거슬렸을 것이다.

이 어색한 사진 조합을 보며 삶과 죽음은 정말 종이 한 장 차이라는 것, 그리고 내 삶도 언제 어디서 돌아올 수 없는 강을 건널지 알 수 없다는 것을 뼈저리게 느꼈다. 성공회 기도서에는 이렇게 적혀 있다. "삶의 한가운데서도 우리는 죽음 속에 있을지니."

미국 남북전쟁 당시의 한 병사가 집에 보냈다는 편지에 적힌 다음 문장은 지금까지도 내 뇌리에 박혀 있다. "어머니, 부디 어머니는 제가 본 것을 보실 일이 없기를." 시각적 기억만 있는 것은 아니다. 내 모든 감각이 과거를 떠올리는 강력한 기폭제가 될 수 있다. 착암기 소리를 들으면 잠시 오클라호마시티 뮤러 연방정부청사의 폐허로 돌아간 기분이 든다. 공항에서 갈아탈 비행기를 기다리다 제트 연료 냄새를 맡으면 내가 작업했던 수십 건의 비행기 추락 사고 중 하나로 다시 돌아간다. 커다란 트럭을 보면 바그다드의 캐널 호텔을 갈가리 찢어놓았던 그 자살폭탄 트럭이 떠오른다. 말하자면 끝도 없다.

심지어 휴가로 여행을 떠날 때도 그런 기억들이 따라온다. 2019년에 나는 뱃놀이와 스쿠버다이빙을 즐기려고 두브로브니크로 돌아갔다. 물론 1996년 사고 당시와는 아주 달랐다. 하지만 비행기가 착륙하는 동안 내 마음은 CT-43의 추락 사고 이후의 날들로 돌아갔다. 눈을 감으니 바로 그곳이었다.

아마도 나의 '정상'은 대부분 사람의 '정상'과 아주 다를 것이다. 나는 체크인을 하고 호텔방으로 들어갈 때마다 내 방과 계단 사이에 문이 몇 개나 있는지 머릿속에 새겨놓는다. 화재가 나서 탈출할 때 사람들은 멀쩡한 비상구를 그대로 지나치는 경우가 많다. 본능적으로 자기가 들어왔던 길로 되돌아가려 하기 때문이다. 보통 엘리베이터를 타고 오는 경우가 많은데 화재 시에는 엘리베이터가 작동하지 않는다. 나는 극장이나 공연장에 들어갈 때 어쩔 수 없이 내 주변 사람들에게서 수상한 조짐이 없는지 살펴보게 된다. 내가 편집증 환자는 아니다. 내게 어떤 나쁜 일이 생길까 봐 두려워하는 것이 아니기 때문이다. 코로나바이러스 전 세계 대유행 속에서 손 씻기가 하나의 표준으로 자리 잡게 된 것처럼, 이런 행동도 완전히 내 몸에 배어버렸다. 소위 요즘 사람들이 말하는 '뉴노멀new normal'이다. 다만 내게는 이런 것이 뉴노멀이 된 지 오래다.

내 인생에는 역설도 있다. 일반적으로 사람들은 죽음에 대해 이야기하기를 좋아하지 않는다. 죽음을 생각하는 것조차 싫어한다. 하지만 모임에서 사람들이 내게 무슨 일을 하느냐고 물어봐서 대답을 하면 갑자기 모든 사람이 죽음이라는 주제에 열광한다. 나로서는 달갑지 않다. 이미 매일같이 죽음에 대해 이야기해야 하는 마당에 더 이상 그 얘기를 하고 싶지는 않기 때문이다. 앞에서도 말했지만 나는 끝없이 죽음에 노출되다 보니 일상의 즐거움에 정말 감사하는 마음이 생겼다. 사람들이 왜 그러는지 이해는 된다. 우리는 죽음에 대해 얘기할 필요가 있다. 강박 때문도 아니고, 죽음에 대한 병적인 집착 때문도 아니다. 다만 때로는 두 눈을 부릅뜨고 죽음을 직시해야 한다. 결국 죽음은 우리 모두에게 찾아오는 중대한 사건이니까 말이다.

사실 죽은 자는 산 자에게 정말 놀라운 영향력을 휘두른다. 우리 모두는 결국 죽고, 죽음을 이해하기는 쉽지 않다. 생각지도 않게 갑자기 사람을 잃고 나면, 우리는 새로 찾아온 고통스러운 현실과 타협할 수 있을 때까지 잠시나마 우리가 알던 그 사람을 대신해 빈자리를 채워줄 무언가를 필요로 한다. 사람이 대량으로 사망한 경우에는 그런 필요가 공동체, 사회 전체에 영향을 미치는 쟁점이 되어 우리를 뿌리까지 뒤흔들어놓을 수 있다.

미국의 심리학자 폴린 보스는 부동산 거래 같은 것이 아니고는 '종결closure'이란 존재하지 않는다고 주장한다. 확실히, 나는 사용하지 않는 단어다. 보스는 '모호한 상실ambiguous loss'이라는 것에 대해 많은 글을 썼다. 모호한 상실이란 비행기 추락 사고나 자연재해 등으로 사람이 갑자기 사라져버려 육체적으로는 사라졌지만 감정적으로는 여전히 존재하는 상황을 말한다. 이런 일이 일어났다고 어느 날 갑자기 그 사람에 대한 사랑을 멈추고 다음 날로 넘어갈 수는 없다. 그 반대되는 경우가 요즘에는 더 흔해졌다. 노년층에서 늘고 있는 치매나 알츠하이머병에서 보듯이 육체적으로는 존재하는데 정신적으로는 사라진 경우다. 이런 상실은 특히나 감당하기 어렵다. 문제를 어떻게든 빨리 해결해서 극복하고 다음 단계로 나아가기를 재촉하는 현대사회에서는 더욱 그렇다. 베트남전 실종 병사가 미치는 영향에 대한 연구로 시작해서 나중에는 아시아 쓰나미와 9·11테러에 영향을 받은 유족을 연구한 보스는 예상치 못하게 갑자기 찾아온 죽음의 경우에는 빠른 극복이란 것이 존재할 수 없으며, 모호한 상실은 감당하기 가장 어려운 상실이라 주장했다. 오랜 시간에 걸쳐 슬픔을 느끼는 것은 정상이다. 슬픔은 처음 몇 년 동안 찾아왔다 사라지기를 반복하다가 결국 서서히 사라져가지만 결코 완전히 사라지는 법이 없다. 앞에 두고 슬퍼할 시신이 없는 상황에서는 추도식, 의식, 죽은 자의 물건 같은 것이 상실감을 표출할 수 있는 구체적인 대상이 되어주기 때문에 대단히 중요하다. 거친 감정의 파도 속에서 매달릴 수 있는 뗏목이 되어주는 까닭이다.

죽은 자를 대하는 태도에는 산 자를 대하는 태도가 반영되어 있다. 죽은 자와 그들의 물건을 매립지에 파묻는 쓰레기처럼 취급한다면 죽음이 누구에게나 찾아올 운명이라는 사실을 어떻게 감당할 수 있을까? 사회란 결국 공동체, 유족, 혈통 등 우리가 인간으로서 서 있는 자리의 문제다. 어깨를 으쓱하며 우리를 독수리에게 뜯겨 먹히도록 놔두어도 상관없는 고깃덩어리에 불과하다고 말해버리면 우리가 살아가면서 기능하는 데 중요한 무언가가 약해질 수밖에 없다.

사람들은 내게 어떻게 그런 일을 하면서 악몽에 시달리지 않을 수 있느냐고 묻는다. 그렇게 살다가는 망신창이가 되어 분노에 휩싸인 채 혼자 집 안에 틀어박혀 있을 것만 같다고 말이다. 우선 아직은 시간이 남아 있는 것 같다. 앞에서도 말했지만 정신적 외상은 누적적인 과정이다. 사실 나도 지쳤다. 하지만 내가 지금까지 일과 생활을 구분하며 살아올 수 있었던 이유는 그런 나쁜 상황 속에서도 나의 일이 혼란에 의미를 부여하고, 고통에 사로잡힌 사람들이 어두운 시간을 헤쳐 나가는 데 필요한 상징과 도구를 제공해주기 때문이라 생각한다. 적어도 내가 바라기로는 그렇다. 내가 하는 일은 사람들에게 당신이 결국 어떻게 되든 간에 당신은 잊히지 않을 것이라 말해준다. 그리고 나도 어떤 식으로는 실질적인 도움을 주고 있다고 생각한다. 죽은 자가 집으로 돌아갈 수 있게 돕고, 유족이 고통을 보듬을 수 있게 돕고 있다고 말이다. 나는 사람들이 고통받는 모습을 보고 싶지 않다. 그것은 불필요한 낭비다. 그리고 실용적인 면에서 보면 위험요인을 안고 있는 다른 일과 마찬가지로, 때때로 큰 실패를 맛볼 수 있는 서비스에서 회사들이 신뢰를 어느 정도 회복하는 데 도움이 된다.

위험하고 스트레스가 많은 일을 하는 사람 중에는 아드레날린 중독자가 꽤 있다. 나는 그렇지 않다. 나는 일에서 손을 놓고 있을 때 일을 그리워하지 않는다. 전투도 피곤하고, 했던 설명을 하고 또 하는 것도 피곤하고, 일을 마치고 집에 돌아왔는데 또 언제 전화벨이 울려서 수백 수천 명의 생명을 앗아 간 다른 재난 장소로 떠나야 할지 몰라 불안해지는 것도 정말 피곤하다.

하지만 나는 어드벤처 스포츠에 거의 중독되어 있다. 나는 여가시간에 스카이다이빙, 등산, 카이트보딩, 스쿠버다이빙, 자전거 등을 즐긴다. 이런 것은 대부분 혼자 하는 스포츠다. 일하는 시간의 대부분을 비정상적일 정도로 가까운 거리에서 고통스럽고 두려운 시간을 보내는 사람들과 나누기 때문이다. 그렇지만 이렇게 위험이 높은 단독 활동을 할 때도 나는 위험을 완화하는 조치를 잊지 않는다. 나는 스쿠버다이빙도 혼자 한다. 다이빙을 하는 사람들이 들으면 눈살을 찌푸릴 얘기다. 하지만 나는 다이빙 전문가다. 시계도 백업을 가지고 다니고, 잠수 시간, 수심, 공기도 계속 모니터링한다. 내 다이브 테이블dive table● 도 알고 있다. 보조 레귤레이터도 갖고 있고, 혹시나 보트에서 너무 멀어질 경우를 대비해서 '다이버'라고 적힌 커다란 오렌지색 팽창식 튜브도 갖고 다닌다. 가끔 상어나 거북이에 정신이 팔려 쫓아가다 보면 보트에서 너무 멀어지기도 한다. 그래도 위험을 항상 관리하고 있다.

제일 힘든 부분은 내 가족이 치러야 하는 대가다. 내가 같이 살기에 좋은 사람이 아닌 건 분명하다. 항상 모든 것을 준비하고 있어야 하고, 하루 중 어느 때든, 무엇을 하고 있을 때든 전화가 오면 받아야 한다. 잡았던 계획도 툭하면 깨지기 일쑤고, 언제 돌아온다는 기약도 없이 문 밖으로 사라질 때도 많다. 첫 번째 결혼 때도 쉽지 않았던 것을 알지만, 두 번째 결혼도 그보다 쉽지 않을 것이다. 가끔은 다른 사람의 문제에 너무 많은 시간을 매달리느라 내 배우자에게 신경 쓸 시간은 부족한 것이 아닌가 하는 생각이 들기도 한다. 그도 이런 것을 바라고 나와 결혼한 것은 아닐 텐데 말이다. 그래서 나는 다음 세대를 준비시킬 수 있도록 교

● 다이빙 시에 질소의 흡수량을 제한하기 위해 각 수심별로 감압하지 않고 체류할 수 있는 시간을 정해놓은 것.

육에 더 많은 시간을 쏟아왔다. 나는 다음 세대가 나만큼 하기를 바라지 않는다. 순전히 운이 좋아 간신히 헤쳐 나온 적도 많았기 때문이다. 나는 내 뒤로 올 사람들이 운에 의지하게 만들고 싶지도 않고, 내가 배운 것을 힘들게 배우게 하고 싶지도 않다. 나는 그들이 더 쉽게 배우게 만들고 싶다. 그리고 다른 누군가의 희생을 바탕으로 배우지도 않았으면 하는 마음이다. 나는 그들이 더 잘하기를 바라고, 또 그럴 거라 기대한다. 나는 일을 잘한 사람으로 남기보다 좋은 아버지이자 좋은 배우자로 남고 싶다. 결국에 가서 사람들한테 내 삶과 영혼을 모두 일에 바쳤다는 소리를 듣고 싶지는 않다.

나는 멍청한 짓을 하는 것은 못 견디는 성격이고 살면서 못 볼 꼴도 많이 보았지만, 그렇다고 사는 게 지겹거나 인생을 즐기지 않는 것은 아니다. 다만 내가 인생의 좋은 것을 조금 놓치고 살았다는 생각은 든다. 내가 언젠가 시신을 수습하는 일을 멈춘다면 그것은 내가 그 일에 지쳤거나 더 이상은 할 수 없어서가 아니라, 그 일을 받을 준비가 된 누군가가 생겼기 때문일 것이다. 그럼 나도 인생의 좋은 것을 더 많이 구경하고, 다른 사람처럼 정상적으로 살아보고 싶다.

　　　　푸른 잔디밭에 유리, 청동, 돌로 만든 빈 의자 168개가 줄
지어 놓여 있다. 그 근처에는 투영 연못reflecting pool이 있고 양 끝에 두 개
의 커다란 금속 문이 서 있다. 그 금속 문에는 각각 9:01과 9:03이라는
타임 코드가 표시되어 있다. 전자는 티모시 맥베이의 트럭폭탄이 폭파
하기 직전의 시간을 나타내고, 후자는 오클라호마시티의 사람들이 갑자
기 죽음을 애도하고, 시신을 수습하고, 흩어져버린 삶을 추슬러야 하는
당혹스러운 현실로 나와야 했던 그 이후의 시간을 기념한다.

　　그 수습 과정의 일부가 한때 뮤러 연방정부청사가 서 있었던 자리를
차지하고 있는 평화로운 공원에 전시되어 있다. 모든 비극은 사람들을
자극해서 그 일을 기념할 무언가를 자발적으로 만들게 한다. 벨기에에
있는 제1차 세계대전 묘지에 깔끔하게 줄 지어 들어서 있는 무덤들은
처음에는 플랑드르의 진흙탕에 뒤집어 꽂아놓은 소총들로부터 시작됐
다. 각각의 소총 위에는 철모나 뒤집은 유리병, 죽은 병사의 이름과 군
번을 적은 종잇조각을 덮어놓았다.

오클라호마 폭탄테러 사건에서는 폐허가 된 연방정부청사에 경찰이 세워둔 출입 통제 울타리가 곧 화환, 곰 인형, 시, 깃발, 열쇠고리 등으로 장식됐다. 일꾼들이 무너진 건물을 철거하고 그 자리에 새로운 건물을 짓는 4년 동안 그 울타리는 거기에 그대로 서 있었고, 울타리의 일부 구간이 결국 그날 자기 책상에서 사망한 사람을 나타내는 빈 의자들과 함께 영구적인 공원 기념물로 남게 됐다.

이 공원에는 또 하나의 가슴 아픈 상징이 있다. 연방정부청사의 주차장에 서 있다가 맥베이의 폭탄이 터지는 폭발력에 가지가 대부분 뜯겨 나가버린 느릅나무다. 원래 이 나무는 가지에 걸린 시신의 잔해를 수습하고 가지나 나무 몸통에 박힌 다른 증거물을 수집하기 위해 베어낼 계획이었다. 하지만 생존자, 구조대원, 추도객이 폭탄테러 1주기 추도식을 위해 그 자리에 모였을 때 1920년대부터 그 자리를 지켜왔던 나무가 폐허를 딛고 다시 꽃을 피우기 시작한 것을 보았다. 그것을 본 사람들은 그 나무를 베어내지 말 것을 요구했다. 지금은 매년 그 '생존자 나무 Survivor Tree'에서 씨를 받아 묘목으로 키워 미국 곳곳의 공원에 희망, 인내, 부활의 상징으로 보내고 있다.

나도 몇 년 전 그 공원을 방문했다. 내가 무너진 건물에서 시신을 수습하던 그 장소라는 생각이 들지 않을 만큼 달라져 있었다. 하지만 금세 알아볼 수 있는 것이 한 가지 남아 있었다. 우리가 응급 시체안치소를 차렸던 퍼스트 유나이티드 메소디스트 교회의 종탑이었다. 그곳에는 종탑이 그대로 서 있었고, 폭발에 손상된 교회의 돌로 만든 새 제단이 있었다.

케니언에서는 수십 개의 기념비를 만들었다. 대개 수수한 석조 구조물이고, 영어, 불어, 스페인어, 아랍어 등 사망한 사람과 그를 추모하는 사람의 언어로 적은 메시지나 이름이 새겨져 있다. 이 기념비 중에는 실종자를 수색했던 사람이나 어려운 시기에 슬픔에 빠져 있는 유족을 돌보아준 사람에게 감사를 표하기 위한 것도 있다. 이 기념비는 보통 재난 현장에서 마지막으로 나온 사람의 조각을 덮고 있다. 너무 작아서 신원 확인이 불가능한 마지막 조각들이다. 이 조각들은 비극이 있었던 장소 근처에 함께 매장됐다. 나는 이런 기념비를 세울 때마다 조용히 이렇게 말한다. "이곳에서 찾지 못한 평화를 그곳에서 찾으시기를." 내가 일을 하면서 만난 사람들은 보통 지독하게 끔찍한 죽음을 맞이한 사람이기 때문이다. 이 조용한 기도를 하는 또 다른 이유는 내가 묻고 있는 이 모든 시신 조각이 한때 사람이었음을 상기시켜주기 때문이다. 그들은 누군가의 어머니, 아버지, 형제, 자매였다. 일을 하다 보면 그 사실을 잊어버리기 쉽다.

기념비 중 일부는 그 지역의 명소로 자리 잡기도 했다. 해변 산책 코스에서 관광객들이 찾아와 잠시 그곳에 있었던 비극에 대해 생각해보는 랜드마크가 된 곳도 있다. 뉴펀들랜드 페기스코브에 있는 스위스항공 기념비는 아름답게 마감한 둥글고 커다란 석조 기념비로, 둘쭉날쭉한 해안을 따라 흩뿌려져 있는 바위 사이에 만들어졌다. 그 기념비에는 바다를 향해 이런 문구가 새겨져 있다. "1998년 9월 2일, 이 해안에서 비명횡사한 스위스항공 111편에 탑승하고 있던 229명의 남성, 여성, 아동을 기억하며. 그들은 바다 그리고 하늘과 한 몸이 되었습니다. 부디 고이 잠드시기를."

이곳에서 정확히 5380킬로미터 떨어진 태평양 연안 포트와이니미의 해안에는 해시계가 있다. 이 해시계는 알래스카항공 추락 사고에서 목숨을 잃은 88명을 기리는 기념물이다. 해시계의 시침 옆에는 시간의 흐름과 아픔의 치유를 상징하는 청동 돌고래 조각상이 뛰어오르고 있다. 이 조각상은 기념비이자 예술작품으로 디자인되었다. 비극으로부터 피어난 아름다움인 셈이다.

이 극적인 기념비는 삶과 죽음 사이에 놓인 힘겨운 영역을 나누는 표지 역할을 하며, 계속 살아가야 할 사람을 위한 전환점이 되어준다. 이것은 충격적인 전환이 될 수 있다. 늘 있는 출장 때문에 택시를 타고 공항으로 가는 남편이나 아내에게 손을 흔들며 인사를 했는데 며칠 후, 몇 주 후에는 바람이 쓸고 가는 이곳에 찾아와 인생의 덧없음을 받아들이고 상실의 아픔과 타협해야 한다.

시간은 세상에서 단 하나의 보편적인 측정값이다. 시간이 흐르면서 기념비 자체도 변화를 겪는다. 얼마 전 세상을 떠난 사람들을 추모하는 기념비였던 것이 지역의 랜드마크, 혹은 해안가 오솔길의 한 모퉁이, 혹은 오래전에 세워져 세월의 바람에 씻긴 인공물로 바뀌는 것이다. 이제 그 위에 새겨진 이름을 알아보기도 어렵지만 기념비는 그래도 중요한 의미를 담고 있다. 죽은 자를 위한 기념비이자, 산 자를 위한 토템이 되

어, 아무리 나쁜 일이 일어나도 결국 회복할 수 있음을 상기시켜주는 상
징물이 된다.

시신 조각 수천 개가 세계무역센터에서 나온 돌무더기와 함께 묻힌
프레시킬스의 스탠튼섬 매립지는 뉴욕시 최대의 녹지 공간으로 야생 조
류, 자전거 타는 사람, 카약 타는 사람으로 가득 찬 습지공원으로 바뀌
고 있다. 틀림없이 그 잔해 무더기에는 9·11테러에서 살해된 사람들의
조직이 묻어 있을 것이다. 하지만 그곳을 평화로운 공원으로 조성하는
것은 그날의 광기 어린 폭력에 희생된 사람들에게 어울리는 헌사가 되
어줄 것으로 보인다.

이미 유명한 랜드마크로 가득한 도시인 뉴올리언스에는 수많은 허리
케인 카트리나 기념비가 솟아나고 있다. 그중에는 1300명의 이름을 기
록한 대리석 석판과 함께 캐널 거리에 세워진 정식 공원도 있고, 그때
버려져 죽은 모든 반려동물을 기리는 개 청동상도 있다. 한 식당 옆에는
장인이 베라 스미스를 위해 만든 작은 제단도 있다. 허리케인이 휩쓸고
있는 동안 이 여성의 시신은 길가에 방수포로 덮여 있었고, 이 임시 무
덤에는 손으로 쓴 다음과 같은 메시지가 있었다. "여기 베라가 잠들다.
우리 모두에게 신의 가호가 함께하기를."

흥미롭게도 홍수 속에서 오히려 죽음의 덫이 되어버린 성 리타 요양
원의 소유주는 태만에 의한 과실로 소송을 당했다가 무죄 선고를 받았
다. 요양원 측은 자기네가 경고받은 허리케인에 대한 준비는 적절했고,
정상적인 상황이었다면 노인들을 대피시키는 것이 그냥 허리케인에 버

티는 것보다 더 많은 사망자와 피해를 낳았을 것이라 주장했으며, 이 주장은 받아들여졌다. 이들은 제방이 무너져 가공할 홍수가 나는 부분에 대해서는 대비가 되어 있지 않았다. 그런 대비는 누구도 되어 있지 않았다. 이들은 그 자리에 기념비를 세우는 대신 2018년에 같은 건물에 새로운 노인 생활지원 거주 시설을 열었다.

내 경우는 내 유해를 어떻게 처리해달라고 배우자에게 일러두었다. 나는 화장해서 재를 바다에 뿌려주기를 원한다. 그럼 내 배우자와 딸이 나를 찾아올 수 있는 물리적 장소가 없어진다는 의미가 되는 것을 안다. 그래서 키웨스트나 캘리포니아 몬터레이 바닷가에 벤치를 하나 설치해서 그 위에 내 이름을 적은 작은 명판을 달아달라고 했다. 그렇게 하면 내가 내 전문인 비행기 추락 사고나 자연재해로 사망해서 시신을 수습하지 못하는 일이 있더라도, 딸과 배우자에게 내가 사라져간 바다를 바라보며 나를 기억할 수 있는 장소가 될 것이다. 그와 비슷하게 내 누이 중 한 명도 아메리카 원주민은 태평양의 푸른 바다가 슬픔과 고통을 씻어준다고 믿었다며 자기가 죽으면 화장해서 태평양에 재를 뿌려달라고 했다. 그 말이 사실인지는 알 수 없지만 그 아이디어는 좋아 보인다.

이제 끝이다. 하지만 내게 끝은 항상 시작이고, 운이 좋다면 이번이 나의 새로운 시작이 될 수도 있을 것이다.

모두 평화롭기를.

모든 눈물을 그 눈에서 닦아주시니 다시는 사망이 없고,
애통하는 것이나 곡하는 것이나 아픈 것이
다시 있지 아니하리니 처음 것들이 다 지나갔음이라.

- 〈요한계시록〉 21장 4절